车辆检修工艺设备操作与维修

主　编　王治根
副主编　秦孝峰
主　审　单华军

重庆大学出版社

内容提要

本书从地铁公司开展车辆检修工艺设备使用、保养、维修的工作实际出发，详细地介绍了不落轮镟床、固定式架车机、列车清洗机、浅坑式移车台、转向架静载试验台等关键工艺设备的结构原理、操作注意事项、检修保养标准等内容。同时根据新形式要求，开展车辆检修工艺设备使用、维保工作的相关工作人员应具备初级、中级、高级、技师、高级技师的作业技能要求，将理论知识和实作技能培训相结合，本书在内容编排上深入浅出，通俗易懂。

本书的主要服务对象为轨道交通行业工作人员和职业院校轨道专业在校学生，同时也为热爱轨道交通事业的广大社会人员提供参考。

图书在版编目(CIP)数据

车辆检修工艺设备操作维修／王治根主编. -- 重庆：
重庆大学出版社，2020.11
ISBN 978-7-5689-2085-8

Ⅰ.①车… Ⅱ.①王… Ⅲ.①城市铁路—铁路车辆—
车辆检修—高等职业教育—教材 Ⅳ.①U239.5

中国版本图书馆 CIP 数据核字(2020)第 062883 号

车辆检修工艺设备操作与维修

主 编 王治根
副主编 秦孝峰
主 审 单华军
策划编辑：周 立

责任编辑：周 立　　　　　　版式设计：周 立
责任校对：刘志刚　　　　　　责任印制：张 策

*

重庆大学出版社出版发行
出版人：饶帮华
社址：重庆市沙坪坝区大学城西路 21 号
邮编：401331
电话：(023)88617190　88617185(中小学)
传真：(023)88617186　88617166
网址：http://www.cqup.com.cn
邮箱：fxk@cqup.com.cn(营销中心)
全国新华书店经销
重庆俊蒲印务有限公司印刷

*

开本：787mm×1092mm　1/16　印张：13　字数：303千
2020 年 11 月第 1 版　　2020 年 11 月第 1 次印刷
印数：1—3 000
ISBN 978-7-5689-2085-8　定价：49.00 元

地铁车辆检修工艺设备是开展地铁电客车日常检修、保养工作的基础,直接影响电客车的质量状态。伴随着电客车检修维保工艺要求的不断提高,新技术、新标准在车辆检修工艺设备的制造、使用、保养环节也得到广泛的应用。

本书从地铁公司开展车辆检修工艺设备使用、保养、维修的工作实际出发,详细地介绍了不落轮镟床、固定式架车机、列车清洗机、浅坑式移车台、转向架静载试验台等关键工艺设备的结构原理、操作注意事项、检修保养标准等内容。同时根据新形式要求,开展车辆检修工艺设备使用、维保工作的相关工作人员应具备初级、中级、高级、技师、高级技师的作业技能要求,将理论知识和实作技能培训相结合,本书在内容编排上深入浅出,通俗易懂,既适用于新员工教学培训的需要,又能满足读者自学的需求。

本书主编王治根,副主编秦孝峰,参与编写的人员有苏博智、张思嘉、马谦、周志勇、姚曙、夏国强、曹建红、季少骏、刘江波,主审单华军,参与审核的人员有王峰、胡博、邹磊。由于编写时间仓促,编者水平能力有限,书中不妥、错漏之处,恳请广大同仁和读者给予批评指正。

编 者

2020 年 1 月

MULU **目 录**

项目1 通用基础知识

任务 1.1 职业概况

1.1.1 职业定义

设备操作维修工是指从事地铁车辆检修设备操作及维保的人员。

1.1.2 职业等级

本职业共分五个等级,分别为:初级(国家职业资格五级)、中级(国家职业资格四级)、高级(国家职业资格三级)、技师(国家职业资格二级)、高级技师(国家职业资格一级)。

1.1.3 职业环境条件

职业环境条件见表1-1。

表 1-1　工作环境参数

工作环境	地　下		库　内	
温湿度	干球温度	相对湿度	干球温度	相对湿度
温湿度环境	−10~34 ℃	≤90%	0~35 ℃	≤70%

1.1.4 职业能力清单

地铁车辆设备维修操作工应具有较强的机械操作能力,以及电气设备、测量、测绘、仪器仪表操作能力;有现场应对故障和突发事件的能力;有获取、领会和理解外界信息的能力,有语言表达以及对事物的分析和判断的能力;手指、手臂灵活,动作协调性好;有空间想象及一般计算能力;心理及身体素质较好,无职业禁忌症;听力及辨色力正常,双眼矫正视力不低于5.0,具体详见表1-2。

表 1-2 **职业技能清单**

知识内容类别		初级工	中级工	高级工	技师	高级技师
知识	通用知识	1.掌握本岗位工作涉及的公司规章制度； 2.掌握各类台账、报表、资料的填写要求； 3.熟悉和掌握本岗位生产作业中的安全注意事项、作业安全关键点、风险源，并掌握防范措施； 4.掌握职业健康和劳动防护的基本知识； 5.掌握公司消防安全重点场所和部位，掌握"三懂三会"的知识，具备消防安全"四个能力"； 6.掌握火灾、地震等紧急情况下逃生、自救和互救的知识	掌握初级工所有的知识点范围	掌握中级工所有的知识点范围	掌握高级工所有的知识点范围	掌握技师所有的知识点范围
	专业知识	1.掌握机械、电工、液压等专业的基础知识； 2.掌握机械、电气、液压原理的识图知识； 3.掌握常用设备的结构、功能、参数、用途等基础知识； 4.掌握工艺设备的操作、检修规程、作业指导书、故障处理指南等	1.掌握初级工所有的知识点范围； 2.掌握常见设备电气、机械、液压、控制系统的功能原理； 3.掌握设备常用部件的检修、维修、保障知识	1.掌握中级工所有的知识点范围； 2.掌握一般设备安装调试工作的主要内容及注意事项	1.掌握高级工所有的知识范围； 2.掌握大型、精密类设备安装调试、精度调整、检修维护方面的知识	1.掌握技师所有的知识范围； 2.掌握机械设计、装配，以及控制程序设计等方面的知识

技能	初级工	中级工	高级工	技师
通用技能	1.熟练使用常用工器具,并能正确进行工器具的日常保养; 2.掌握本岗位作业中防护措施并能正确操作; 3.熟悉公司各项安全管理制度,并能正确判断工作生活中存在的危险,能认识和避免; 4.会报火警,会使用灭火器,会逃生自救; 5.能够正确使用劳动防护用品,防止职业伤害; 6.能够准确辨别生产关键作业的危险因素,并能主动避免 1.掌握初级工所有的知识点范围; 2.具备组织开展新员工岗位培训的能力	掌握中级工所有的知识点范围	1.掌握高级工所有的知识点范围; 2.具备组织开展员工技能提升培训的能力	1.掌握技师所有的知识点范围; 2.具备维修质量管理、工艺标准制定的能力
专业技能	1.能独立、按标准完成本岗位涉及的设备操作,定期维护保养等作业; 2.能准确判断、提报设备的故障信息; 3.能准确填写检修作业单及故障信息系统数据录入; 4.能正确使用各类救援,抢险设备设施,并能参加抢险、救援工作	1.掌握中级工所有的知识点范围; 2.能够对设备进行深度维修、改造; 3.能够处理设备安装、调试中出现的问题	1.掌握高级工所有的知识点范围; 2.具备参与各类设备开展中大修的能力	1.掌握技师所有的知识点范围; 2.具备开展设备技术改造相关的能力

任务 1.2 设备简介

1.2.1 概述

车辆检修工艺设备及检修配套设备(通用/特种设备)是地铁车辆检修的重要保障,直接影响地铁车辆的检修质量。

地铁车辆段所需配备的数量、种类较多,主要有架车机、起重机械、列车自动清洗机、移车台、零部件搬运工具、检测设备、检修设备、试验设备等,确保满足使用要求。

1.2.2 设备分类

(1)车辆检修工艺设备

车辆检修工艺设备具有单件设备价值大、技术含量高、专属性强、设置地点固定、专人操作等特点。主要包括:列车自动清洗机、数控不落轮镟床、浅坑式固定架车机、移动式架车机和移车台等,这类设备一般都有安装基础,安装在固定的区域,主要用于地铁列车或工程车辆检修。

1)列车自动清洗机

列车自动清洗机一般设置于地铁车辆段与停车场的洗车库中,由清洗刷组、水循环及水处理系统、电气控制系统、水泵及水管路系统、压缩空气管路装置、强风吹扫装置和热风幕等组成;具有自动清洗地铁列车前、后端面,两侧外表面,自动与手动端刷洗相组合,系统流程工况及故障显示,故障时自动保护及声光报警,水清洗或加入洗涤液清洗,手动或自动排水等功能。

2)数控不落轮镟床

为提高列车运行品质,需要及时对踏面磨耗、擦伤到限的轮对进行修复,在段内停车列检库内设不落轮镟线一条,同时实现列车不落轮镟修作业。主要是对地铁车辆轮对进行加工作业,也能对工程轨道车辆的车轮踏面和轮缘进行镟削加工,并具有先进的自动测量及故障诊断系统。

3)固定式架车机组

能够完成不解编整列车的架升,也可以进行任何编组形式或单节车体的架升作业,在架升的同步性方面有一整套保证机构,并具有紧急停车功能,保证架升安全,方便检修人员对车辆底部各设备进行检修作业。

4)移动式架车机组

移动式架车机组一般设置于地铁车辆段检修库定临修线处,单台架车机主要由升降机构、液压推车、机架、托架、电气控制系统组成,主要适用于列车单节或编组的架升,以便在车体抬升后进行检查、维修以及对转向架进行拆卸、清洁、组装等作业,具有结构可靠,操作简单,维护方便等特点。

5)移车台

移车台是进行车辆、转向架和车辆轮对换轨的载体,设备自带卷扬机构可实现车辆从移车台移上移下,也可由公铁两用车辆配合实现车辆停放。

(2)通用、特种设备

通用设备主要包括各机架、电气焊、升降台设备等;特种设备是指涉及生命安全、危险性较大的锅炉、压力容器(含气瓶)、压力管道、起重机械、(厂)内专用机动车辆。

1)机械加工类设备

机械加工类设备是指机械制造过程中使用到的各种机床、设备以及工装、夹具、刀具等工艺装备的总称,主要学习各种设备的使用方法和注意事项以及加工范围,另外还有不同类型的零件对夹具的要求,在实际生产中主要的作用就是根据现有的设备编制合理的工艺路线卡以及设计专用的夹具,主要包括车床、砂轮机、电焊机等。

2)起重类设备

起重类设备就是以间歇、重复工作方式,通过起重吊钩或其他吊具起升、下降,或升降与运移重物的机械设备,主要包括轻小起重设备、起重机、升降机等。

3)搬运类设备

场(厂)内机动车辆,是指在作业区域内(农用机动车除外)行驶,由动力装置驱动或牵引,最大行驶速度(设计值)大于 5 km/h 或具有起升、回转、翻转等工作装置的机动车辆,主要包括叉车、蓄电池搬运车等。

4)压力容器

压力容器是指盛装气体或者液体,承载一定压力的密闭设备,其范围规定为最高工作压力大于或者等于 0.1 MPa(表压),且压力与容积的乘积大于或者等于 2.5 MPa·L 的气体、液化气体和最高工作温度高于或者等于标准沸点的液体的固定式容器和移动式容器;盛装公称工作压力大于或者等于 0.2 MPa(表压),且压力与容积的乘积大于或者等于 1.0 MPa·L 的气体、液化气体和标准沸点等于或者低于 60 ℃液体的气瓶等。

任务 1.3　设备操作维修通用安全注意事项

1.3.1　岗位及作业场所危害因素

(1)岗位及作业场所可能存在的危险因素

1)触电

①使用工器具状态不良、设备漏电;

②查找故障,触摸到有电设备,造成触电;

③使用充放电机给蓄电池充放电操作失误;

④给设备充电操作失误,造成触电。

2)高处坠落

①使用人字梯、三步梯等人员误操作踩空或梯子踏面积水、积油,使工作人员滑倒跌落;

②使用人字梯、三步梯等未正确锁紧脚撑或未确认梯子稳定性导致使用时晃动或倒下,或超过梯子规定的人员、载重导致人员跌落;

③高空设备作业未穿戴或不正确使用安全带发生人员跌落。

3)物体打击

①设备维修过程较重部件拆卸、搬运、安装作业防护不当导致部件跌落砸伤、碰伤人员;

②液压设备等带压力部件弹出造成人员伤害;

③高处作业时物品高空坠落砸伤下方人员;

④设备机械维修间未按规定穿戴劳保用品作业容易发生磕碰。

4)车辆伤害

①人员不按规定通过平交道口、违规穿越轨道可能被运行的列车撞伤或未注意厂区施工车辆来往,造成人身碰伤;

②车辆转轨等调车作业,未出清线路造成人员伤害;

③厂内机动车无证驾驶、车辆刹车失灵、喇叭不响、超速、超载等造成车辆及人员伤害。

5)机械伤害

①对大型设备进行安装或拆卸时被工件压伤或砸伤;

②使用镟床、砂轮机、切割机、打磨机、车床、铣床、钻床等旋转设备造成人员手指或其他部位伤害。

6)起重伤害

①无证人员顶岗作业或超重、超高、超宽、操作不平稳等违章操作造成设备损坏或人员伤害;

②天车钢丝绳、吊钩断裂、吊钩无保险装置或吊具断裂造成设备损坏或人员伤害;

③起重作业指挥失误或操作错误造成吊物倾覆伤人;

④架车作业违章指挥、监护不力、起落时车下有人员或异物造成设备损坏或人员伤害。

7)灼烫

①使用电烙铁等加热工具裸露高温位置导致人员烫伤;

②移动式空压机压缩部件等设备高温位置导致烫伤。

8)其他伤害

①使用各类喷剂或脱漆、喷漆或刷漆作业时脱漆剂、油漆气体吸入对人体健康有伤害;

②部件清洗地面积水、积油让人滑倒造成人员伤害。

（2）危险因素防范措施

1）触电

①入库前检查劳保用品穿戴情况，及时发现及时纠正；

②工班长或作业组长作业前对作业人员做好相应的安全预想；

③使用前对设备状态进行检查确认良好；

④对查找电气故障、电器部件绝缘、耐压试验等安排两人作业，作业时有人监控。

2）高处坠落

①入库前检查劳保用品穿戴情况，高空作业必须正确佩戴和使用安全带；

②使用人字梯、三步梯等人员要求注意力集中，发现梯子踏面积水、积油，及时安排保洁人员清理；

③使用人字梯、三步梯等设备前须正确锁紧脚撑或确认梯子稳定牢固，不得超过梯子规定的人员、载重。

3）物体打击

①入库前检查劳保用品穿戴情况，及时发现问题及时纠正；

②较重部件拆卸、搬运、安装等作业注意力集中，按规定使用各类辅助工装或防护设备；

③高处作业时使用工具包存放工具或零件，防止高空坠落物品。

4）车辆伤害

①作业前正确使用穿戴劳动防护用品；

②通过平交道口执行"一站、二看、三通过"的规定、段内通行时注意来往车辆；

③车辆转轨等调车作业，负责人安排专人对线路出清；

④车辆运行前确认制动状态，运行中不超速，通过检查各类安全装置、制动器操纵控制装置、紧急报警装置安全状况，发现异常及时处理。

5）机械伤害

①作业前正确使用穿戴劳动防护用品；

②使用受外部压力、推动移动的设备或部件时远离移动位置；使用旋转设备时使用护目镜或设备自带措施进行防护，女员工将头发扎起，身体部位远离旋转部件。

6）起重伤害

①作业前正确使用穿戴劳动防护用品；

②执行起重"十不吊"要求，起重作业前对天车钢丝绳、吊钩及吊具状态进行检查，确认状态良好；

③起重作业指挥前提前与起重机司机做好沟通，执行统一指挥手势，提前确定起重后行进路线，起重过程中确认重心平稳；

④架车作业由作业负责人员统一指挥，安排专人进行监护，起落时注意清除车下人员或影响作业的物品。

7）灼烫

①按规定正确使用穿戴劳动防护用品；

②正确使用工具，使用加热工具、空压机等注意力集中，避免触碰裸露高温位置；

③接触高温部件按规定佩戴耐热手套。

8）其他伤害

①作业前正确使用穿戴劳动防护用品；

②使用各类喷剂以及配合脱漆、喷漆或刷漆作业时必须戴呼吸面罩，做好现场通风；

③部件清洗间地面积水、积油及时安排保洁清理，在人员通行位置铺设防滑垫。

1.3.2　通用作业安全

（1）基本要求

①新工、新岗、新职人员必须参加三级安全教育及其他规定的安全教育及培训，经考试合格后，方准上岗作业，特种作业人员必须持有效的特种作业操作证上岗；

②严禁低职代高职作业或监控。

（2）高处作业安全要求

①高处作业或进入风室等危险场所作业，应系好安全带，必须有监护人协助作业；高空作业还必须戴安全帽，安全带要高挂低用；

②无法使用安全带的场所，必须有可靠的防护栏杆（网）等；

③登高作业时须加强防护，严禁穿硬底鞋登高，严禁向上或向下抛、扔工具、器材；

④当用梯子作业时，梯子放置的位置要保证梯子各部分与带电部分之间保持足够的安全距离，且要有专人扶梯，登梯前作业人员要先检查梯子是否牢靠、梯脚是否稳固，严防滑移，梯子上只能有 1 人作业；使用人字梯时，必须有限制开度的拉链。

（3）其他

①易燃、易爆、有毒物品和材料，应有专人负责，隔离存放，妥善保管；

②搬运长大、笨重物品时，要与带电设备保持足够的安全距离，多人同时作业，要有专人指挥，协调行动；对使用工具认真检查，防止滑动和折断；

③做接触高温物体的工作时，应戴手套和穿专用的防护工作服；

④用手动弯管器弯管时，操作位置应选择开阔的地方，要注意力集中，操作人员应错开所弯的管子，以免弯管器滑脱伤人；

⑤在带电设备附近工作时，禁止使用金属卷尺测量，削电线线头时，线头要向外，不能过猛，防止削伤手；

⑥行灯电压不能超过 36 V，在金属容器及潮湿场所的电压不能超过 12 V，电钻或电镐等手持电动工具，在使用前应采取保护性接地或接零的措施，各种设备、仪表的漏电保护器、熔断器及其他保护装置，应符合有关技术标准，不准任意改动，并定期检查测试；

⑦设备检查和维护前，应先确认设备已断电，机械部分完全停止，才可进行设备检查

和维护工作;

⑧作业中要保持场地整洁,通道畅通,配件、原材料、工器具要堆放整齐,作业结束后,要关闭风、水、电、气等开关,工具、材料要收拾整齐,清扫、整理现场环境,周密检查,做到工完、料净、场地清,方可离开。

1.3.3 安全自救与互救技能

(1)中暑
①发生中暑时,立即将病人转移到通风、阴凉、干燥的地方,比如树荫下。

②让中暑者仰卧,解开领口,脱去或松开衣服。如果衣物被汗水浸透,立即更换干爽的衣物,有条件的可以打开电扇或空调,以尽快散热。

③用湿凉的毛巾冷敷头部、腋下及腹股沟等部位,用温水或酒精擦拭全身,冷水浸浴15~30 min。

④意识清醒的中暑者或经过处理后意识清醒的中暑者,可以饮用绿豆汤、淡盐水等解暑,也可考虑服用人丹或藿香正气水等。对于重症中暑者,立即拨打120,请求医务人员处理。

(2)骨折
①骨折分开放性骨折和闭合性骨折两种,前者会引起出血。在处理开放性骨折时应首先止血,可使用干净的棉质材料,如手帕、毛巾、纸巾等,对伤口进行压迫止血,然后作包扎处理。

②四肢骨折如果是上肢骨折,就用健康的另一侧托住受伤手臂进行固定;如果是下肢骨折,可将受伤一侧的下肢与健康的另一侧下肢绑在一起,起到固定作用。对于骨折患者来说,固定的作用非常大,它不仅能减轻疼痛,也可以有效减少继发性损伤,避免划破患处附近的血管和神经。

③脊柱骨折患者,在条件允许时,非专业救护人员原则上不要进行搬动,立即拨打120急救电话。

(3)触电急救
立即切断电源;发现者或救护者要沉着冷静,不要慌张,用干燥的木棒、竹竿、带绝缘把手的物器或绝缘工具,将电线(带电体)挑开或将总开关关闭,使触电者脱离电源;与带电体分离;挑开的电线(带电体)应放置妥当,以防再次触电。如果触电现场比较潮湿,救护者应注意先保护好自己,再实施救援。

任务 1.4 设备操作维修基础知识

1.4.1 机械基础知识

(1)常用度量衡

常用度量衡有长度、质量、面积、体积、容积、角度、力、硬度、时间、扭矩、电流、电阻、电压、功率及其他工厂常用计量单位(单件、套、批、类等)。

(2)常用公式

1)几何计算

圆面积:$S=\pi r^2$　　　　　　　　　矩形面积:$S=a\times b$

三角形面积:$S=ah/2$　　　　　　　长方体体积:$V=a\times b\times c$

勾股定理:$c^2=a^2+b^2$(斜边的平方等于两直角边平方的和)

2)比例计算

1:10 表示图样上的 1 个单位代表实际的 10 个单位,即为缩小 10 倍。10:1表示图样上的 10 个单位代表实际的 1 个单位,即为放大 10 倍。

(3)机械识图

1)机械图纸的概念

机械图纸:是生产中最基本的技术文件;是设计、制造、检验、装配产品的依据;是进行科技交流的工程技术语言。它的主要内容为一组用正投影法绘制成的机件视图,还有加工制造所需的尺寸和技术要求。

2)投影

①投影的基本概念。

a.投影:用灯光或日光照射物体,在地面或墙面上就会产生影子,这种现象就叫投影。

b.正投影:当投射线互相平行,并与投影面垂直时,物体在投影面上所得的投影叫正投影。

②三视图。

三视图指物体在正投影面所得主视图、在水平投影面所得俯视图、在侧投影面所得左视图的总称。

三视图的投影规律:物体有长、宽、高三个方向的尺寸,三个视图不是孤立的,而是彼此关联的。主视图表明物体的高和长;俯视图反映物体的长和宽;左视图反映物体的高和宽。其投影规律归纳为:主视图与俯视图长对正;主视图与左视图高平齐;俯视图与左视图宽相等,即"长对正,高平齐,宽相等"。

a.主视图:表示从物体的前方向后看的形状和长度、高度方向的尺寸以及左右、上下方向的位置。

b.俯视图:表示从物体上方向下俯视的形状和长度、宽度方向的尺寸以及左右、前后方向的位置。

c.左视图:表示从物体左方向右看的形状和宽度、高度方向的尺寸以及前后、上下方向的位置。

3)零件常用的表达方法

前面已介绍了用主、俯、左三个视图表达机件的结构形状。对于结构复杂的零件,仅采用三个视图,往往不能将它们表达清楚,还需要采用其他表达方法。下面分别加以介绍。

物体向投影面投射所得的视图,称为基本视图。所谓基本视图是用正六面体的六个平面作为基本投影面,从物体的前后、左右、上下六个方向分别向六个基本投影面投影,得到的六个视图。除前面已介绍过的主视图、俯视图和左视图外,还有右视图、仰视图和后视图。六个基本视图之间,仍符合"长对正、高平齐、宽相等"的投影规律。

4)零件图的视图选择

在零件图中,需用一组必要的视图和其他表达方法以正确、完整、清晰和简便地表达零件的形状结构。

①主视图的选择。

主视图是一组视图的核心,主视图选择得当与否将直接影响到其他视图位置和数量的选择。选择主视图的原则是将表示零件信息量最多的那个视图作为主视图,通常是零件的工作位置、加工位置或安装位置。

如图1-1的轴承座,根据它的工作位置和安装位置并尽量多地反映其形状特征的原则选定其主视图。图1-1的轴承孔主要是在车床上加工的,在加工的时候,轴水平安放,工作时通常是水平安装,所以选择主视图时,轴线横放。

②内部结构的表达。

零件的内部结构应尽量采用剖视图表示。图1-1的轴承座零件图中主视图左右对称,选用了半剖视图。

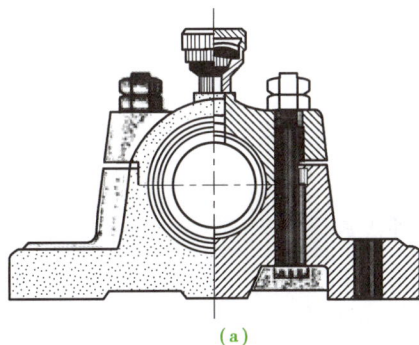

(a)

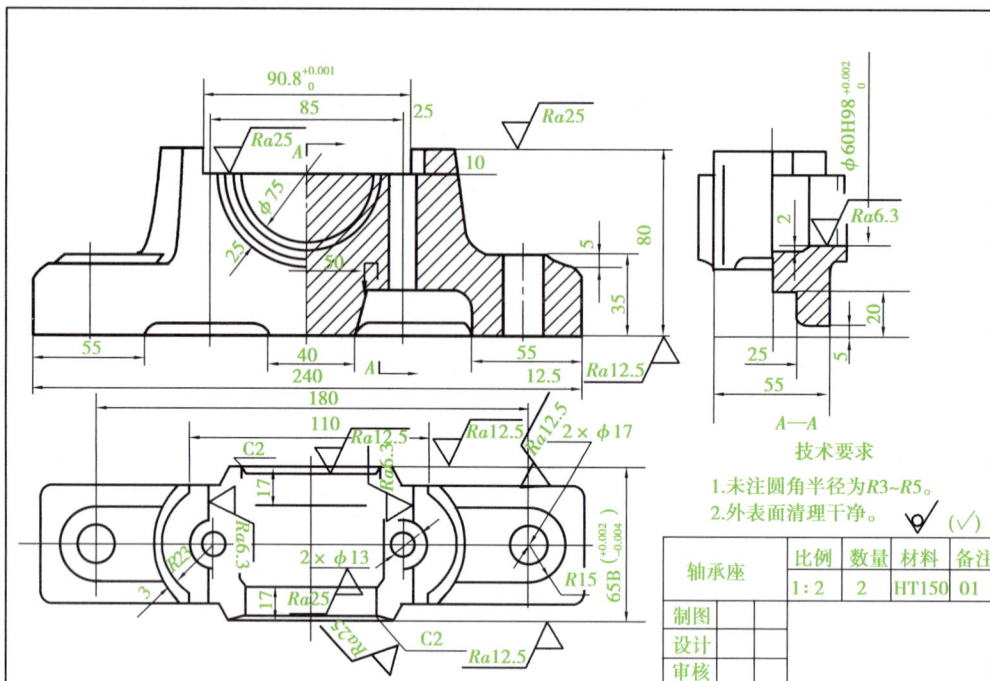

图 1-1　轴承座半剖视图

（4）公差与配合

1）公差

在机器设计和制造中，公差是对机械或机器零件实际参数值的允许变动量，如某种产品规格上下限分别为 100、60，那么它的公差就是 40；若上下限分别为 +100、−100，那么它的公差就是 200。对于机械制造来说，制定公差的目的就是确定产品的几何参数，使其变动量在一定的范围之内，以便达到互换或配合的要求。几何参数的公差有尺寸公差、形状公差、位置公差等。

2）配合

基本尺寸相同的相互结合的孔和轴公差带之间的关系。孔的尺寸减去相配轴的尺寸所得的代数差称为间隙或过盈。此差值为正时是间隙，为负时是过盈。按间隙或过盈及其变动的特征，配合分为间隙配合、过盈配合和过渡配合。

3）孔和轴

孔和轴是广义的，孔是包容面，内部无材料。孔包括圆柱形的内表面，也包括非圆柱形的内表面（由两平行平面或切面形成的包容面）；轴是被包容面，外部无材料。轴包括圆柱形的外表面，也包括非圆柱形的外表面。

4）尺寸术语

尺寸：由设计者给定，由数字和长度单位（一般为 mm）组成。

基本尺寸：孔为 D，轴为 d，当孔和轴配合时，$D = d$。

实际尺寸:孔 D_a,轴 d_a,通过测量得到,存在测量误差,非真值。

5)公差术语

偏差是某一尺寸减其基本尺寸所得的代数差。

极限偏差指上偏差(ES,es)和下偏差(EI,ei)。

孔的上下偏差:$ES=D_{max}-D$,$EI=D_{min}-D$;孔的实际偏差必须在上下偏差之间。

轴的上下偏差:$es=d_{max}-d$,$ei=d_{min}-d$;轴的实际偏差必须在上下偏差之间。

偏差可为正值、负值或零。偏差值除零外,应标上相应的"+"号或"−"号。偏差影响配合松紧。

公差是允许尺寸的变动量。公差为绝对值,不能为零。

孔公差:$TD=|D_{max}-D_{min}|=|ES-EI|$。

轴公差:$Td=|d_{max}-d_{min}|=|es-ei|$。

极限偏差和公差都是设计给定的,反映使用要求。

公差反映尺寸制造精度,公差值越小,精度越高,制造越困难。公差带由公差带大小和公差带位置决定,公差带大小由标准公差确定,位置由基本偏差确定。

(5)液压油的分类及选用

1)液压油的分类与牌号划分

其一般形式如下:

符号意义:

```
L-    HL    32
              └── 牌号:按照GB/T 3141—1994标准规定的粘度
                      等级32
        └──────── 品种:H—液压油(液)组;L—防锈抗氧型
└───────────────── 类别:润滑剂类和有关产品
```

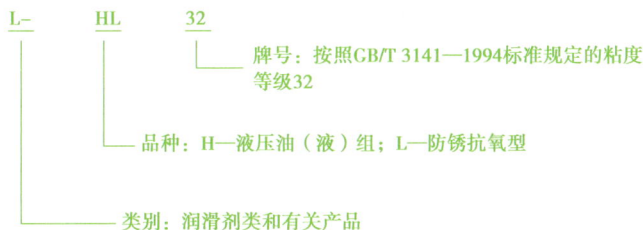

命名:32防锈抗氧抗磨型液压油

其中:L——类别(润滑剂及有关产品,GB7631.1)

HV——品种(低温抗磨)

32——牌号(黏度级,GB3141)

液压油的黏度牌号由 GB3141 做出了规定,等效采用 ISO 的黏度分类法,以 40℃ 运动黏度的中心值来划分牌号。

2)液压油的规格、性能及应用

分类中的 HH、HL、HM、HR、HV、HG 液压油均属矿油型液压油,这类油的品种多,使用量约占液压油总量的85%以上,汽车与工程机械液压系统常用的液压油也多属这类。

(6)轴承与连接

1)轴承

轴承是机械设备中一种重要零部件。它的主要功能是支撑机械旋转体,降低其运动过程中的摩擦系数,并保证其回转精度。

按运动元件摩擦性质的不同,轴承可分为滚动轴承和滑动轴承两大类。其中滚动轴承已经标准化、系列化,但与滑动轴承相比它的径向尺寸、振动和噪声较大,价格也较高。

滚动轴承一般由外圈、内圈、滚动体和保持架四部分组成。按滚动体的形状,滚动轴承分为球轴承和滚子轴承两大类。

①滚动轴承。

滚动轴承主要由内套圈、外套圈、滚动体和保持架四部分组成。滚动轴承的内外圈和滚动体通常用强度高,耐磨性能好的铬锰高碳钢制造,如 GCr15 钢、GCr15SiMn 钢等。热处理后的硬度一般不低于 $60\sim65$HRC。保持架多用软钢冲压而成,也有用铜合金或塑料等软材料。低速重载时,也可省去保持架。

滚动轴承按载荷方向分为:向心轴承、推力轴承、向心推力轴承;按滚动体形状分为:球轴承、滚子轴承向心推力轴承:能同时承受径向载荷和单向轴向载荷。

滚动轴承的代号应该是由基本代号(类型、尺寸、内径代号)、前置代号、后置代号构成。

基本代号用来表明轴的内径、直径系列、宽度系列和类型,一般最多为五位数,先分述如下:

轴承内径用基本代号右起第一、二位数字表示。对常用内径 $d=20\sim480$ mm 的轴承内径一般是 5 的倍数,这两位数字表示轴承内径尺寸被 5 除得的商数,如 04 表示 $d=20$ mm;12 表示 $d=60$ mm 等等。对于内径为 10 mm、12 mm、15 mm 和 17 mm 的轴承,内径代号依次为 00、01、02 和 03。对于内径小于 10 mm 和大于 500 mm 轴承,内径表示方法另有规定,可参看 GB/T272—93。

轴承的直径系列(即结构相同、内径相同的轴承在外径和宽度方面的变化系列)用基本代号右起第三位数字表示。例如,对于向心轴承和向心推力轴承,0、1 表示特轻系列;2 表示轻系列;3 表示中系列;4 表示重系列。推力轴承除了用 1 表示特轻系列之外,其余与向心轴承的表示一致。

轴承的宽度系列(即结构、内径和直径系列都相同的轴承宽度方面的变化系列)用基本代号右起第四位数字表示。当宽度系列的对比为 0 系列(正常系列)时,不标出宽度系列代号 0,但对于调心滚子轴承和圆锥滚子轴承,宽度系列代号 0 应标出。直径系列代号和宽度系列代号统称为尺寸系列代号。

轴承类型代号用基本代号左起第一位数字表示。

轴承类型编号:

0 表示双列角接触球轴承

1 表示调心球轴承

2 表示调心滚子轴承和推力调心滚子轴承

3 表示圆锥滚子轴承

4 表示双列深沟球轴承

5 表示推力球轴承

6 表示深沟球轴承

7 表示角接触轴承

8 表示推力圆柱滚子轴承

N 表示圆柱滚子轴承和双列圆柱滚子轴承 NN

U 表示外球面轴承

QJ 表示四点接触球轴承

②滑动轴承。

a.向心滑动轴承的类型及结构。

a)整体式滑动轴承:一般用于低速,轻载及间歇工作的地方,如绞车,手摇起重机等。

b)剖分式滑动轴承:这种轴承装拆方便,故被广泛应用。

c)自动调心滑动轴承:其轴瓦外表为球面,可作适当的转动,以适应轴因弯曲而产生的轴线偏斜。

b.轴瓦和轴衬。

轴瓦有整体式和剖分式两种,常用的是剖分式。轴瓦和轴衬的材料应满足下列要求:

a)具有良好的减摩性(即摩擦力小和不容易产生胶合的性质)和耐磨性,使轴承工作时轴颈不易磨损。

b)具有良好的加工性和跑合性(即预先运转一定时间就能消除接触面的微观不平度,使轴瓦和轴颈的表面良好接触的性质),加工性好,容易获得光滑表面。

c)有足够的强度,以保证有一定的承受能力;有良好的塑性,以适应轴颈的微量变形和偏斜,使载荷均匀分布,减小磨损。此外还应有良好的导热性和耐腐蚀性等,

2)常用连接件

①螺纹连接件。

按种类分:三角形、矩形、梯形、锯齿形、圆形。

按旋转方向分:左旋和右旋。

按螺纹头数分:单头、双头、三头。

②键连接。

键连接是通过键实现轴和轴上零件间的周向固定以传递运动和转矩,可分为平键连接、半圆键连接、楔键连接和切向键连接。

③销连接。

销可以分为圆柱销、圆锥销和异形销等,销连接主要用于定位(也就是固定零件之间的相对位置),也是装配、组合加工时的辅助零件,也可以用于轴与毂的连接,也可以作为安全装置中过载保护(过载剪断)零件。

3)轴承的润滑

①润滑剂:轴承所采用的润滑剂可分为液体,半固体,固体(石墨和二硫化铜),和气体四种,固体润滑剂主要用在高温,高速和重载的机械上。气体润滑剂主要是空气,用在每分钟几万转甚至几十万转的高速空气轴承。最常用的润滑剂是润滑油和润滑脂。

②润滑油:润滑油一般用于高速工作的轴承,有各种不同的名称,牌号如机械油,齿轮油,高速机械油,真空泵油等。黏度是润滑油的重要性能指标。

选择润滑油应考虑以下几个方面：

载荷和速度：重载低速的轴承应选用黏度大的润滑油；轻载高速轴承应选择黏度较小的润滑油。

工作温度与环境温度：工作温度高应选用黏度高的润滑油；低温工作的轴承应选用黏度低小的润滑油，也可加降凝剂。

工作环境：根据工作环境是否有水，潮气或腐蚀介质侵入润滑油的可能性，润滑油中可添加防腐剂、抗氧化剂、抗乳化剂。

工作情况：对于变载荷，不等速运动，经常启动或反转的轴承，应选用黏度大油性（形成油膜的性能）好的润滑油。

摩擦面的配合性质和表面粗糙度：配合表面间隙较大或表面较粗糙的摩擦面，应选用黏度较大的润滑油；反之，应选用黏度较小的润滑油才能顺利地渗入摩擦面。

润滑脂：习惯上称为黄油，常用在低速，受冲击载荷和间隙运动处，润滑方法简单，使用周期长。

③油浴润滑：摩擦表面部分或完全地浸在润滑油池中的润滑方式。

飞溅及油环润滑：用于闭式润滑利用回转零件（如齿轮，甩油盘等）把油击成油星飞溅到箱盖，通过油沟送至轴承，或利用轴上油环浸于油中，转动时将油带入轴承。

循环润滑：这种方式是用油泵把油连续打入轴承，使热油及脏油随时排进回油箱。

喷雾润滑：这种方式是用滤过的洁净压缩空气把净化的润滑油雾化，然后吹入轴承，使油雾可靠地达到轴承摩擦面上。

除上述几种润滑方式外，还有滴油、油杯、油绳润滑等。

④润滑油的更换：如油的黏度超过规定值的 10%～15%，水分超过 1%～3%时，就应更换。无检查设备时，如运转温度为 50 ℃，一般可以一年一换；如外界温度较高，轴承温度在 100 ℃ 时，就要一年更换两三次，如润滑油中水分及异物较多时，就要适当增加更换次数。

4）滚动轴承的密封

①接触密封：依靠做相对运动的零件和密封构件间的紧密接触而形成不渗漏的链接（如毡圈式，皮碗式等）。

②环形间隙密封和迷宫密封。这是一种不接触式的密封，它是靠狭小的缝隙或间隙对流过的润滑剂所产生的相当大的流体阻力来密封的。

5）轴承的维护和保养

①温度和声响：温度应控制为 50~60 ℃。运行中滚动轴承如有金属粉碎声必定是滚动体脱落（磨损或压坏）。

②必须按规定进行润滑，轴承温度升高的主要原因是由于润滑不够或中断造成的。操作工人必须严格执行"五定""三级过滤"等润滑管理制度。即定质、定量、定时、定点、定期清洗；对油壶，油桶和注油点三级都要对油过滤，杜绝杂物进入润滑部位。

③设备本身的润滑装置：油杯、油标、注油器、油压表及温度表等必须齐备，油量必须保持在规定的油表刻度线上。

1.4.2 常用量具及其测量

(1)测量概述

测量的实质是被测量的参数与一标准量进行比较的过程,长度尺寸的测量就是这样。因此,必须有一个精密准确的基准,即长度单位基准。常用长度计量单位见表1-3。

表 1-3　长度计量单位

单位名称	符　号	对基准单位的比
米	m	基准单位
分米	dm	10^{-1}m(0.1 m)
厘米	cm	10^{-2}m(0.01 m)
毫米	mm	10^{-3}m(0.001 m)
丝米	dmm	10^{-4}m(0.000 1 m)
锶米	cmm	10^{-5}m(0.000 01 m)
微米	μm	10^{-6}m(0.000 001 m)

注:丝米、锶米不是法定计量单位,工厂里有时采用。

在实际工作中,有时还会遇到英制尺寸,常用的有 ft(英尺)、in(英寸)等,其换算关系为 1 ft = 12 in。英制尺寸常以英寸为单位。

为了工作方便,可将英制尺寸换算成米制尺寸,1 in =25.4 mm,所以把英寸乘以 25.4 mm就可以了。如5/16 in 换算成米制尺寸:25.4 mm×5/16≈7.938 mm。

(2)常用量具及其使用

1)游标卡尺

游标卡尺是一种中等精度的量具,可以测量出工件的外径、孔径、长度、宽度、深度和孔距等尺寸。

①游标卡尺的结构。

游标卡尺由尺身(主尺)、游标(副尺)、固定量爪、活动量爪、止动螺钉等组成。精度有0.1 mm、0.05 mm 和 0.02 mm 三种,如图1-2 所示。其中,0.02 mm 的游标卡尺最为广泛,按构造分,有带微调游标卡尺、带表盘游标卡尺和电子数显游标卡尺等。

②游标卡尺的刻线原理。

0.02 mm 游标卡尺刻线原理是:主尺上每一格的长度为 1 mm,副尺总长为 49 mm,并等分为 50 格,每格长度为 49/50 = 0.98 mm,则主尺 1 格和副尺 1 格长度之差为 1 mm-0.98 mm = 0.02 mm,所以它的精度为 0.02 mm,其刻线原理如图1-3 所示。

0.05 mm 游标卡尺刻线原理是：主尺上每一格长度为 1 mm，副尺总长为 39 mm，并等分为 20 格，每格长度为 39/20 = 1.95 mm，则主尺 2 格和副尺 1 格长度之差为 2 mm − 1.95 mm = 0.05 mm，所以它的精度为 0.05 mm，其刻线原理如图 1-4 所示。

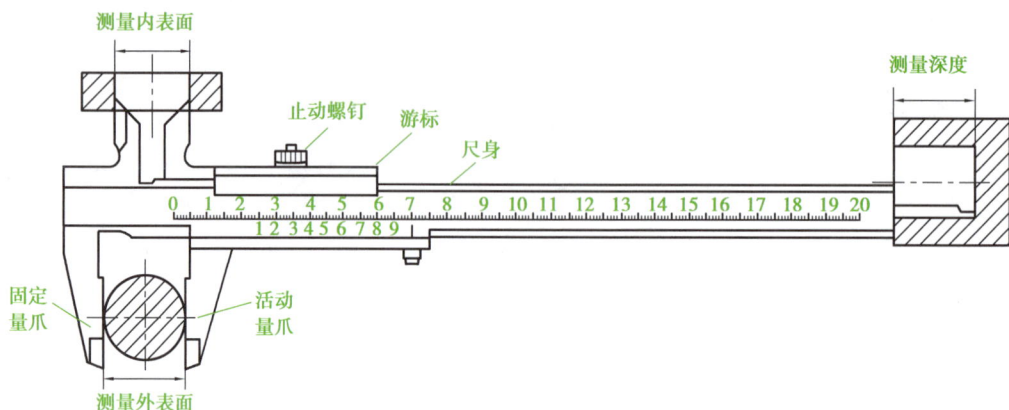

图 1-2　游标卡尺

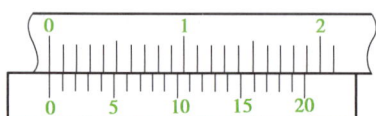

图 1-3　0.05 mm 游标卡尺刻线原理

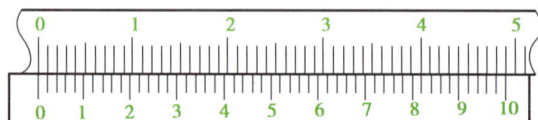

图 1-4　0.02 mm 游标卡尺刻线原理

③游标卡尺的读数方法。

首先读出游标副尺零线以左主尺上的整毫米数，再看到副尺上从零刻度线开始第几条刻度线与主尺上某一刻线对齐，其游标刻线数与精度的乘积就是 1 mm 的小数部分，最后将整毫米数与小数相加就是测得的实际尺寸。其读数如图 1-5 所示。

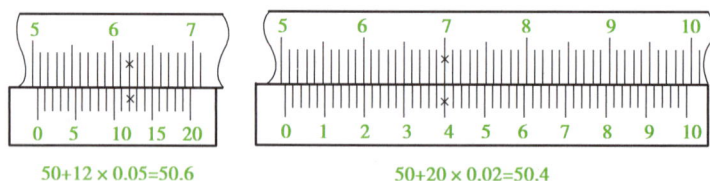

50+12 × 0.05=50.6

50+20 × 0.02=50.4

图 1-5　游标卡尺的读数方法

游标卡尺的规格按测量范围分为：

0 ~ 125 mm、0 ~ 200 mm、0 ~ 300 mm、0 ~ 500 mm、300 ~ 800 mm、400 ~ 1 000 mm、600 ~ 1 500 mm、800 ~ 2 000 mm 等。1/50 mm 游标卡尺示值误差为 ±0.02 mm，1/20 mm 游标卡尺示值误差为 ±0.05 mm。

④注意事项。

测量前应将游标卡尺擦干净，检查量爪贴合后主尺与副尺的零刻度线是否对齐；测量时所用的推力应使两量爪紧贴接触工件表面，力量不宜过大；测量时不要使游标卡尺倾斜;在游标上读数时要正视游标卡尺,避免视线误差的产生。

2)千分尺

千分尺是一种精密的测微量具,用来测量精度要求较高的尺寸。普通千分尺的测量精确度为 0.01 mm,如图 1-6 所示。

①千分尺的结构及规格。

它的规格按测量范围有 0~25 mm、25~50 mm、50~75 mm、75~100 mm、100~125 mm 等,使用时按被测工件尺寸选用。

千分尺的制造精度分为 0 级和 1 级两种,0 级精度最高,1 级稍差。千分尺的制造精度主要由它的示值误差和两测量面平行度误差的大小来确定。

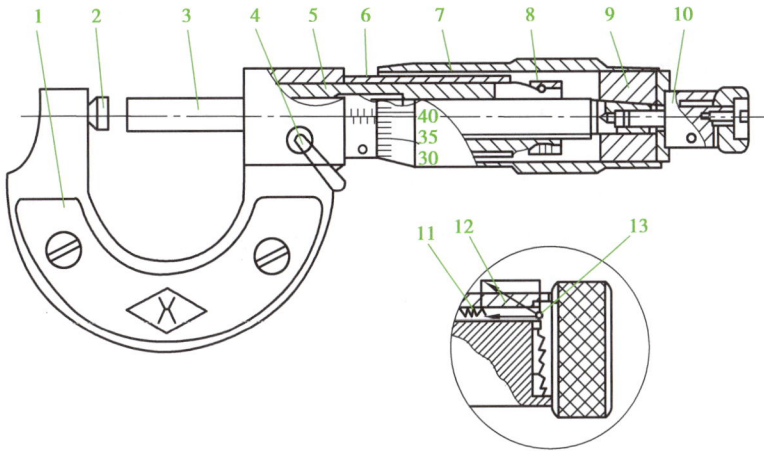

图 1-6　外径千分尺

1—尺架;2—砧座;3—测微螺杆;4—锁紧手柄;5—螺纹套;6—固定套筒;7—微分筒;

8—螺母;9—接头;10—测力装置;11—弹簧;12—棘轮爪;13—棘轮

②千分尺的刻线原理。

测微螺杆 3 右端螺距为 0.5 mm。当微分筒转一周时,螺杆 3 就能移动 0.5 mm。微分筒圆锥面上共刻有 50 格,因此微分筒每转一格,螺杆 3 就移动 0.01 mm,这种千分尺的读数即为 0.01 mm。

③千分尺的读数方法。

在千分尺上读数的步骤可分为三步:

第一步:读出微分筒边缘在固定套管主尺的毫米数;

第二步:看微分筒上哪一格与固定套管主尺的毫米数和半毫米数对齐;

第二步:把两个读数加起来就是测得的实际尺寸。

如图 1-7 所示为千分尺的读数方法示例,其中左图读数为 14 mm + 0.29 mm = 14.29 mm,右图读数为 38.5 mm + 0.29 mm = 38.79 mm。

3)百分表

百分表是一种精密量具,可用来检验机床精度和测量工件尺寸、形状和位置误差。

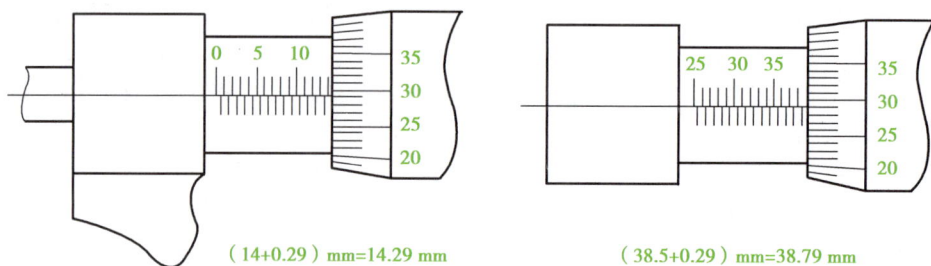

（14+0.29）mm=14.29 mm   （38.5+0.29）mm=38.79 mm

图 1-7　千分尺的读数方法

①百分表的结构。百分表一般由触头、测量杆、齿轮、指针、表盘等组成，如图 1-8 所示。

②百分表的刻线原理。百分表内的齿杆和齿轮的调节是 0.625 mm。当齿杆上升 16 齿时（即上升 0.625×16 mm = 10 mm），16 齿小齿轮转一周，同时齿数为 100 齿的大齿轮也转一周，就带动齿数为 10 的中间小齿轮和长指针转 10 周，即齿杆移杆 1 mm 时，长指针转一周。由于表盘上共刻 100 格，所以长指针每转一格表示齿杆移动 0.01 mm。

③百分表的读数方法。测量时长指针转过的格数即为测量尺寸。

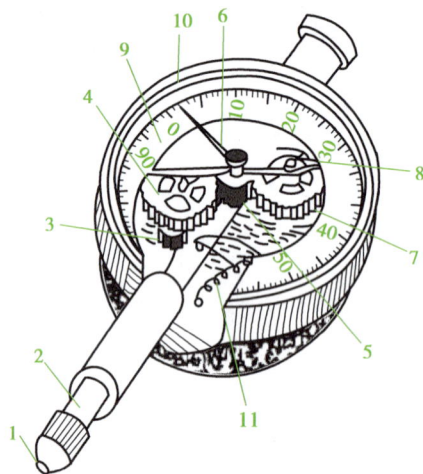

图 1-8　百分表

1—触头；2—测量杆；3—小齿轮；4—大齿轮；5—中间小齿轮；6—长指针；
7—大齿轮；8—短指针；9—表盘；10—表圈；11—拉簧

④注意事项。测量前，检查表盘和指针有无松动现象；测量前，检查长指针是否对准零线，如果未对齐则及时调整；测量前，测量杆应垂直于工件表面；测量时，测量杆应有 0.3～1 mm 的压缩量，以免由于存在负偏差而测不出值来。

4）万能角度尺

万能角度尺适用于机械加工中的内、外角度测量，可测 0°～320° 外角及 40°～130° 内角。

①万能角度尺的结构。如图 1-9 示，万能角度尺主要由尺身、扇形板、基尺、游标、直角

尺、直尺和卡块等部分组成。

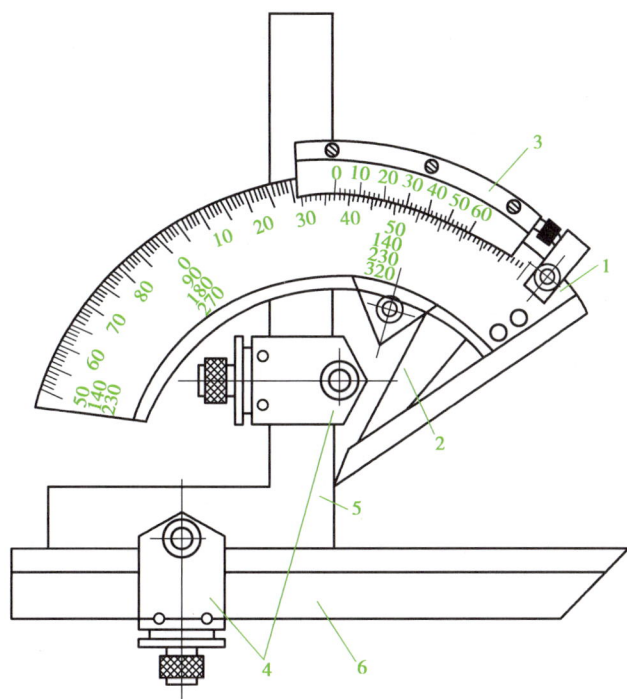

图 1-9　万能游标角度尺

②万能角度尺的刻线原理。万能角度尺的读数机构是根据游标原理制成的。主尺刻线每格为 1°。游标的刻线是取主尺的 29° 等分为 30 格,因此游标刻线角格为 29°/30,即主尺与游标一格的差值为 2′,也就是说万能角度尺读数准确度为 2′。其读数方法与游标卡尺完全相同。

③万能角度尺的读数方法。如图 1-10 所示,先读出游标尺零刻度前面的整度数,再看游标卡尺第几条刻线和尺身刻线对齐,读出角度"分"的数值,最后两者相加就是测量角度的数值。

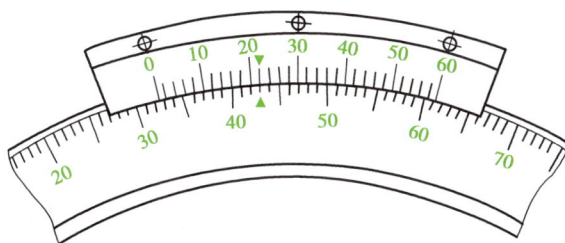

$32° + 22′ = 32°22′$

图 1-10　万能角度尺的读数方法

④注意事项。使用前检查是否与零位对齐;测量时,应使万能角度尺的两测量值与被测件表面在全长上保持良好接触,然后拧紧制动器上的螺母即可读数;万能角度尺用完后应擦净上油,放入专用盒内。

5）刀口角尺

①刀口角尺的使用。

刀口角尺是样板平尺中的一种,因它有圆弧半径为 0.1~0.2 mm 的棱边,如图 1-11 所示,用漏光法或痕迹法检验垂直度、直线度和平面度。

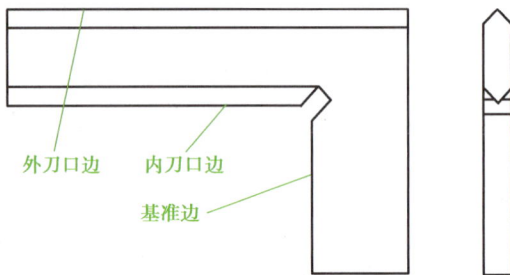

外刀口边　内刀口边

基准边

图 1-11　刀口角尺

检验工件直线时,刀口角尺的测量棱边紧靠工件表面,然后观察漏光缝隙大小,判断工件表面是否平直。在明亮而均匀的光源照射下,全部接触表面能透过均匀而微弱的光线时,被测表面就是平直的,如图 1-12 所示。

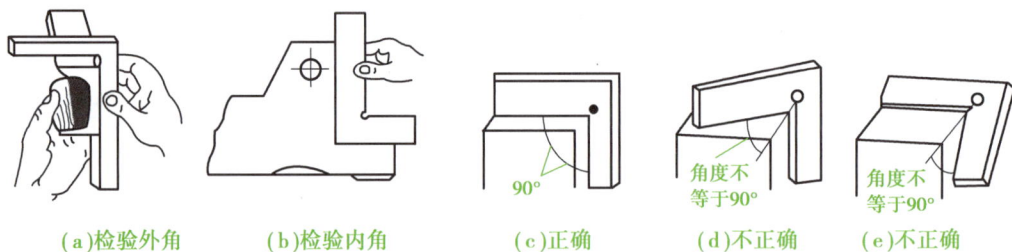

（a）检验外角　　（b）检验内角　　（c）正确　　（d）不正确　　（e）不正确

90°　　　　　　角度不等于90°　　角度不等于90°

图 1-12　刀口直角尺

②直线度测量及垂直度测量。

当直角尺一边贴在零线基准表面时,应轻轻压住,然后使直角尺的另一边与零件被测表面接触,根据透光的缝隙,判断零件相互垂直面的垂直精度。刀口直角尺主要有宽座直角尺和样板直角尺两种,如图 1-13 所示,（a）宽座直角尺,（b）样板直角尺。

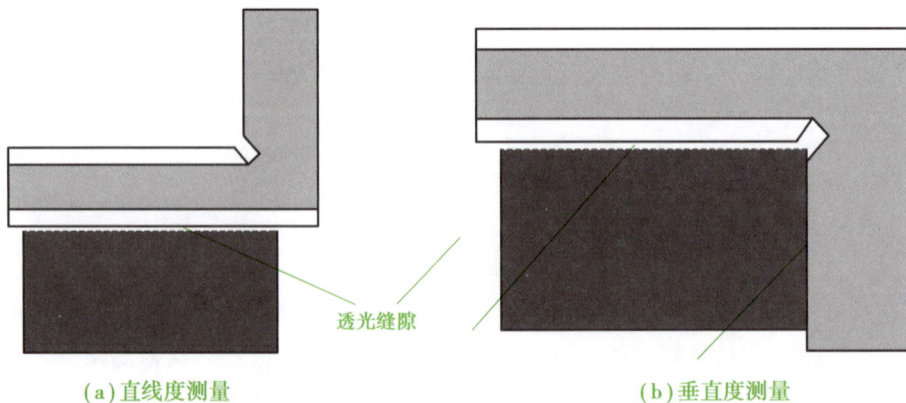

透光缝隙

（a）直线度测量　　　　　　　　　　　　（b）垂直度测量

图 1-13　直线度测量及垂直度测量

③注意事项。

检验平面度时,还应沿对角线方向检验;

直角尺的放置位置不能歪斜,否则测量不正确;

检验内角的方法与检验外角的方法相同。

6)塞规

塞规的结构如图 1-14 所示,塞规由两个测量端组成,尺寸小的一端在测量内孔或内表面时应能通过,称为通端,它的尺寸是按被测量面的最小极限尺寸制作的。尺寸大的一端在测量工件时应不通过,称为止端,它的尺寸是按被测量面的最大极限尺寸制作的。

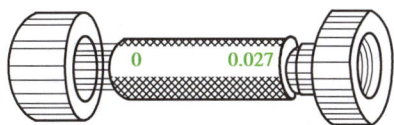

图 1-14　塞规

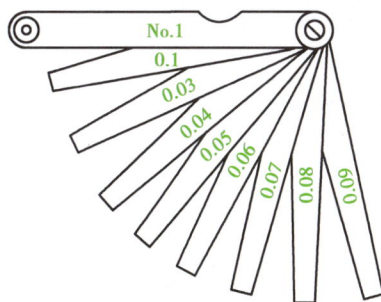

图 1-15　塞尺

7)塞尺

如图 1-15 所示,塞尺是用来检验两个结合面之间隙大小的片状量规。

①塞尺的结构。

塞尺由两个平行的测量平面,其长度由 50 mm、100 mm、200 mm 等多种。塞尺由若干个不同厚度的片组成,可叠合起来装在夹板里。

②塞尺使用的注意事项。

使用塞尺时,应根据间隙大小选择塞尺的片数,可用一片或数片重叠在一起插入间隙内。部分塞尺片很薄,容易弯曲和折断,插入时不易用力过大。用后应将塞尺擦拭干净,并及时合到夹板中。

任务 1.5　机械钳工知识

1.5.1　钳工工器具

钳工的工作场地是一人或多人工作的固定地点。在工作场地内常用的设备有钳桌、台虎钳、砂轮机、台钻和立钻等。

(1)钳桌

钳桌也称钳工台,上面装有台虎钳。它是钳工工作的主要设备。钳桌用木料或钢材制成。其高度为 800~900 mm,长度和宽度可随工作需要而定。钳桌一般都有几个抽屉,用来收藏工具。

(2)台虎钳

台虎钳装在钳桌上,用来夹持工件。其规格以钳口的宽度表示,有 100 mm、125 mm 和 150 mm 等。台虎钳有固定式如图 1-16a 所示和回转式如图 1-16b 所示两种。回转式台虎钳使用较方便,应用较广。

台虎钳主要构造如图 1-16 所示。

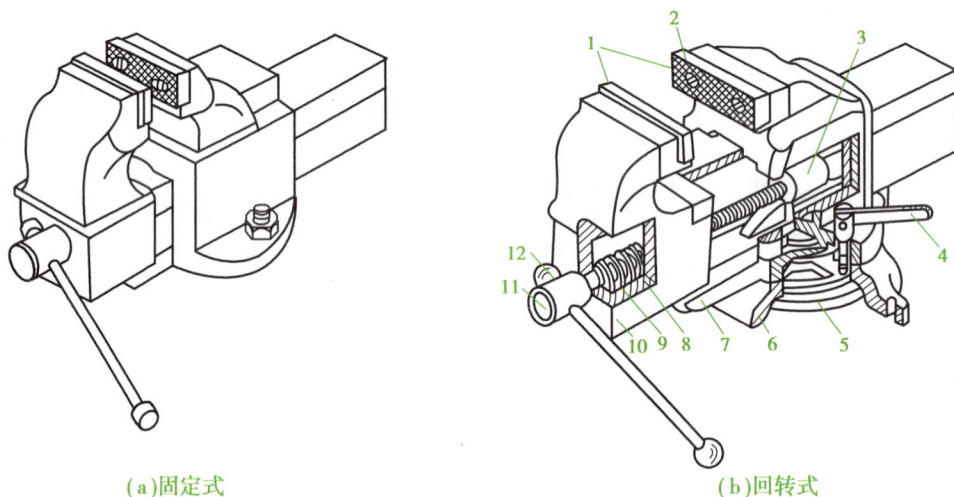

(a)固定式　　　　　　　　　　　　　　(b)回转式

图 1-16　台虎钳

1—钳口;2—螺钉;3—螺母;4、12—手柄;5—夹紧盘;6—转盘座;

7—固定钳身;8—挡圈 9—弹簧;10—活动钳身;11—丝杆

台虎钳的正确使用和维护:

①台虎钳安装在钳桌上时,必须使固定钳身的钳口工作面处于钳桌边缘之外,以保证夹持长条形工件时,工件的下端不受钳桌边缘的阻碍。

②台虎钳必须牢固地固定在钳桌上。两个夹紧螺钉必须扳紧,使钳身在工作时没有松动现象,否则容易损坏台虎钳和影响工作质量。

③夹紧工件时只允许依靠手的力量来扳动手柄,决不允许用锤子敲击手柄或随意套上长管子来扳手柄,以防丝杆、螺母或钳身因过载而损坏。

④在进行强力作业时,应尽量使作用力朝向固定钳身,否则将额外增加丝杆和螺母的载荷,以致造成螺纹的损坏。

⑤不要在活动钳身的光滑平面上进行敲击作业,以免降低它与固定钳身的配合性能。

⑥丝杆、螺母和其他活动表面上都要经常加油并保持清洁,以利润滑和防止生锈。

(3)砂轮机

砂轮机用来刃磨錾子、钻头、刮刀等刀具或样冲、划针等其他工具,也可用来磨工件或材料上的毛刺、锐边等。砂轮机主要由砂轮、电动机和机体组成。砂轮的质地硬而脆,工作时转速较高,因此使用砂轮机时应遵守安全操作规程,严防发生砂轮碎裂和人身事故。

工作时一般应注意以下几点:

①砂轮的旋转方向应正确,使磨屑向下方飞离砂轮。

②起动后,待砂轮转速达到正常后再进行磨削。

③磨削时要防止刀具或工件对砂轮发生剧烈撞击或施加过大的压力。砂轮外圆径向圆跳动误差较大时,应及时用修整器修整。

④砂轮机的搁架与砂轮外圆间的距离,一般应保持在 3 mm 以内,否则容易使被磨削件轧入,造成事故。

⑤磨削时,操作者不要站立在砂轮机的正对面,而应站在砂轮机的侧面或斜对面。

(4)台钻

台钻是台式钻床的简称,是一种小型钻床,主轴孔内安装钻夹头和钻头,用来钻孔。一般安装在工作台上或铸铁方箱上。台钻的规格有 6 mm 和 12 mm 等几种。如 12 mm 台钻表示最大钻孔直径为 12 mm。

1.5.2 划线

划线工艺步骤分为:

①看清图样,详细了解工件上需要划线的部位;明确工件及其划线有关部分在产品上的作用和要求;了解有关的后续加工工艺。

②确定划线基准。

③初步检查毛坯的误差情况。

④正确安装工件和选用工具。

⑤清理、涂色和划线。

⑥仔细检查划线的准确性以及是否有线条漏划。

⑦在线条上冲眼。

1.5.3 万能分度头

万能分度头是一种较准确的等分角度的工具。在钳工划线中常用它对工件进行分度划线。它的主要规格是以顶尖中心到底面的高度表示的。

万能分度头的结构:图 1-17 是这种分度头的外形示意图。主要由主轴、底座、鼓形壳体、分度盘和分度叉等组成。分度头主轴 2 安装,在鼓形壳体 5 内,主轴前端可以装入顶尖 1 或安装三爪自定心卡盘(图中未画出)以装夹划线工件。鼓形壳体以两侧轴颈支承在底

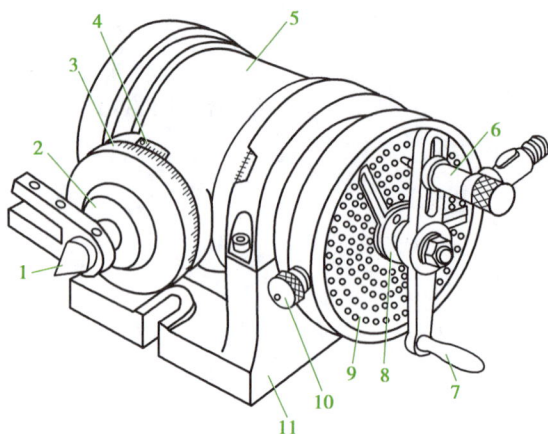

图 1-17　分度头示意图

座 11 上,可绕其轴线回转,使主轴在水平线以下 6°至水平线以上 95°范围内调整一定角度。主轴倾斜的角度可以从鼓形壳体侧壁上的刻度看出。若需要分度时,拔出插销 6 并转动手柄 7,就可带动主轴回转至所需的分度位置。手柄转过的转数,由插销 6 所对分度盘 9 上孔圈的小孔数目来确定。这些小孔在分度盘端面上,以不同孔数均布在各同心圆上。它备有三块分度盘,供分度时选用,每块分度盘有 8 圈孔,孔数分别为:

第一块:16、24、30、36、41、47、57、59;第二块:23、25、28、33、39、43、51、61;第三块:22、27、29、31、37、49、53、63。插销 6 可在手柄 7 的长槽中沿分度盘半径方向调整位置,以便插入不同孔数的孔圈内。

1.5.4　錾削

錾削是用锤子打击錾子对金属工件进行切削加工的方法。这是一种原始的、古老的切削加工方法。在现代机械加工迅猛发展的今天,錾削仍然没有被淘汰,这是因为在不便于用机械加工的场合,錾削常常是方便而经济的方法。它的功能主要包括切削或分割材料、去除铸件、锻件的毛刺、凸台和錾油槽等,有时也用作对较小表面的粗加工。此外,通过錾削技能的训练,还可提高锤击的准确性,为掌握矫正、弯形、装拆机械等技能打下扎实的基础。因此,錾削仍然是钳工的一项较重要的基本技能。

1.5.5　锉削

用锉刀对工件进行切削加工的方法称为锉削。锉削的工作范围较广,可以对各种形状工件的内外表面进行加工,并可达到一定的加工精度,工件加工后的实际几何参数(尺寸、形状和位置)与理想几何参数的符合程度。在现代化生产条件下,仍有些不便于机械加工的场合需要用锉削来完成。例如,装配过程中对个别零件的最后修整;维修工作中或在单件、小批生产条件下,对某些形状较复杂的相配零件的加工,以及手工去毛刺、倒圆和倒钝锐边(除去工件上尖锐棱角)等。锉削技能的高低,往往是衡量一个钳工技能水平高低的一个重要标志。因此,钳工必须掌握好这项重要的基本功,并力求形成熟练技巧。

1.5.6　锯削

(1)锯削
用手锯对材料(或工件)进行锯断或锯槽等加工方法称为锯削。

(2)锯削基本方法
①起锯是锯削工作的开始,起锯质量的好坏直接影响锯削的质量。

②锯削时,锯弓前进的运动方式有两种:一种是直线运动,两手均匀用力,向前推动锯弓;另一种是弧线运动,在前进时右手下压而左手上提,操作自然,可减轻疲劳。

③锯削速度以 20~40 次/min 为宜。锯软材料可以快些;锯硬材料应该慢些。速度过快,锯条发热严重,容易磨损。必要时可加水、乳化液或机油进行冷却润滑,以减轻锯条的发热磨损。

1.5.7　攻螺纹和套螺纹

用丝锥加工和校准工件的内螺纹称为攻螺纹;用板牙加工和校准工件的外螺纹为套螺纹。单件小批生产中可采用手动攻或套螺纹,批量生产中则多采用机动(如在车床或钻床上)攻或套螺纹。

任务 1.6　焊工基础知识

1.6.1　基本知识

焊接也称作熔接、镕接,是一种以加热、高温或者高压的方式接合金属或其他热塑性材料如塑料的制造工艺及技术。

现代焊接的能量来源有很多种,包括气体焰、电弧、激光、电子束、摩擦和超声波等。焊接给人体可能造成的伤害包括烧伤、触电、视力损害、吸入有毒气体、紫外线照射过度等。

若要从事此职业需在当地安监局处取得金属熔接与焊接职业资格证书后方可进行电焊作业。

（1）焊接

两种或两种以上材质（同种或异种），通过加热或加压或二者并用，来达到原子之间的结合而形成永久性连接的工艺过程叫焊接。

（2）电弧

由焊接电源供给的，在两极间产生强烈而持久的气体放电现象——电弧。

①按电流种类可分为：交流电弧、直流电弧和脉冲电弧。

②按电弧的状态可分为：自由电弧和压缩电弧（如等离子弧）。

③按电极材料可分为：熔化极电弧和不熔化极电弧。

（3）母材

被焊接的金属叫作母材。

（4）熔滴

焊丝先端受热后熔化，并向熔池过渡的液态金属滴叫作熔滴。

（5）熔池

熔焊时焊件上所形成的具有一定几何形状的液态金属部分叫作熔池。

（6）焊缝

焊接后焊件中所形成的结合部分。

（7）焊缝金属

由熔化的母材和填充金属（焊丝、焊条等）凝固后形成的那部分金属。

（8）保护气体

焊接保护气体可以是单元气体，也有二元，三元混合气。采用焊接保护气的目的在于提高焊缝质量，减少焊缝加热作用带宽度，避免材质氧化。单元气体有氩气，二氧化碳，二元混合气有氩和氧，氩和二氧化碳，氩和氦，氩和氢混合气。三元混合气有氦，氩，二氧化碳混合气。应用中视焊材不同选择不同配比的焊接混合气。

（9）焊接技术

各种焊接方法、焊接材料、焊接工艺以及焊接设备等及其基础理论的总称——焊接技术。

（10）焊接工艺及包含内容

焊接过程中的一整套工艺程序及其技术规定。内容包括：焊接方法、焊前准备加工、装配、焊接材料、焊接设备、焊接顺序、焊接操作、焊接工艺参数以及焊后处理等。

1.6.2　焊接工艺

（1）焊接条件及包含的内容

焊接时周围的条件，包括：母材材质、板厚、坡口形状、接头形式、拘束状态、环境温度及湿度、清洁度以及根据上述诸因素而确定的焊丝（或焊条）种类及直径、焊接电流、电压、焊接速度、焊接顺序、熔敷方法、方法等。

(2)焊接接头及基本形式

用焊接方法连接的接头。焊接接头包括焊缝、熔合区和热影响区三部分。接头基本形式有:对接、角接、搭接和 T 型接等。

(3)熔深

在焊接接头横截面上,母材熔化的深度。

(4)焊接位置及形式

熔焊时,焊件接缝所处的空间位置。有平焊、立焊、横焊和仰焊等形式。

(5)对焊件要开坡口

坡口:根据设计或工艺要求,将焊件的待焊部位加工成一定几何形状,经装配后形成的沟槽。为了将焊件截面熔透并减少熔合比;常用的坡口形式有:I、V、Y、X、U、K、J 型等。

(6)对某些材料焊前要预热

为了减缓焊件焊后的冷却速度,防止产生冷裂纹。

(7)对某些焊接构件焊后要热处理

为了消除焊接残余应力和改善焊接接头的组织和性能。

(8)焊前要制订焊接工艺规程

保证焊接质量依靠五大控制环节:人、机、料、法、环。

人—焊工的操作技能和经验。

机—焊接设备的高性能和稳定性。

料—焊接材料的高质量。

法—正确的焊接工艺规程及标准化作业。

环—良好的焊接作业环境。

(9)焊前要对母材表面处理加工

焊件坡口及表面如果有油(油漆)、水、锈等杂质,熔入焊缝中会产生气孔、夹杂、夹渣、裂纹等缺陷,给焊接接头带来危害和隐患。

(10)焊接电流

焊接时,流经焊接回路的电流,一般用安(A)表示。

(11)电弧电压

电弧两端(两电极)之间的电压降,一般用伏(V)表示。

(12)焊接速度

单位时间内完成焊缝的长度,一般用厘米/分(cm/min)表示。

(13)干伸长度

焊接时,焊丝端头距导电嘴端部的距离。

1.6.3 碳钢及普通低合金钢的焊接

(1)碳素钢

碳素钢也叫碳钢。常用焊接的有低碳钢（含 $C \leqslant 0.25\%$）和中碳钢（含 $C = 0.25\% \sim 0.60\%$）；优质碳素结构钢（08、10、15、20、25、30、35、40、45）。

(2)普通低合金钢

在普通低合金钢中，除碳以外，还含有少量其他元素，如锰、硅、钒、钼、钛、铝、铌、铜、硼、磷、稀土等，性能发生变化，得到比一般碳钢更优良的性能，如高强度钢、耐蚀钢、低温钢、耐热钢等。

(3)金属材料的机械性能

机械性能是指强度、硬度、塑性、韧性、耐疲劳和蠕变性能等。

(4)钢材的工艺性能

工艺性能是指钢材承受各种冷热加工的能力，如可切削性、可锻性、可铸性和可焊接性等。

(5)金属的焊接性

焊接性是指在一定的焊接工艺条件下获得优质焊接接头的难易程度。包括两方面的内容：一是接合性能，又称工艺可焊性；二是使用性能，又称使用可焊性。

1.6.4 焊接缺陷

(1)焊接缺陷

焊接缺陷是指焊接过程中产生的不符合标准要求的缺陷。

(2)熔化焊焊缝会产生缺陷

由于人、机、料、法、环等因素的影响，焊缝内外部会产生的缺陷有：焊缝尺寸不符合要求、弧坑、烧穿、咬边、焊瘤、严重飞溅、夹渣、气孔、裂纹等。

(3)气孔

在焊接过程中，熔池金属中的气体在金属冷却以前未能来得及逸出，而在焊缝金属中（内部或表面）所形成的孔穴。

(4)裂纹

在焊接应力以及其他致脆因素共同作用下，产生在焊缝金属及热影响区（内部或表面）所形成的缝隙称为裂纹。

①热裂纹—焊后高温时立即产生的裂纹。

②冷裂纹—焊后在金属冷却至室温时产生的裂纹；或焊后几小时、几天后产生的裂纹称为延迟裂纹。

(5)咬边

由于焊接参数选择不正确,或者操作方法不正确沿着焊趾(熔合线上)的母材部位产生的沟槽或凹陷称咬边,会造成局部应力集中。

(6)未焊透/未熔合

焊接时,接头根部未完全熔透的现象。熔焊时,焊道与母材之间或焊道与焊道之间未能完全熔化结合的部分。

(7)控制焊缝中的含氢量

氢、氧、氮三种有害气体会对焊接接头产生很大危害;尤其是"氢",会产生氢气孔、氢白点、氢脆、氢致裂纹(延迟裂纹)等危害。

(8)焊接飞溅

熔焊过程中,熔化的金属颗粒和熔渣向周围飞散的现象。

(9)焊瘤

在焊接过程中,熔化金属流淌到焊缝以外未熔化的母材上所形成的金属瘤。

(10)夹渣

焊渣残留于焊缝中的现象。

任务 1.7 低压电工知识

1.7.1 基本知识

从事电气设备安装、维修等工作必须持有的证件,是经过国家安全生产相关培训和注册的证明,在电力系统中,36 V 以下的电压称为安全电压,1 kV 以下的电压称为低压,1 kV 以上的电压称为高压。

若员工需参与维修设备的电压在 36 V ~ 1 kV 则需至安监局取得低压电工职业资格证书。

1.7.2 电学的基本物理量

(1)电流

电荷的定向移动形成电流。电流有大小,有方向。

1)电流的方向

人们规定正电荷定向移动的方向为电流的方向。

2）电流的大小

电流就是单位时间通过导体横截面的电量。电流用字母 I_z 表示。

（2）电压

电压，也称作电势差或电位差，是衡量单位电荷在静电场中由于电势不同所产生的能量差的物理量。其大小等于单位正电荷因受电场力作用从 A 点移动到 B 点所做的功，电压的方向规定为从高电位指向低电位的方向。电压的单位为伏（V）常用的单位还有毫伏（mV）、微伏（μV）、千伏（kV）等。

（3）电阻

一般来说，导体对电流的阻碍作用称为电阻，用字母 R 表示。电阻的单位为欧（Ω）。

（4）电功、电功率

电功率：电流在单位时间内做的功叫做电功率，是用来表示消耗电能的快慢的物理理，用 P 表示，它的单位是瓦特（Watt），简称"瓦"，符号是 W；电功：电能可以转化成多种其他形式的能量，电能转化成多种其他形式能的过程也可以说是电流做功的过程，有多少电能发生了转化就说电流做了多少功，即电功是多少。焦耳（J）是能量和做功的国际单位，1 焦耳能量相等于 1 牛顿力的作用点在力的方向上移动 1 米距离所做的功，该单位可用于电功率的测定。

1.7.3　电路

（1）电路的组成和作用

电流所流过的路径称为电路。它是由电源、负载、开关和连接导线 4 个基本部分组成的。电源是把非电能转换成电能并向外提供电能的装置。常见的电源有干电池、蓄电池和发电机等。负载是电路中用电器的总称，它将电能转换成其他形式的能。如电灯把电能转换成光能；电烙铁把电能转换成热能；电动机把电能转换成机械能。开关属于控制电器，用于控制电路的接通或断开。连接导线将电源和负载连接起来，担负着电能的传输和分配的任务。电路电流方向是由电源正极经负载流到电源负极，在电源内部，电流由负极流向正极，形成一个闭合通路。

（2）电路图

在设计、安装或维修各种实际电路时，经常要画出表示电路连接情况的图。所谓电路图就是用国家统一规定的符号，来表示电路连接情况的图。

（3）电路的三种状态

电路有三种状态：通路、开路、短路。

通路是指电路处处接通，通路也称为闭合电路，简称闭路。只有在通路的情况下，电路才有正常的工作电流。

开路是电路中某处断开，没有形成通路的电路。开路也称为断路，此时电路中没有电流。

短路是指电源或负载两端被导线连接在一起,分别称为电源短路或负载短路。电源短路时电源提供的电流要比通路时提供的电流大很多倍,通常是有害的,也是非常危险的,所以一般不允许电源短路。

1.7.4 电阻的串联、并联电路

(1)电阻的串联电路

在一段电路上,将几个电阻的首尾依次相连所构成的一个没有分支的电路,叫作电阻的串联电路。电阻的串联电路有以下特点:

①串联电路中流过各个电阻的电流都相等;

②串联电路两端的总电压等于各个电阻两端的电压之和;

③串联电路的总电阻(即等效电阻)等于各串联的电阻之和。

(2)电阻的并联电路

将两个或两个以上的电阻两端分别接在电路中相同的两个节点之间,这种连接方式叫作电阻的并联电路。

电阻的并联电路有如下特点:

①并联电路中各个支路两端的电压相等;

②并联电路中总的电流等于各支路中的电流之和;

③并联电路的总电阻(即等效电阻)的倒数等于各并联电阻的倒数之和。

1.7.5 电工测量基本知识

电工常用测量仪表有摇表、万用表和钳形电流表,这些仪表在测量时若不注意正确的使用方法或稍有疏忽,不是将表烧坏,就是使被测元件损坏,甚至还危及人身安全,因此,掌握常用电工测量仪表的正确使用方法是非常重要的。

(1)摇表

摇表又称兆欧表,用于测试线路或电气设备的绝缘状况。使用方法及注意事项如下:

①首先选用与被测元件电压等级相适应的摇表,对于 500 V 及以下的线路或电气设备,应使用 500 V 或 1 000 V 的摇表。对于 500 V 以上的线路或电气设备,应使用 1 000 V 或 2 500 V 的摇表。

②用摇表测试高压设备的绝缘时,应由两人进行。

③测量前必须将被测线路或电气设备的电源全部断开,即不允许带电测绝缘电阻。并且要查明线路或电气设备上无人工作后方可进行。

④摇表使用的表线必须是绝缘线,且不宜采用双股绞合绝缘线,其表线的端部应有绝缘护套;摇表的线路端子"L"应接设备的被测相,接地端子"E"应接设备外壳及设备的非被测相,屏蔽端子"G"应接到保护环或电缆绝缘护层上,以减小绝缘表面泄漏电流对测量

造成的误差。

⑤测量前应对摇表进行开路校检。摇表"L"端与"E"端空载时摇动摇表，其指针应指向"∞"；摇表"L"端与"E"端短接时，摇动摇表其指针应指向"0"。说明摇表功能良好，可以使用。

⑥测试前必须将被试线路或电气设备接地放电。

⑦测量时，摇动摇表手柄的速度要均匀；保持稳定转速 1 min 后，取读数，以便躲开吸收电流的影响。

⑧测试过程中两手不得同时接触两根线。

⑨测试完毕应先拆线，后停止摇动摇表。以防止电气设备向摇表反充电导致摇表损坏。

⑩雷电时，严禁测试线路绝缘。

（2）万用表

万用表是综合性仪表，可测量交流或直流的电压、电流，还可以测量元件的电阻以及晶体管的一般参数和放大器的增益等。因此，万用表转换开关的接线较为复杂，必须要掌握其使用方法。

①使用万用表前要校准机械零位和电气零位，若要测量电流或电压，则应先调表指针的机械零位；若要测量电阻，则应先调表指针的电气零位，以防表内电池电压下降而产生测量误差。

②测量前一定要选好挡位，即电压挡、电流挡或电阻挡，同时还要选对量程。初选时应从大到小，以免打坏指针。禁止带电切换量程。量程的选择原则是"U、I 在上半部分、R 在中间较准"，即测量电压、电流时指针在刻度盘的 1/2 以上处，测量电阻时指针指在刻度盘的中间处才准确。

③测量直流时要注意表笔的极性。测量高压时，应把红、黑表笔插入"2 500 V"和"－"插孔内，把万用表放在绝缘支架上，然后用绝缘工具将表笔触及被测导体。

④测量晶体管或集成件时，不得使用 R×1 和 R×10 k 量程挡。

⑤带电测量过程中应注意防止发生短路和触电事故。

⑥不用时，切换开关不要停在欧姆挡，以防止表笔短接时将电池放电。

（3）钳形电流表

钳形电流表分高、低压两种，用于在不拆断线路的情况下直接测量线路中的电流。其使用方法如下：

①使用高压钳形表时应注意钳形电流表的电压等级，严禁用低压钳形表测量高电压回路的电流。用高压钳形表测量时，应由两人操作，测量时应戴绝缘手套，站在绝缘垫上，不得触及其他设备，以防止短路或接地。

②观测表计时，要特别注意保持头部与带电部分的安全距离，人体任何部分与带电体的距离不得小于钳形表的整个长度。

③在高压回路上测量时,禁止用导线从钳形电流表另接表计测量。测量高压电缆各相电流时,电缆头线间距离应在300 mm以上,且绝缘良好,待认为测量方便时,方能进行。

④测量低压可熔保险器或水平排列低压母线电流时,应在测量前将各相可熔保险或母线用绝缘材料加以保护隔离,以免引起相间短路。

⑤当电缆有一相接地时,严禁测量。防止出现因电缆头的绝缘水平低发生对地击穿爆炸而危及人身安全。

⑥钳形电流表测量结束后把开关拨至最大程挡,以免下次使用时不慎过流;并应保存在干燥的室内。

(4)试电笔

试电笔也叫测电笔,简称"电笔"。是一种电工工具,用来测试电线中是否带电。

①判定交流电和直流电口诀:电笔判定交直流,交流明亮直流暗,交流氖管通身亮,直流氖管亮一端。

②判定直流电正负极口诀:电笔判定正负极,观察氖管要心细,前端明亮是负极,后端明亮为正极。

思考题

1.城市轨道交通行业车辆检修工艺设备的分类有哪些? 各类设备主要有哪些?

2.配合的方式主要有哪些? 用于何种用途?

3.轴承的维护保养有何要点?

4.钳工常用工器具主要有哪些?

5.焊接工艺中对于焊件的坡口有何工艺要求?

6.万用表的使用注意事项有哪些?

7.电工常用工器具有哪些?

8.电路的作用是什么?

9.焊接的位置及形式有哪些?

10.电路的三种状态具体是什么?

项目2　初级工理论知识及实操技能

任务 2.1　工艺设备基础知识

2.1.1　不落轮镟床

镟床手动
模式操作

镟床自动
模式操作

数控不落轮镟床主要用于在地铁列车整列编组不解编、下转向架轮对不落轮的条件下,对车辆单个轮对受损或擦伤的车轮踏面和轮缘进行镟削加工,也可用于对已落架的转向架上的单个轮对进行不落轮加工,下面以武汉善福机床厂生产的 UGL 15CNC 不落轮镟床为例,介绍主要性能、参数:

(1)设备基本参数

工作电压 380 V:	50 Hz
直流控制电压:	24 V
主轴转速级数:	无级可调
主轴(摩擦驱动滚轮)转速范围:	$1 \sim 140$ r/min
滚轮(摩擦驱动滚轮极限速度)的切向速度:	$30 \sim 120$ m/min
切削速度范围:	$30 \sim 120$ m/min
进给量范围:	$0 \sim 600$ mm/min
进给速度范围:	$0 \sim 3$ mm/r
最大切削(直径方向)深度:	8 mm/刀
同轴车轮滚动圆直径差:	$\leqslant 0.20$ mm
同转向架车轮直径差:	$\leqslant 0.30$ mm
径向跳动:	$\leqslant 0.10$ mm
直径测量滚轮直径:	90 mm
表面粗糙度:	$Rz \leqslant 60$ μm;$Ra \leqslant 12.5$ μm

(2)设备主要组成

如图 2-1 所示是数控不落轮镟床的实物照片,由图可知数控不落轮镟床采用单元模块化结构,主要由以下几部分组成:支撑立柱和床身、摩擦驱动滚轮支撑装置、轮对卡紧系统(包括外轴箱支撑装置和轴箱压下装置)、轮对轴向定位装置(轴向控制轮)、测量装置、数控刀架系统、机床轨道系统、数控系统/操作系统、液压及气动系统等。

图 2-1 不落轮镟床

1)支撑立柱和床身系统

机床安装于车间轨平面以下的地坑中。机床主要结构由位于操作区前方的两个立柱和一个带横梁的床身构成。横梁上配有水平刀架移动导轨,在横梁的后方配有两个抬升装置移动的线性导轨。

2)机床轨道系统

机床轨道系统是城轨车辆进出机床的接口,由活动轨道、固定轨道、相应的支撑架及立柱组成,在固定轨道的末端与两节活动轨道连接,活动轨道(滑动轨)由液压缸驱动来闭合或打开固定轨道。活动轨道打开时,有相应的安全装置确保车辆不能移动。

3)摩擦驱动滚轮支撑装置

摩擦驱动滚轮支撑装置是这台机床上最重要的部件,由 4 个独立的摩擦轮组成,而这 4 个摩擦轮是由 4 套独立的液压油缸驱动沿滑轨上下运动。在加工过程中,摩擦轮将随车轮表面的不规则型面在滑轨上滑动而不会改变机床的负载结构。

4)轴箱支撑装置

轴箱支撑装置有两个主要功能:①自动升降功能:根据机床的加工循环程序外轴箱支撑装置将自动升降。②锁定功能:外轴箱支撑装置油缸的升起是由一液压马达带动一丝杠完成的。此自锁丝杠可保证在加工过程中甚至发生振动时支撑装置也能与轴箱稳定接触,从而保证在加工过程中轮对轴线固定不变。

5)轴箱压下装置

轴箱压下装置的作用是增大车轮踏面与摩擦驱动滚轮间的正压力和摩擦力矩,防止切削力过大时发生双滚轮与车轮踏面间的相对滑动。

6)数控刀架系统

数控刀架系统由 Z 轴水平刀架和 X 轴组成,其中水平刀架(Z 轴)在横梁导轨上滑动,该刀架运动由一交流伺服电机经一大直径循环滚珠丝杠进行驱动,而 X 轴位于在水平刀架的上部,它由一个在无摩擦轴套内滑动的大直径滚珠丝杠组成。其垂直运动也采用AC无刷伺服电机经一大直径滚珠丝杠进行驱动。

数控刀架在CNC控制系统的控制下由伺服电机驱动,刀具可实现水平走刀(进给)运动和垂直运动以及直线、圆弧插补功能。

7)测量系统

车轮几何精度测量,在轮对车轮廓形上,测量车轮下列几何参数:轮缘高度、轮缘厚度、轮对内侧距、径向跳动、端面跳动和踏面直径。

8)液压系统

液压系统由变量泵油箱、压力控制阀、电气配电盘及管道组成。有特殊装置可保持油温的恒定,包括用于起动的电阻加热器和油温冷却装置,油温恒定在(20 ± 3)℃。

机床液压系统主要用于:活动轨道的打开、闭合和锁定控制、4个摩擦驱动滚轮的抬升、轮对径向定位和摩擦驱动装置独立浮动的控制、外轴箱支撑装置(千斤顶)的升降控制、轴箱压下装置的升降、伸缩控制、轮对轴向定置控制、测量设备的调整采用气动及伺服电机控制。

9)数控系统

SINUMERIK 840DE数控系统控制,该数控系统控制4个轴(X_1、Z_1、X_2、Z_2)、2套测量装置(U_1和U_2轴)、直径测量C_1和C_2轴和4个摩擦驱动主轴的动作。

西门子SINUMERIK 840DE数控系统控制包括由总线连接的四个功能单元,即CNC(计算机数字控制)系统、PLC(可编程逻辑控制器)系统、伺服驱动系统和MMC(人机通讯)系统。

机床设计了一套专用的"人机对话"的图形界面,只需输入相应的机床数据即可自动完成工件的定位、加工及测量的全过程,包括轮对的抬起及定位、轮对踏面直径及磨损型面的测量、数据处理及最佳切削量的确定、新型面加工的循环过程、新型面的最终测量、按规定格式打印结果、如需要可将数据输入中央计算机。该图形界面可使操作者能够非常直观地观测到磨损型面的测量结果、自动选择的型面、完成型面加工后的测量结果等。

2.1.2 固定式架车机

固定式架车机
操作

如图2-2所示是国内某地铁公司固定式架车机,由图可知,固定式架车机机组是在地铁列车不摘钩、部分摘钩状态下,对整列车、单辆车、多辆车进行架升、落车,用于对全列车实施架修作业,或对一台、多台转向架实施更换作业,或对车下电箱等设备实施拆装作业的专用设备。下面以德国Windhoff生产的WIDHF固定式架车机为例,介绍主要性能、参数。

图 2-2　固定式架车机

（1）设备基本参数

轨距：	1 435 mm
每坑 4 柱转向架架升装置的额定承载能力：	22.5 t
架升高度：	1 600 mm
升降速度：	380 mm/min
每坑 2 根车体架升柱的额定承载能力：	20 t
架升高度：	2 600 mm
升降速度：	380 mm/min
架升柱升起时立柱间横向最小净宽：转向架最大宽度	+200 mm
转向架架升轨与辅助轨之间的间隙：	3~5 mm
转向架架升柱同步精度同一转向架 4 柱间：	4 mm
同一辆车 8 柱间：	6 mm
相邻两辆车 16 柱间：	8 mm
全列车 48 柱间：	14 mm
车体架升柱同步精度车体一端 2 柱间：	4 mm
同一辆车 4 柱间：	6 mm
相邻两辆车 8 柱间：	8 mm
全列车 24 柱间：	14 mm

（2）设备技术特点

1）设备组成

该设备包括机械系统的转向架架升装置、车体架升柱,电气控制系统、现场控制器、各种检测开关和传感器等,电气保护系统,安全防护系统,润滑系统和自诊断系统,完成车辆的多种工作方式操作。

2）技术特点

电气控制系统设有总控制台和现场控制器(包括现场控制台和手持式控制器)。总控制台如图 2-3 所示,可对设备进行全列车、多节车辆和单节车辆的同步升降控制,手持式控制器如图 2-4 所示,可对单台转向架进行同步升降控制、单柱进行升降控制等。总控制台和现场控制器具有互锁功能。

图 2-3　控制台　　　　　　　　　　　　　　图 2-4　手持式控制器

设备设有可靠的对位机构如图 2-5 所示,车轮位置探测系统,对位方式先进,车辆定位准确,并有定位指示。定位指示全部发出后方可架车,保证架车作业安全。

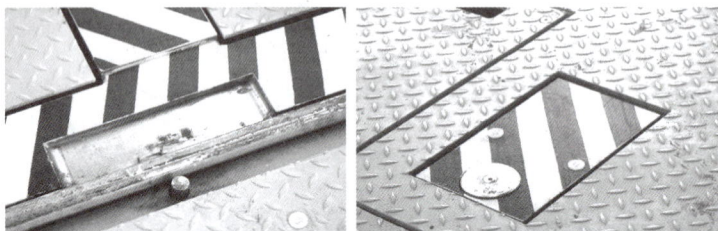

图 2-5　定位探测系统

转向架架升活动轨桥升起的同时,跟随有遮盖机构如图 2-6 所示,自动遮盖升起后留下的凹陷,最终与地面平齐,并足以承载作业人员作业,可保证作业人员的人身安全,方便作业。

图 2-6　遮盖机构　　　　　　　　　　　　　图 2-7　防车轮滑落装置

转向架架升装置活动轨桥具有防车轮滑落功能,如图 2-7 所示,转向架架升活动轨桥为凹槽结构设计,具有防车轮滑落功能。

导向轮如图 2-8 所示,大小的设计对架升柱具有足够的导向精度,保证架升柱正常升降。导向轮与架升柱之间接触间隙的调整装置采用螺纹调整锁定方式,调整方便、可靠。

同步系统：在每个转向架架升螺杆和车体架升螺杆的上部均设置有脉冲感应器，保证转向架架升柱和车体架升柱具有同步升降功能。控制原理是通过感应器采集螺杆的实时转数，PLC进行数据处理，通过计算高度差进行调整；当任意两个架升柱的高度差小于同步精度范围内时，PLC对螺杆的运行不进行调整；在同步精度范围内时，PLC对螺杆的运行进行调整，即运行高度高的螺杆电机停机等待至小于同步精度范围内；超过同步精度范围内时，PLC控制整台设备停机并报警。

图 2-8　导向轮

2.1.3　移动式架车机

如图 2-9 所示，移动式架车机是用于对整列车辆或单节车辆实施架升/落车作业的专用设备，以便对车体、转向架及其他部件进行维修和更换作业。下面以中铁工程生产的 YDJ-16 的移动式架车机为例，介绍主要的性能、参数。

图 2-9　移动式架车机

（1）设备基本参数

每台架车机提升能力：	≥16 t
一车位架车机组（4 台）的提升能力：	≥64 t
提升螺杆螺纹类型：	T 型
提升螺杆直径×螺距：	$\phi70×12$ mm
托架提升/下降速度：	≤300 mm/min
悬臂托架上承载面最低高度（距轨面）：	650 mm
托架垂直升降行程 max：	1 600 mm
托架水平伸缩行程 max：	600 mm
同一车位 4 台架车机托架承载面：	≤6 mm
相邻两车位 8 台架车机托架承载面：	≤8 mm
相邻三车位 12 台架车机托架承载面：	≤10 mm
六车位 24 台架车机托架承载面：	≤14 mm

（2）设备技术特点

该移动式架车机组起升时由电控系统进行同步控制,确保各架车机组之间均匀同步架起整列车、多节车辆、单节地铁车辆或工程车辆。

如图 2-10 所示为移动式架车机结构示意图,由图可知,移动式架车机由机架、托架、走行系统、升降驱动传动系统、电气同步控制系统、电气操作控制系统、计算机软件和程序系统以及安全保护系统等组成。

机架:为双立柱式机架由槽钢,钢板等焊接而成,是移动式架车机的基础件,用于支承其他部件和承受起升车辆的重量,机架的侧面设有导轨,托架沿着导轨上下运动,以完成架车作业动作。

托架:用于托举车辆车体实施车体架升作业,由左右侧板、托臂、托头、横担梁、工作丝母,滚轮及托臂伸缩机构组成。

走行装置:走行装置位于机架的底部,由轮架板、走行轮、手动液压缸等组成。

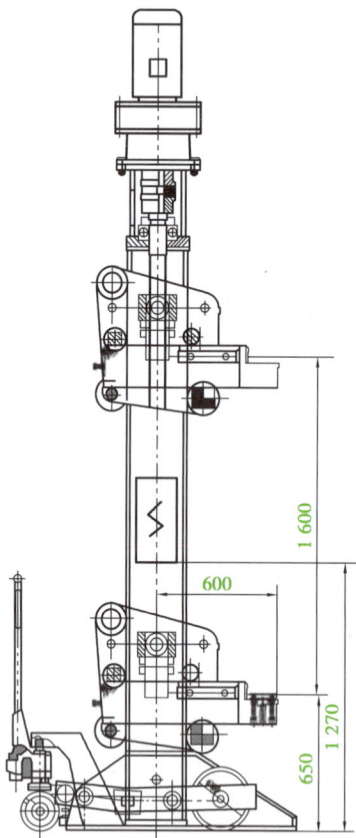

图 2-10 移动式架车机结构示意图

图 2-11 电气控制

如图 2-11 所示为移动式架车机的电气同步控制装置。由图可知,电气同步控制系统由可编程序控制器(PLC)、托头接近开关、旋转编码器组成。在自动控制状态下,旋转编码器检测电动机运动的角度位移,并通过可编程序控制器(PLC)将此角度位移转换成架车机托架的直线位移距离,通过对各架车机的升降电机的控制实现的各架车机的同升降。

电气操作、控制系统：电气操作系统由总控制台、单机控制箱、手持按钮盒、上下限位开关、上下极限限位开关、托头接近开关组成等。

该设备具有完善的故障自诊断功能，对设备的状态进行全面的监控和显示报警。出现故障时系统自动停止工作，同时发出警铃报警，并在文本显示器上显示出相应的故障报警信息，故障诊断系统的显示和操作界面均采用中文界面。只要根据相应故障提示便可知故障性质，即可针对故障性质进行故障排除。

2.1.4　列车清洗机

如图 2-12 所示，列车清洗机通过各刷组能够自动按顺序完成对成地铁车辆前端、后端、侧面、侧顶弧面等部位的清洗，从而清除在地铁运用和检修时的灰尘，下面以北京沃尔新生产的 CD-DT-02 型号的列车清洗机为例，介绍主要性能、参数。

图 2-12　列车清洗机

（1）设备基本参数

列车清洗主库长度：	66 m
设备清洗能力：	20 min/列（6 辆编组）
适用于列车行驶速度：	3~5 km/h
空压机额定压力：	0.8 MPa
电源：	380（1±10%）V；（50±1）Hz
总功率：	140 kW

（2）设备技术特点

列车自动清洗机主要由清洗刷组、水循环及水处理系统、电气控制系统、水泵及水管路系统、压缩空气管路装置、强风吹扫装置和热风幕等组成。具有自动清洗地铁列车表面，自动与手动端刷洗相组合，工况及故障显示，故障自动保护及声光报警，水清洗或加入洗涤液清洗，手动或自动排水等功能；运用了刷毛持续叉分、刷毛柔性、雨刮器保护、水循环处理、车头部位自动仿形清洗、实时状态显示与控制等技术；具有操作方便，高效节能，工作稳定,清洗速度快,自动化程度高,设备维护、检修方便等特点。

1)侧刷组

①结构:如图 2-13 所示,侧刷组由刷柱、刷架、刷轴、刷毛、摆动机构、旋转机构、安全限位机构、传感系统、喷淋系统组成、钢结构部分镀锌喷塑等组成。

②功能:对车体侧面进行洗刷,通过摆动机构压力的调整自动调整吃毛量。分为洗涤剂刷抹、回用水刷抹和清水刷抹。

图 2-13　侧刷组

图 2-14　侧顶弧刷组

2)侧顶弧刷

图 2-15　端刷组

①结构:如图 2-14 所示侧顶弧刷组,由刷柱、刷架、刷轴、刷毛、摆动机构、旋转机构、安全限位机构、传感系统、喷淋系统组成;钢结构部分镀锌喷塑。

②功能:刷抹洗涤液、粗洗、精洗列车车体侧顶弧面。

3)端刷

①结构:如图 2-15 所示为端刷组的实物照片,由图可知,由走行车、提升机构、摆出机构、旋转机构、横刷组、安全限位装置、感应系统组成。

②功能:自动仿形完成地铁前后端面的洗刷,具有雨刷器保护功能。

4)水循环及水处理系统,如图 2-16 所示。

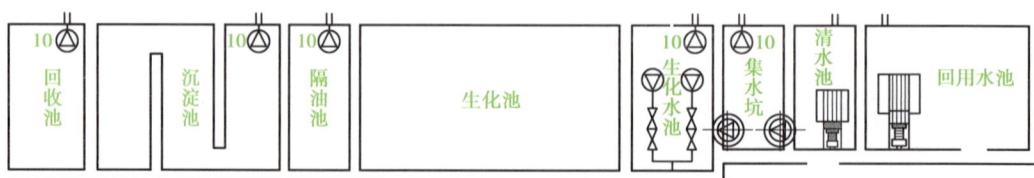

图 2-16　水循环系统

5）供水装置

①结构：独立供水装置，由多级离心泵、压力表、防失水装置及水泵支架组成。

②功能：为洗车提供洗车用水，压力根据实际需要调整压力和流量。

6）控制系统

控制系统由输入检测信号端、PLC、输出执行端组成；输入检测信号端主要由操作按钮、检测信号、SCADA 等组成；输出执行端主要由指示灯、电磁阀、接触器、显示器等组成，如图 2-17 所示。

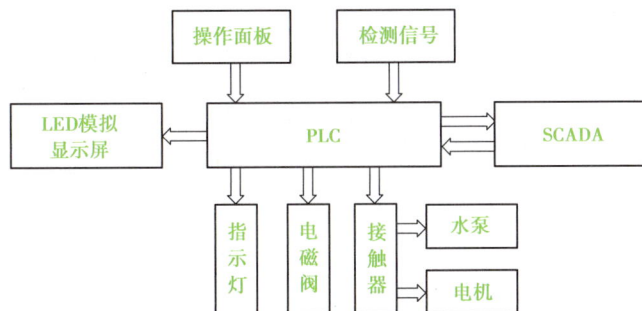

图 2-17　控制系统

7）SCADA 组态软件

功能：工艺流程、设备运行状态、操作模式、报警等显示、画面调用等功能；能自动跟踪、自动监视、自动反馈、全方位监视设备各分系统组件的运行和机车的位置。

2.1.5　浅坑式移车台

浅坑式移车台主要用于车辆段地铁车辆厂、架修作业中，对检修作业的单节地铁车辆或转向架，实施平行转轨作业。下面以中铁工程生产的 WKY50/20 生产的浅坑式移车台为例，介绍主要性能、参数。

（1）设备基本参数

载重：	50 t
自重：	约 60 t
运行速度：	0~37 m/min
渡桥拉杆：	拉力 630 N
拉杆行程：	400 mm
浅坑式移车台最大轮压：	25 t
电源：	380 V、50 Hz
设备总功率：	≤45 kW

（2）设备组成

浅坑式移车台如图 2-18 所示，由主体钢结构、渡桥系统、驱动/传动/走行轮系统、卷扬系统、司机室、操作/控制及电气系统、摄像闭路电视系统、安全防护系统组成。

图 2-18　浅坑式移车台

①主体钢结构:车架总长 25 m,宽 5.12 m,走行轨距(跨度)11 000 mm×2,由两根主梁、一组横梁和纵梁组焊成形,左右主梁和横梁全部为钢板结构箱形梁。

②渡桥系统:渡桥如图 2-19 所示,安装在车架两端,由钢结构及电动推杆组成,长 1.5 m,其上设有轨道,是被转移车辆上下浅坑式移车台的过渡机构。渡桥通过电动推杆完成其旋转,动作可靠,到位准确。

图 2-19　渡桥系统

图 2-20　驱动系统

③驱动系统:主动轮轮系如图 2-20 所示,由车轮、驱动轴、短圆柱滚子轴承、减速机、电机、车轮安装架组成。从动轮由车轮、驱动轴、短圆柱滚子轴承、车轮安装架组成。

④卷扬系统如图 2-21 所示,由电动卷扬机、同步排绳器、滑轮组组成,放置在司机室另侧。牵引用钢丝绳经同步排绳器通过滑轮组改变牵引钢丝绳的牵引方向,实现对转向架和车体进行牵引。

图 2-21　卷扬系统

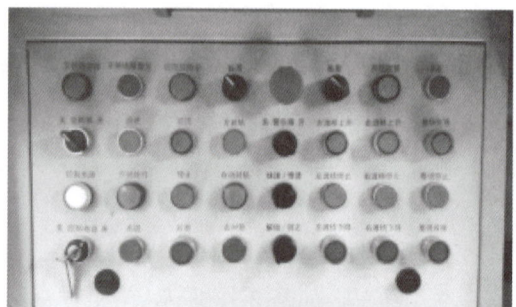

图 2-22　控制及电气系统

⑤控制及电气系统如图 2-22 所示,控制及电气系统由 PLC 可编程控制器、变频器、断路器、接触器、热继电器、熔断器、按钮、选择开关、急停开关等组成,用于实施对浅坑式移车台运行、对轨、卷扬机牵引等各种动作的控制。

2.1.6 轮对受电弓动态检测设备

轮对及受电弓动态检测系统用于车辆段对车辆轮对进行外形尺寸、踏面缺陷及轴温的检测,同时完成对受电弓的滑板磨耗、中心线偏差、工作位压力及车顶状况的监测。下面以东莞诺丽生产的 FSTW-Ⅳ型轮对受电弓动态检测设备为例,介绍介绍主要性能、参数。

(1)设备基本参数

轮缘高度测量范围:	$25 \sim 40$ mm
轮缘高度测量误差:	± 0.2 mm
轮缘厚度测量范围:	$20 \sim 40$ mm
轮缘厚度测量误差:	± 0.2 mm
轮对内侧距测量范围:	$1\,345 \sim 1\,365$ mm
轮对内侧距测量误差:	± 0.6 mm
车轮直径测量范围:	$750 \sim 1\,000$ mm
车轮直径测量误差:	± 0.6 mm
Q_r 值测量范围:	$0 \sim 13$ mm
Q_r 值测量误差:	± 0.5 mm

(2)设备组成

如图 2-23 所示是轮对受电弓动态检测设备,由图可知,轮对及受电弓动态检测系统由基本检测单元、设备间、控制室等组成。基本检测单元包括车号识别模块、轮对外形尺寸检测模块、车轮擦伤及不圆度检测模块、车顶状态监测模块、轴温检测模块;设备间包括现场控制系统、数据采集处理系统;控制室包括操作控制台、数据库、数据综合分析及管理软件、数据及信号传输系统。

图 2-23　轮对受电弓动态检测设备

图 2-24　基本检测单元

基本检测单元如图 2-24 所示,基本检测单元的主要作用是获取车号、轮对外形、踏面缺陷、轴箱、牵引电机、轴承温升的原始检测数据及车顶状态监控视频。包括车号识别模块、轮对外形尺寸检测模块、车轮擦伤及不圆度检测模块、车顶状态监测模块、受电弓滑板磨耗及中心线检测模块、受电弓压力检测模块、轴温检测模块七个基本检测模块。为了辅助基本检测单元的工作，在基本检测单元的前后方分别设置有车辆接近检测单元、车辆离去检测单元、自动测速单位、自动计轴计辆单元等辅助检测模块。

如图 2-25 所示是设备间的实物图，其主要作用是实时采集处理基本检测单元的测量信号，形成检测结果，并以一定的格式与控制室内的主机通信，接收控制室主机的控制命令，向控制室主机发送状态信息和检测结果。另外，设备间还负责控制现场监控设备的工作，处理监控信号。设备间内包括现场控制系统、数据采集系统、数据处理系统、监控系统主控机。

控制单元如图 2-26 所示，用于控制轮对及受电弓动态检测系统的启停，监控设备的运行状况，管理最终的检测结果，提供用户访问界面、数据输入/输出接口、数据联网管理。包括操作控制台、监控系统、数据库、数据综合分析及管理软件。软件应易于扩展，并预留网络化端口，可接入企业的其他管理信息系统。

图 2-25　设备间

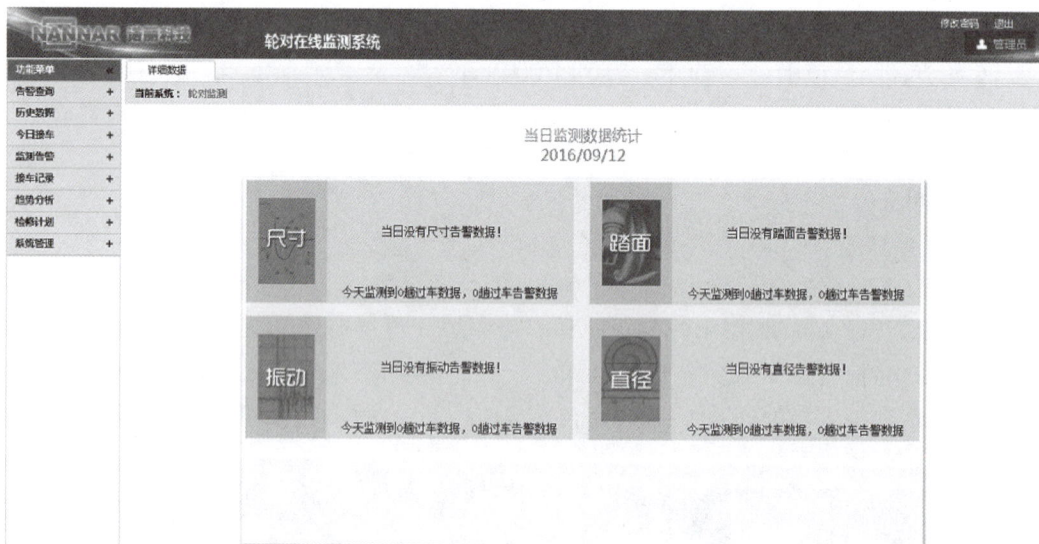

图 2-26　控制单元

2.1.7　救援设备

LUKAS 救援设备用于对事故列车的复位作业。车辆复位作业主要包括：对脱轨车辆实施复轨作业；对车辆实施顶升作业等救援作业。下面以 LUKSA 生产的救援设备为例，介绍主要性能、参数。

(1)设备基本参数

输出功率：　　　　　　　　　　3.5 kW

最大转速：　　　　　　　　　　3 000 r/min

低压流量输出：	6 L/min
高压流量输出：	2.5 L/min
油箱容积：	35 L
重量：	55 kg
顶升能力	
一级：	63 t
二级：	25 t
总行程：	450 mm
重量：	23.5 kg
横移油缸	
横移/拉伸力：	170/90 kN
油缸行程：	320 mm

（2）设备组成

救援设备组成主要由液压泵、控制台、液压多行程油缸、横移系统、附属设备、油管等，如图2-27所示。

图2-27　救援设备

图2-28　液压泵

液压泵（图2-28）：液压泵是液压动力输出装置，采用汽油引擎产生动力，也是复轨控制的核心装置，主要用于输出液压动力。

控制台（图2-29）：所有的顶升、横移和定位都是通过控制台上的控制阀来完成的，主要用于控制油缸行程。

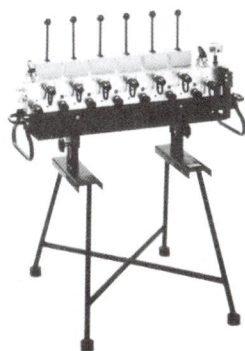

图2-29　控制台

图2-30　液压多行程油缸

液压多行程油缸(图2-30):主要由两类油缸组成,一种为两级行程油缸,还有一种为三级行程油缸,主要用于顶升作业。

横移系统(图2-31):用于顶升后的左右横移,主要由横移装置油缸和滚轮滑车组成。

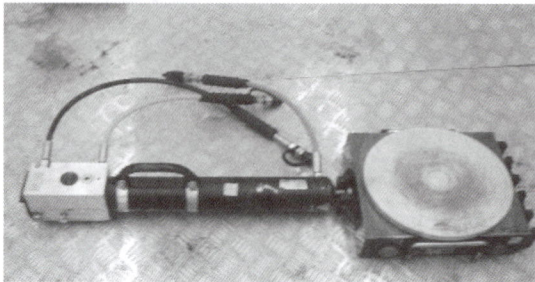

图 2-31　横移系统

附属设备:主要由车轴推动器、顶升气囊、压缩空气泵、扩张器、剪切器、发电机及照明设备等组成。

2.1.8　起重机

如图2-32所示,起重机用于起吊和运输工件,分别用于地铁车辆分解、检修、组装作业及零部件维修、材料储存、发放等作业。下面以西安神力生产的LH10/3T-16.5M的双梁桥式起重机为例,介绍主要性能、参数。

图 2-32　起重机

(1)设备基本参数

工作载荷　　　　　　10 000/3 200 kg

跨度　　　　　　　　16.5 m

起升高度　　　　　　12/14 m

整车自重　　　　　　13 900 kg

最大轮压　　　　　　95 kN

工作级别　　　　　　A_5

(2)设备组成

双梁桥式起重机主要由主梁、端梁、大车走行、小车走行、电气系统组成。

主梁、端梁：主梁、端梁采用 Q235-B 中板焊接成型，主梁、端梁采用螺栓连接，小车架采用 Q235-B 钢板和型钢焊接成型。

大车、小车走行：大、小车运行机构为"三合一"机构，采用变频调速，平面刹车制动系统。

电气系统：主要电气控制元件由接触器、继电器、变频器、PLC 组成。

2.1.9　叉车

如图 2-33 所示，叉车是工业搬运车辆，对成件托盘货物进行装卸、堆垛和短距离运输作业的各种轮式搬运车辆。下面以宁波如意生产的 FB20 的叉车为例，主要介绍性能、参数。

图 2-33　叉车

（1）设备基本参数

额定承载能力	2 t
提升高度	
最大载重量	2 t
载荷中心距	500 mm
起升高度	3 000 mm
蓄电池容量	700 Ah
驱动控制方式	直流/交流

（2）设备组成

叉车主要由动力装置、起重工作装置、叉车底盘（包括传动系统、转向系统、制动系统、行驶系统）和电器设备组成。

动力装置：各工作机构提供动力源，保证叉车工作装置装卸货物和叉车正常运行所需要的动力。

传动系统：将动力装置发出的动力高效、经济和可靠地传给驱动车轮。

转向系统:改变叉车的行驶方向或保持叉车直线行驶。

制动系统:使叉车能够迅速地减速或停车,并使叉车能够稳定地停放在适当的地方,防止溜车。

电气系统:包括发电设备和用电设备。主要由发电机、起动机、蓄电池、照明、仪表等组成。

2.1.10　普通车床

如图 2-34 所示,普通车床能对轴、盘、环等多种类型工件进行多种工序加工的卧式车床,常用于加工工件的内外回转表面、端面和各种内外螺纹,采用相应的刀具和附件,还可进行钻孔、扩孔、攻丝和滚花等。下面以唐山百川生产的 CA6140A 的普通车床为例,主要介绍性能、参数。

图 2-34　普通车床

(1)设备基本参数

床身回转直径	400 mm
刀架上回转直径	210 mm
刀杆截面	25 mm×25 mm
主轴孔径	(A)ϕ52/(B)ϕ80/(C)ϕ105
主轴转速范围正转/反转	10～1 400/16～1 400 r/min

(2)设备组成

普通车床的主要组成部件有:主轴箱、进给箱、溜板箱、刀架、尾架、光杠、丝杠和床身。

主轴箱:又称床头箱,它的主要任务是将主电机传来的旋转运动经过一系列的变速机构使主轴得到所需的正反两种转向的不同转速,同时主轴箱分出部分动力将运动传给进给箱。

进给箱:又称走刀箱,进给箱中装有进给运动的变速机构,调整其变速机构,可得到所需的进给量或螺距,通过光杠或丝杠将运动传至刀架以进行切削。

丝杠与光杠:用以连接进给箱与溜板箱,并把进给箱的运动和动力传给溜板箱,使溜板箱获得纵向直线运动。

刀架：它的功能是装夹刀具，使刀具作纵向、横向或斜向进给运动。

尾座：安装作定位支撑用的后顶尖，也可以安装钻头、铰刀等孔加工刀具来进行孔加工。

任务 2.2 　工艺设备初级工使用操作

数控不落轮镟床、固定式架车机、移动式架车机、列车清洗机、浅坑式移车台、轮对受电弓动态检测设备、救援设备、起重机、叉车、普通车床都是地铁车辆段车辆检修的重要工艺设备，正确规范的操作设备是一名操作初级工具备的基本技能，根据设备不同特点，操作方法也不相同，下来介绍各设备的具体操作方法。

2.2.1　不落轮镟床

数控不落轮镟床是地铁车辆段车辆检修的重要工艺设备之一，用于各型地铁车辆轮对踏面剥离擦伤、轮缘高厚度修整等镟修工作，对车辆运行安全、车辆乘坐舒适性及线路轨道保护起着重要的作用。规范正确的操作机床是操作初级工的基本技能，同时也是为了确保机床正常运转。

(1)操作前准备工作

①检查不落轮镟床轨道系统和所在线路轨道的钢轨连接处，线路是否出清。

②列车所有制动处于稳定缓解状态才能进入活动轨道。

③检查不落轮镟床信号灯的指示是否正常。

④清洁摩擦驱动轮上的油污，防轮对打滑。

⑤如果需要对讲机进行工作联络，事先要检查对讲机通讯功能是否良好。

⑥正式进行镟修操作前，应先启动液压系统进行热机，并在手动模式下空载试机，一切正常方能进行镟修作业。

(2)操作步骤

①配电柜启动：启动配电柜，接通总电源。

②空压机启动：待系统启动完成后，按下主按钮站按钮启动机床，并启动空压机。

③公铁两用车操作：公铁两用车将电客车待镟修轮对牵引至镟床中心线位置，牵引完毕后，将公铁两用车停放在安全位置。

④数据输入：在主控台输入轮对类型、操作者姓名、车辆数、轴号、轮对类型、修复轮型面等参数后，选择转向架或机车定位选项，进行轮对自动定位。

⑤手动操作:手动操作左、右两侧的千斤顶及轴箱压爪装置,固定轮对的轴箱。当手动操作不到位时可按下复位键将程序终止,换到手动方式下重新装卡,再回到自动方式下从中断点继续执行程序。

⑥测量:设备自动依次完成轮对内侧距、轴向跳动、踏面直径、径向跳动、轮缘高度、车轮磨损量、轮缘厚度的测量。

⑦切削:对轮对进行切削加工。

⑧切削结:切削完成后,在主按钮站上操作镟床以点动方式执行轮对正转或反转,检查轮对是否还有擦伤,进行轮对卸载工作。

⑨出清线路:检查设备各部件归位情况,插入公铁两用车钥匙,操作车辆将电客车牵出。

2.2.2　固定式架车机

固定式架车机机组是在地铁列车不摘钩/部分摘钩状态下,对整列车/单辆车/多辆车进行架升/落车,用于对全列车实施厂/架修作业,或对一台/多台转向架实施更换作业,或对车下电箱等设备实施拆装作业的专用设备。

固定式架车机主要由基坑、机座、架升机械系统、驱动系统、螺杆系统、电气控制系统等组成。

（1）操作前准备

①将架修电客车牵引到架车位正确对位,解除与牵引车联挂,做好电客车防溜。

②架车前各架车坑设备检查,架车坑周围环境及轨道出清。

③各坑架车机状态检查正常。

④检查控制柜内各电气设备,检查控制台各按钮指示灯。

⑤检查架车机各指示灯显示正常,测试紧急停止功能正常、声光电报警工作正常。

（2）操作步骤

1）组别操作模式

点击设备操作台触摸屏进入"组别操作模式"界面,根据架升电客车所停放位置选择相应数量成组模式架车位。

2）转向架架升作业

操作人员按住手操盒上升按钮准备上升,按遥控手操器按钮三声警示音,通过遥控手操器控制开始转向架架升作业,松开遥控手操器停止上升,检查轮缘外侧与轨道间隙,检查活动盖板与固定轨桥间隙,确认间隙正常后加装防溜装置,按住遥控手操器继续转向架架升作业。

3）车体架升

通过遥控手操器控制开始车体支柱上升,托头接触车体自动停止。双击"单车操作界面"中架修车位选择条,进入"单车操作界面"页面,通过遥控手操器对左、右侧托头接触车体进行自动停止。控制台检查车体托头承载传感器是否到位显示。

4)架升作业结束

控制台选择触摸屏"组别操作模式"页面,通知对侧作业人员按下远程手操盒下降按钮,再遥控手操器警示音提示后,通过遥控手操器对转向架成组下降,下降到距轨面150 mm自动停止,检查确认设备正常后,继续下降,直至架车作业结束。

2.2.3 移动式架车机

移动式架车机组是6辆及以下多节车辆或单节车辆实施架升/落车作业的专用设备,以便对车体、转向架及其他部件进行维修和更换作业。

(1)操作前准备

①作业人员检查架车位置地面是否平整牢固,清理妨碍架车作业的物品。无关人员不得在工作场所停留,不得阻碍操作人员视线。

②操作人员检查各控制电缆线、急停按钮、插头是否完好,如有损坏立即通知检修人员修复。

③操作人员检查各架车机机械部分有无异常,托头是否降到最低点,行程开关动作是否灵活,位置是否发生偏移。

④搬运架车机。

(2)操作步骤

1)主控台的操作

①当需要移动式架车机组进行多组(2组及2组以上)联动架车作业时,应在主控台上操作架车机。

②打开主电源及所选架车机组主电源断路器。

③插入主控台控制开关钥匙,打开控制电源。

④选择需要的架车机组,插入相应的选择开关钥匙,打至开位。

⑤选择联动的工作方式。

⑥待辅助人员退出安全黄线外时,操作架车机上升,当托头接触车体时自动调节并停止上升,确认托头与车体接触良好后,准备架升。

⑦通过主控台上开始起升200~300 mm。

⑧按下停止按钮,检查移动架车机托头起升的同步性及车体有无倾斜。

⑨确认车体无倾斜后,通过主控台上的操作,继续上升。

⑩上升到位后,架车机停止。关闭主电源及所选架车机组主电源断路器,选择单动模式,关闭控制电源。

⑪完成架修工作后,清理现场。

⑫通过确认允许下降,操作架车机下降作业。托头降到位后架车机自动停止。

⑬关闭主电源及所选架车机组主电源断路器,选择单动模式,待架车机组复位,关闭控制电源。

2)远程控制按钮盒的操作

①每组架车机组均设有一个远程控制盒,单组架车机联动的情况下,需用远程控制按钮盒操作单组架车机组的上升和下降。

②通过远程控制按钮进行上升、下降的架车作业。

2.2.4 列车清洗机

列车外部自动清洗机采用列车自行牵引,在洗车线上通过各个刷组自动对列车两侧(包括车门和窗玻璃)、车头及车尾进行洗刷的作业方式,清除由于地铁运用和检修造成的车辆外部表面的灰尘、油污和其他污垢。

列车清洗机主要由预湿/预冷机构、列车端面刷洗机构、列车侧面刷洗机构、冲洗/清洗机构、作业信号机、风刀强风吹扫装置、热风烘干装置、控制及报警系统、摄像监控系统、水循环设备、清水供给设备、洗涤剂供给设备、压缩空气系统、电气控制柜、操作台、软件系统等等组成。

(1)操作前准备

①巡视洗车库区域,检查洗车线路是否出清。

②检查库内端刷控制箱操作旋钮处于"机控"位置。

③检查端刷锁处于解锁状态,如果不在,操作人员到库内打开端刷手动锁。

④打开 UPS 电源,启动 UPS 电源。

⑤启动空压机,并保证压力正常。

⑥检查洗车机操作台 AC240V、DC24V 电源指示灯是否正常。

⑦检查控制柜内各空开是否处于闭合状态。

⑧检查各水池和药液桶的液位是否处于正常位置,出现不足,及时补充自来水及药液;检查软化水装置的工业盐量是否充足,不足时添加。

⑨确认所有急停开关全部处于松开状态。

⑩检查自动补水装置是否存在漏水、漏气现象。

(2)操作步骤

1)自动有端洗操作

①操作员将左右端刷锁打开处于解锁状态,操作台解锁指示变亮。

②选择自动有端洗工作模式。

③根据本次洗车要求选择用清水还是用中性药液清洗,选择相应位置。

④确认操作台状态指示灯与功能选择旋钮一致后,确认清洗准备。

⑤操作人员确认电客车可以入库洗车后,清洗开始,此时,洗车指示灯由闪烁状态变为长亮状态。

⑥司机看灯行车进入洗车库开始洗车作业。

⑦电客车到达端洗指示牌时,司机看准标牌停车,端洗信号灯和蜂鸣器工作,通知操作人员前端洗停车对位准确,可以进行前端洗作业。

⑧操作人员将选择前端洗,开始前端清洗作业。

⑨前端洗完毕后,蜂鸣器响3 s,提示操作人员前端洗已完毕。提示结束,司机看灯行车进行后续清洗。

⑩电客车到达"后端洗位置"指示牌时,司机看准标牌停车,端洗信号灯和蜂鸣器工作,通知操作人员后端洗停车对位准确,可以进行后端洗作业。

⑪操作人员选择后端洗,开始后端清洗作业。

⑫后端洗完毕后,蜂鸣器响3 s,提示操作人员后端洗已完毕。提示结束,司机看灯行车进行后续清洗。

⑬当地铁司机到达"清洗结束"指示牌时就可以自行操作,此时电客车的后端面已经离开洗车库,洗车机自动复位。

⑭检查所有刷组是否归位,把端刷锁锁住。

⑮将空压机处于离线位置。

2）自动无端洗操作

①操作员将左右端刷锁打开处于锁闭状态,操作台锁闭指示变亮。

②将清洗车方式选择"自动无端洗"模式。

③根据本次洗车要求选择用清水还是用中性药液清洗,选择相应位置。

④确认操作台状态指示等与功能选择旋钮一致后,观察"清洗指示"指示灯闪烁。

⑤操作人员确认电客车可以入库洗车后,选择清洗开始,指示灯由闪烁状态变为长亮状态。

⑥"预备位信号灯"由红灯变为绿灯,司机看灯行车进入洗车库开始洗车作业。此时,"前端洗指示灯"和"后端洗指示灯"全部为绿色,司机看灯行车。

⑦电客车后端面离开洗车库后,洗车机自动复位。

⑧检查所有刷组是否归位。

⑨将空压机处于离线位置。

2.2.5 浅坑式移车台

浅坑式移车台主要用于车辆段地铁车辆厂、架修作业中,对检修作业的单节地铁车辆或转向架,实施平行转轨作业。

(1)操作前准备

①备外观检查,看渡桥、移车台轨面有无受损、变形,走行部件是否完好,各自动对轨传感器有无受损,位置是否偏移,如发现不良应立即报修。

②检查、清除移车台承载面、工作场地及轨道内的杂物。

③检查操作台上各控制按钮是否在规定的初始位置。

（2）操作步骤

①启动：接通设备总电源，闭合驱动变频器主回路电源开关，闭合相应的照明电源开关。

②渡桥起升：分别选择左\右渡桥上升，将操作台上渡桥控制处于解锁。

③对轨：距离轨道3～5 m左右时，移车台选择慢速前行，并开始自动对轨，"自动对轨"指示灯亮。

④渡桥下降：对准轨道后，将操作台处于锁定状态，选择渡桥下降，使渡桥平稳下落与指定轨道对接。

⑤牵引电客车：选择卷扬机放绳、收绳，启动卷扬机，牵引钢丝绳与电客车连挂。

2.2.6 轮对受电弓动态检测设备

轮对及受电弓动态检测系统用于车辆段对车辆轮对进行外形尺寸、踏面缺陷及轴温的检测，同时完成对受电弓的滑板磨耗、中心线偏差、工作位压力及车顶状况的监测。

（1）操作前准备

①检查各计算机系统和服务器工作正常。

②检查网络连接稳定。

③检查图片存储目录及各软件运行日志，确认设备运行情况正常。

④检查各计算机网络设置正确，IP地址无修改、无冲突。

（2）操作步骤

轮对状态 B/S 报表软件操作步骤：

①打开 IE 浏览器，输入地址转入登录页面，输入用户名和密码即可登录系统验证用户登录后，检测记录浏览界面可以导出 Excel、打印、点击查看数据报表。

②点击菜单中的历史数据链接，进入历史数据查询主页面，查询条件可以定位到具体某车或某车的某个轮位在查询时间内的历史数据。

③点击菜单中的重复性分析链接，进入重复性分析查询主页面，可以进行重复性分析的项目包括：踏面磨耗、轮缘厚度、Q_r 值、轮径；擦伤深度、擦伤长度。结果直接导出 Excel 报表。

④点击菜单中的轮径差数据链接，进入轮径差数据查询主页面。根据查询条件从开始时间到结束时间内，显示该车的同轴轮径差、同转向架轮径差、同车厢轮径差情况。

受电弓及车顶状态 B/S 报表软件操作步骤：

①打开 IE 浏览器，输入地址转入登录页面，输入用户名和密码即可登录系统。验证用户登录后，验证用户登录后，进入软件主页面。

②在菜单中点击"历史记录"，默认显示最近3天内的所有检测数据，在历史记录页面上部可以选择条件，进行历史检测记录的查询，条件包括：车辆段名称、设备、型号、车号、弓型、工作班次、车顶状态、超限状态、开始时间、结束时间等。

③在菜单中点击"数据报表"，选择查询条件，点击确定按钮，生成并显示数据报表、超

限记录情况。数据报表生成各次检测的结果。每次检测一行,合格数据为黑色,不合格数据为红色,未检测内容为空白。

④在菜单中点击"曲线报表",选择查询条件,点击确定按钮,生成并显示曲线报表曲线报表生成各次检测的结果以及Ⅰ端和Ⅱ端滑板磨耗剩余曲线。

⑤在菜单中点击"监控报表",选择查询条件,点击确定按钮,查询检测记录,生成并显示监控报表,监控报表生成检测记录对应的车顶状态监控录像回放备注,包括备注时间、故障部位、故障现象、备注、是否处理以及处理结果和故障对应的车顶图片。

⑥在菜单中点击"数据趋势图",选择查询条件,点击确定按钮,查询检测记录,生成并显示符合条件的每一辆车的趋势图。

2.2.7 救援设备

救援设备主要用于事故列车的复位作业。救援主要采用扶正、横移等方式,同时附属工具用于车门剪切、气囊缓冲等,操作人员严格执行操作规范,完成应急抢险任务。

(1)操作前准备

①操作人员应接受过救援设备操作培训,取得操作证持证上岗,熟悉掌握设备的各种性能。

②操作人员应按规定穿戴好劳动防护用品,必须穿防砸鞋,戴安全帽,不得披长发,穿宽松衣服,佩戴饰物。

③救援设备使用前,必须对设备进行认真仔细的检查,不允许设备带病作业。

④操纵台放置在距被起复车辆4~6 m处,两者间不得有妨碍视线的障碍物。

⑤确认无任何人员处于车辆之下或在车辆之上方可工作。

(2)操作步骤

1)动力源的操作

①首先依据燃油型发动机的操作手册检查燃油、发动机机油及液压油。如燃油不足,应通过加油口向油箱充满汽油。除去灌油口的盖子,慢慢将汽油灌入油箱(期间注意检查油窗油位),在此过程中缓慢将空气排出,灌油后等待几分钟,再将盖子拧紧,拧紧排气阀。

②检查各设备状态良好,发动动力站时,应先将动力站供油阀打到开位,将开关打至"ON"位,发动机油门(白色手柄)打至标记为"兔子"的挡位,在手拉发动绳时确保周围人员安全,不要用力过猛,以防发动机拉绳拉断。

③动力源采用汽油发动机,缓慢拉动几次启动绳索,使用启动绳索运行机器。动力源工作后完全关闭泄压阀(开关转向右方)。

2)控制台的操作

①控制台工作时的压力截止阀需处于垂直状态。通过液压油的作用控制液压缸完成顶升作用。向后拉动控制杆,开动控制阀控制相应液压缸顶杆地伸出。向前推动控制杆,开动控制阀控制相应液压缸顶杆的回收。

②注意操纵台上各控制阀的位置和作用,特别在顶升液压缸起升和回降时要控制好

管路的油量。

③操作台进行液压缸的起升和回降速度一定缓慢,严禁在起升和回降过程中,手柄直接推到最底位置。

④在现场指挥的统一指挥下,操作人员操纵救援设备阀门,实现对车辆的举升和降落。

⑤操作人员手动控制顶升液压缸的升降、横移油缸的左右横移从而进行车辆复轨操作,一人操作,一人监控。

⑥锚定液压缸上的锚必须锁死在桥座的开口上,通过控制台缓慢开动移动控制阀,启定锚把手向下,活塞伸出,释放弹簧负载去固定活塞。启定锚把手向上,活塞缩回。

2.2.8 起重机

起重机的种类较多,下面以双梁桥式起重机为例,操作人员需接受专业培训及考试,得到特种设备操作资质后,方可上岗作业,作业人员应具备特种设备操作证、指挥人员具有指挥证,技术管理人员具备管理证。

(1)操作前准备

①操作人员应接受过相应的桥式起重机操作培训,并熟练掌握设备的各种性能,取得特种设备操作证。

②检查起重机各防护栏有无开焊、断裂等。

③检查并清洁起重机上部平台杂物,检查小车轨道卡块焊接牢固、无开焊,小车轨道无异物影响小车运行,检查配电柜安装牢固、柜门锁闭良好。

④检查大、小车止挡、缓冲器安装紧固。

⑤检查钢丝绳卷筒,钢丝绳应排列整齐。

(2)操作步骤

①闭合配电柜主电源,按下左侧控制箱启动按钮,绿色运行指示灯亮。

②左侧手柄控制大、小车运行,左右方向控制大车左右运动,前后方向控制小车前后运动,每个方向共有5级挡位,操作手柄前需提起手柄锁闭装置。

③右侧手柄控制主钩(副钩)上升、下降,前后方向控制主钩上升、下降,左右方向控制(副钩)上升、下降,每个方向共有5级挡位,操作手柄前需提起手柄锁闭装置。

④进行空载运行检查(检查限位开关、紧急开关、行程开关及各制动器功能是否良好),空载试机完成后,如无出现不良状况,可以进行吊装作业。

⑤操作人员在每次动作之前必须按下响铃按钮或踩下响铃踏板。

⑥根据指挥人员的指挥进行大车左右及小车前后的操作。

⑦到达被吊物体正上方时停止,降下吊钩,将物体捆绑牢固后挂至吊钩上。

⑧应缓慢将被吊物体吊离地面,确定被吊装物体重心平稳无超载情况后再起吊。

⑨根据指挥人员的指挥将被吊物体吊至指定位置。

2.2.9　叉车

叉车的种类有电瓶叉车、内燃叉车，下面以电瓶叉车为例进行介绍，操作过程中要严格按照操作说明进行，操作人员要需接受专业培训及考试，得到特种设备操作资质后，方可上岗作业。

（1）操作前准备

①操作人员应接受过相应的叉车操作培训，并熟悉掌握设备的各种性能。取得特种作业操作证。

②检查各控制电缆线、插头。

③检查蓄电池（组）电解液是否达到规定高度，不足时应及时补充。

④检查应注意检查燃油箱油位，缺油时及时添加（仅内燃叉车）。

⑤检查各电气接线端是否紧固可靠，轮胎气压是否足够。

⑥检查润滑部位润滑是否良好。润滑不足及时按要求添加润滑剂。

（2）操作步骤

①启动。

②插入钥匙打开开关。

③松开停车制动刹车手柄。

④检查方向盘灵活、制动可靠，叉车可行驶使用。

⑤缓慢踩下前进或后退加速器行驶。

⑥行驶到叉装现场，应注意叉装作业回转空间。

⑦叉装作业前，应对叉齿的前后倾斜、起升降落进行动作试验。

⑧叉、装货物作业现场，司机应与装运人员密切配合进行操作。

⑨司机应按额定起重重量进行操作，严禁超载叉装。

⑩司机应根据货物的体积大小，合理调整叉齿宽度。

⑪叉装时应注意货物的平衡情况，防止倾覆。

⑫叉运时应注意安全，不允许高位及长途叉运。

2.2.10　普通车床

普通车床（CA6140A）的操作需按照设备操作说明进行，操作人员应接受专业的培训考试，合格后方可作业。

（1）操作前准备

①操作人员应接受过相应的车床操作培训，并熟悉掌握设备的各种性能。

②检查各润滑部件的润滑情况。

③检查安全保护装置是否处于良好状态。

④打开电源开关锁，将电源总开关推至"ON"位。

(2)操作步骤

①根据工件采取相应的装夹方法,将工件夹紧在卡盘上。

②根据工件材料选用相应材料和参数的刀具,夹紧在刀架上。

③调整转速手柄,选择合适的主轴转速。

④调整变速箱上螺距和进给量手柄选择合适的进给量。

⑤将主轴正、反转手柄扳至正转位置,对刀、试切后开始工作。

⑥工作完成,将主轴正反转手柄放到中间位置,按下电机停止按钮,关闭电源总开关。

⑦按规定收好量具、工具和工件,清理车床和场地卫生。

⑧发现快速按钮失灵时,立即将刀架纵、横向手柄置于中间位置,关闭总电源。

任务 2.3　工艺设备初级工维护保养

　　数控不落轮镟床、固定式架车机、移动式架车机、列车清洗机、浅坑式移车台、轮对受电弓动态检测设备、救援设备、起重机、叉车、普通车床都是地铁车辆段车辆检修的重要工艺设备,正确规范的对设备进行定期维护保养,是延长设备使用寿命,保证设备正常功能的重要方式,同时,懂维护,会保养也是一名维修初级工应具备的基本技能。根据设备的性能和使用,维护保养的一般作业流程为:作业前检查工装、劳保佩戴情况;准备工具包,带齐相关工器具、作业记录单;作业前做好安全预想,分工明确;开始设备维护作业,填写作业记录单;作业结束,清理现场。

2.3.1　不落轮镟床

　　不落轮镟床的维护保养以预防性维修为主,此项工作必须由培训过的维修人员定期进行,主要对设备的空气系统、机械系统、液压系统,电气系统进行全面的维修保养。

　　①空气系统:主要检查空压机、储风罐外观,空滤干净无堵塞,工作正常,查看油位正常,油质清亮。检查空压机空滤及机油,不足补足。

　　②机床轨道系统:主要检查导轨焊接牢固,活动导轨无变形,打开关闭正常。检查查看油缸动作正常。

　　③摩擦驱动滚轮装置:主要检查摩擦驱动滚轮外观正常,电机工作正常,光电开关功能正常。检查电机减速机工作正常,油缸无漏油,同时检查摩擦轮轮径是否符合标准。

　　④外轴箱支撑及压卡装置:主要检查油缸,液压马达工作正常,油管无泄漏,一、二级保养检查丝杠、丝母无破损,润滑良好,工作正常,压卡齿轮齿条工作正常。

　　⑤测量系统:主要检查测量轮无磨损变形,检查伺服电机工作正常,清理测量探头油污,功能正常,位置传感器安装紧固,功能正常。

　　⑥刀架系统:主要检查刀架外观及刀架状态的检查,刀座锁紧功能正常。丝杠丝母润

滑良好,传动皮带无破损,功能正常。

⑦电气系统:由电气柜、PLC、操作面板等组成,主要检查电气柜外观良好,内部继电器、接触器等元件无损坏,PLC 模块功能正常,操作面板各按钮指示灯无损坏,动作正常。

2.3.2 固定式架车机

固定式架车机结合自身性能,主要采取预防性的维修保养,对设备的机械系统,电气系统,控制系统进行全面的检查。

①基坑基础设施:盖板无划痕、无掉漆、焊缝无开焊、无裂纹。盖板底部支撑垫铁安装紧固,转向架、车体支撑柱安装紧固,手动检查车体接触垫块弹簧功能正常。

②驱动系统:主要检查电机减速机安装紧固,接线无松动,减速机无漏油。电机减速机定位块及定位销安装紧固,定位块无脱出。检查电机减速机无异响,功能正常,对减速机底部平面轴承进行润滑,更换减速机润滑油。

③螺杆系统:主要检查丝杠丝母润滑良好,检查测量工作丝母、安全丝母距离间隙,符合要求。

④导向架:主要检查导向架安装紧固,润滑良好,主要用润滑脂对导向滚轮及支柱表面进行润滑。

⑤轨桥系统:主要检查轨桥焊缝无开焊、无裂纹。轨桥底部支撑垫铁安装紧固。

⑥电气系统:主要由控制台、电气柜、PLC、操作面板等组成,主要检查控制台、电气柜外观良好,各电气元件接线紧固,工作正常。

2.3.3 移动式架车机

移动式架车机主要采取预防性维修保养,对设备的电机减速机、托架、托头、丝杠丝母进行润滑检查,对设备的机械系统进行全面的维护,同时对电气系统进行检查。

①机架:主要检查机架底板状态,无开焊、无裂纹,导轨焊接情况,无开焊,无变形,上下限位开关安装紧固,接线无松动。手动检查限位开关触头动作顺畅。

②托架:主要检查托架、导轮安装紧固,润滑良好,托头垫板安装紧固,无损坏,托头传感器安装紧固,无松动。

③手动操作盒:主要检查操作盒安装情况,工作正常。对操作盒各接线紧固情况进行检查,确保接线无松动,插针安装紧固、无松动、无缺失。

④走行装置:主要检查液压缸安装紧固,无漏油,走行轮安装紧固,无缺失,推车扶手安装紧固,扶手杆无变形。对推车扶手轴承进行润滑,对走行轮轴承进行润滑。

⑤丝杠丝母:主要检查丝杠丝母安装情况,润滑良好,同时测量丝母间隙,间隙正常。

⑥电气系统:主要由电缆电线、操作台、各电气元件组成。作业主要检查电缆电线无缺失,破损,操作台外观检查,各电气元件功能正常,清洁电气元件灰尘。

2.3.4　列车清洗机

列车清洗机主要采取预防性维修保养,对设备的电机减速机、轴承、刷轴、刷毛、气动三联件等部件进行检查,同时对电气控制系统进行维护和保养。

①信号装置:检查信号灯安装紧固,外观良好,光电信号柱外观正常,速度检测开关工作正常。

②刷组系统:检查侧刷组立柱安装紧固,轴承润滑良好;检查侧刷电机减速机工作正常;检查侧刷电机减速机工作正常;检查侧刷组喷管安装紧固,工作正常;检查端刷电机减速机工作正常;检查端刷喷管安装紧固,工作正常;检查刷毛无缺损。

③空气系统:检查空压机外观良好,安装紧固,储气罐安装良好。

④水循环系统:水池盖板有无缺失,液位计安装牢固,功能正常。潜水泵运行是否正常,管路连接牢固。

⑤洗涤液系统:检查定量泵安装良好,工作正常,接点压力表外观正常,接头无泄漏。

⑥电气系统:检查电柜无杂物,电线、电器元件安装牢固无松动,内部无过热现象;检查电气系统控制良好,工作正常;检查工控机显示良好,各按钮无缺损。

⑦机械部分:检查光电信号柱外观,清洁光电信号柱表面;检查喷管立柱,清洁喷管立柱表面;检查侧(顶弧)刷立柱,清洁侧刷立柱表面及刷毛;检查侧刷电机减速机,加注润滑油;检查端刷电机减速机,加注润滑油;检查刷毛是否良好,刷毛片安装紧固;检查空压机空滤,必要更换;检查气动马达安装紧固,工作正常。

⑧电气部分:检查指针仪表,电源安装牢固,接线紧固,电线线号标识清晰、无缺失;检查各接触器、继电器安装牢固,动作顺畅、电线线号标识清晰;检查PLC、变频器安装牢固,接线紧固;检查操作台内线排安装牢固,电气接线紧固;检查蓄电池接线紧固,电解液是否充足。

2.3.5　浅坑式移车台

浅坑式移车台采用的维保方式为日常巡检,定期的维修保养,对设备的主梁、渡桥、走形轮、电机减速机、车挡限位及电气控制系统等进行全面的检查。

①渡桥系统:主要检查渡桥转轴安装牢固,渡桥驱动拉杆与渡桥连接插销连接正常,开口销无缺失,电机减速机接线无松动,安装牢固,对电机减速机补充润滑脂。

②主梁轨道:作业主要检查主梁、轨道焊接牢固主梁、轨道无变形,电机减速机安装紧固,螺栓无松动,无漏油,对减速机加注润滑油。

③司机室:主要检查门窗、玻璃齐全,门窗锁闭功能正常。

④卷扬系统:主要检查卷扬机、电机减速机安装紧固,对减速机润滑脂进行补充。

⑤电气系统:主要由主操台、控制柜、PLC、继电器、接触器等电气元件组成。作业主要检查主操台、控制柜安装稳固,PLC、继电器接线无松动,工作正常,变频器功能正常。

2.3.6 轮对受电弓动态检测设备

轮对受电弓动态检测设备主要采取预防性维修保养,对设备的传感器,摄像机箱,电机,滑轨润滑,机箱镜头等部件进行检查,同时对电气控制系统进行维护和保养。

①机械系统:检查系统启动磁钢安装紧固,地面车号识别器安装紧固,外壳无破损并清洁车号识别器表面。检查磁钢、传感器安装高度数据符合要求,利用敲击、遮盖的方式判断功能情况,对轨道进行润滑,对机构运行进行检查,功能良好。

②踏面图像检测系统:检查踏面图像检测系统各摄像机箱安装,表面无变形、无破损并清洁摄像机箱;检查踏面图像检测系统补偿灯箱安装紧固,清洁灯箱表面、玻璃盖板;各线缆无松动。

③传感器:检查车轮定位传感器、加速度传感器安装紧固,接线无松动、电缆无破损。

④车轮尺寸检测系统:检查车轮尺寸检测系统设备箱安装紧固,清洁尺寸箱表面,开关门机构工作正常,清洁各激光器,同时检查各线缆无松动。

⑤电气系统:UPS 电源工作正常,清洁 UPS 电源箱表面,UPS 接线端子接线紧固;设备室内所有机柜外观良好,清洁机柜及散热风扇;检查各设备电源线、通信线连接紧固无松动;清洁各工控机主机。

2.3.7 救援设备

救援设备主要采取预防性维修保养,对设备的控制台、汽油泵、液压站、复轨桥等部件进行检查,同时也对附属设备进行维护保养。

①控制台:检查控制台外观无破损,支架焊接、安装牢固;阀门控制良好,功能正常;各快接插头安装紧固,无缺失;压力表功能良好。

②液压站:检查液压站外观良好,汽油机安装紧固,检查机油油量,不足补加;液压油箱外观良好,密封正常,液压油量正常。

③液压缸:检查顶升油缸外观良好,无裂纹,无漏油;阀件、防尘圈无损坏,无泄漏;检查横移油缸外观正常,无裂纹、无漏油,油管连接牢固,接头正常;横移油缸锁定销正常。

④空压机:检查空压机外观良好,安装紧固;发动机安装紧固,检查机油量,不足补加;压力表、储气罐接头安装紧固;软管及气囊无裂纹、无老化、无破损。

⑤油脂检查:更换液压站机油、清洁机滤;检查液压油箱内表面有无杂质,更换液压油;更换空压机机油。

2.3.8 起重机

起重机主要采取预防性维修保养,主要对设备的主体结构、走行装置、卷筒驱动、吊钩及钢丝绳、电气系统等部件进行检查。

①主体结构:检查主体结构焊缝焊接无明显裂纹,外观良好无变形。

②走行装置:检查减速机及连接装置,无异响,减速机、齿轮箱油位在油标1/2-2/3范围内,油质无老化变质现象,驱动电机接线良好,工作正常,绝缘良好,走行车轮检查无裂纹、异常磨损。

③卷筒驱动:安全及限位功能检查功能正常,卷筒减速机检查无漏油、运行正常,各传动件及支撑件无裂损,减速机、齿轮箱油质油量检查,油脂正常,排绳器状态检查位置无位移,紧固良好。

④吊钩及钢丝绳:检查吊钩无裂纹,尾部良好,钢丝绳无断丝断股,断丝更换,清除钢丝绳、吊钩绳槽旧油,重新涂抹钢丝绳专用石墨润滑脂。

⑤电气系统:检查主控柜各断路器、接触器、继电器、可编程序控制器、变频器接线良好、功能正常。

2.3.9 叉车

叉车主要采取预防性维修保养,主要对门架总成、蓄电池、制动系统、转向装置、液压系统、电控系统等进行检查。

①门架总成:检查门架、货叉架、货叉链轮无裂纹、破损和变形;链条链接紧固、无松脱。

②蓄电池:电压正常,电池组液面高度合格,电解液密度,状态正常。

③制动系统:检查减速箱、差速箱、车轮运转情况良好,半轴法兰盘、钢圈紧固情况,连接牢固,桥壳、减速箱体无裂纹、渗漏。

④液压系统:检查各液压管路及油封,油管和接头的连接密封良好,液压阀件的性能正常,油泵的工作状况良好,液压油量充足,不足补足。

⑤电控系统:检查线路绝缘、良好、检查电控,接触器及主要开关,保险丝等的工作状态良好,检查直流电机碳刷状态良好。

2.3.10 普通车床

普通车床主要采取预防性维修保养,主要对机床车身、轨道、卡盘、主轴箱、电机、进给箱、电气系统等进行检查。

①机床车身:检查机身外观良好完整,固定螺栓连接紧固。

②导轨、卡盘:检查导轨表面无异物,润滑良好,卡盘伸缩卡紧功能正常。

③主轴箱:检查手柄、皮带轮外观良好,转动灵活,检查润滑系统无泄漏,油质正常;检查油泵外观良好,功能正常。

④电机:检查电机外观良好,无损坏,检查皮带无老化裂纹,电机功能良好,无异响。

⑤进给箱:检查手柄外观良好,功能正常,润滑系统无泄漏,油质正常,刀架丝杠润滑良好。

⑥电气系统:检查电器柜外观良好,电气元件功能正常,溜板箱按钮外观良好,工作正常。

2.3.11 设备维保技能

预防性维修采用的维保技能主要针对的部件有电机、汽油发动机等,维护方法较多,其中包括电机制动间隙测量方法、发动机火花塞维护方法。

(1)电机制动间隙测量

①如图 2-35 所示,对电机风扇罩进行拆卸,拆卸卡簧、风扇叶。

拆卸风扇罩

拆卸卡簧、风扇叶

图 2-35 电动机间隙测量

②随后拆卸防尘圈、平键。

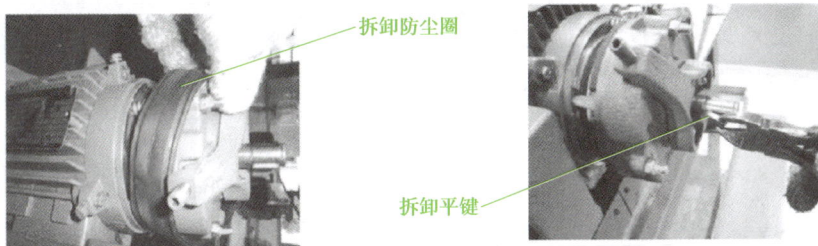

拆卸防尘圈

拆卸平键

图 2-36 电动机隙测量

③拆卸螺母,取下手动释放手柄,拆卸 3 个调整螺母。

拆卸螺母,取下手动释放杆柄

拆卸3个调整螺母

图 2-37 拆卸调整螺母

④用塞尺插入抱闸线圈座与压力盘之间间隙,检查间隙宽度

摩擦片　压力盘

刹车线圈

制动弹簧

图 2-38 检查间隙

⑤间隙调整完毕,装好防尘圈,调整 3 个调整螺母到合适范围(0.2~0.3 mm),间隙测量的标准为 0.5 mm。

(2)发动机火花塞维护方法

①在将火花塞从发动机的气缸上取下之前,切记要将吸附在火花塞周围的尘土和油污擦拭干净,在取下火花塞后,也要将火花塞安装孔盖好,以免异物掉入汽缸。

②取下火花塞后,先用小刀或废旧钢锯条刮掉火花塞上的污物和积炭(禁止用高温烧烤)。当污物和积炭清理完毕后,用汽油清洗干净、烘干。

图 2-39　测量火花塞间隙

③在重新安装火花塞之前,还要检查火花塞的电极间隙,应符合相应火花塞间隙规定值。火花塞电极间隙如果不符合要求的话,可用木制器具调整火花塞的侧电极,一般不要动火花塞的中间电极,以免损坏火花塞的绝缘体。

④火花塞间隙测量,传统点火间隙在 0.6~0.8 mm,电子点火间隙在 0.9~1.2 mm。

⑤安装火花塞前,应检查密封垫圈是否丢失,垫圈丢失,会使火花塞散热不良,且因其旋入过长,使绝缘体过分伸入燃烧室,这将引起火花塞过热,导致早燃、化油器回火等现象。为保护螺纹孔和便于下次拆卸,安装时应在螺纹部位涂少许润滑油。

思考题

1.地铁车辆段重要的检修工艺设备有哪些?

2.数控不落轮镟床的作用。

3.固定式架车机的作用。

4.移动式架车机操作前需要准备哪些工作?

5.不列车清洗机刷组部分如何维护保养?

6.不落轮镟床操作流程。

7.移动式架车机、固定式架车机操作流程。

8.移动式架车机巡检流程及注意事项?

9.电机制动间隙测量的主要步骤。

10.火花塞的间隙测量标准是多少?

项目3 中级工理论知识及实操技能

任务 3.1 中级工理论知识

3.1.1 数控不落轮镟床

本节内容以德国赫根赛特（Hegenscheidt-MFD GmbH & Co.KG）公司生产的 U2000-400M 型不落轮镟床为例,介绍镟床控制系统构成、测量及液压原理。

(1)镟床控制系统构成

数控不落轮镟床具备轮对几何参数测量、分析、修复和加工等多项功能。它主要包括机架、轨道系统、轮对定位、参数测量装置、轮对支撑驱动装置、轮对固定和夹紧装置、轮对镟修刀架刀具装置。其控制系统采用 SINUMERIK 840D 数控系统,如图 3-1 所示,包括 SIMODRIVE 611D 驱动、数控单元 NCU 与 MMC 人员交互系统及 Simatic S7-300 型 PLC 等。该设备采用接触式自动测量方式,可以在轮对测量镟修过程中对同一轮对上 2 个轮饼的几何尺寸进行自动测量。

1)硬件构成

不落轮镟床数控系统硬件结构由数控单元 NCU、SIMODRIVE 611D 驱动模块,OP010C（MMC103 和 PCU50 服务器）和 MCP 操作控制单元,S7-300PLC 模块,4 个三相数字伺服电动机,MicroMaster440 变频器,三相异步驱动轮电机等部件组成,系统的各个部件通过现场总线 ProfiBus 连接通信。

2)软件结构

SINUMERIK 840D 软件包括微软 Windows 操作系统、NC 软件和 HMI 软件、PLC 软件。SINUMERIK 840D 数控系统是一个基于 PC 的数控系统,它保持前两代 SINUMERIK 880 和 840C 的 3 个 CPU 机构:人机通信 CPU（MMC-CPU）、数字控制 CPU（NC-CPU）和可编程逻辑控制器 CPU（PLC-CPU）。3 部分在功能上既相互分工,互为支持;在物理结构上,NC-CPU 和 PLC-CPU 合为一体,合成在 NCU 中,但在逻辑功能上又相互独立。SINUMERIK 840D 数控系统主要用于切削加工程序控制,其主要功能有:

图 3-1　数控不落轮镟床数控系统

①控制机床各部件灵活协调工作；

②检测群组模式下各通道状态；

③坐标轴方向动态控制；

④可编写快速响应程序及各部件同步动作程序；

⑤刀具、螺纹间隙、象限补偿功能；

⑥测量功能及高级编程语言的编译功能。

不落轮镟床采用 HMI Adcanced 软件进行人机交互操作，HMI Adcanced 软件是运行在 Windows CE 系统下的应用程序，为用户提供了友好的操作界面。

通过 HMI Adcanced 软件，可以编写轮对廓形加工程序并设定不落轮镟床参数、执行部件程序、读写并显示数据、建立于 PLC 及 NC 的控制通信等功能。

SINUMERIK 840DE 数控系统控制数控刀架的运动，可是直线、圆弧插补，从而完成加工车轮踏面和轮缘达到所要求的廓形和直径。

SINUMERIK 840DE 系统软件分为西门子服务级、机床制造厂家级、最终用户级等 7 个软件保护等级，使系统更加安全可靠，机床在设计及制造过程中已充分考虑到人机保护的安全性，具有防护门、防护窗等与机床动作的安全互锁设计、加工区域限制、软件限位开关、紧急停车回路的软件控制等安全保障，可充分保护机床、工件及操作者的安全。SINU-MERIK 840DE 数控系统具备多重扩展能力，包括 PLC 及用户零件存储容量等。

SINUMERIK 840DE 数控系统的操作、显示及诊断等均采用中文界面，具有完善的故障自诊断及状态显示，可监控机床状态、机床参数等，便于操作者及维修人员对机床故障进行准确的判断和处理。

PLC 程序通过安装在 PCU 上的 STEP7 软件进行监控和操作，也可以使用专门的程序编程器进行编程，PLC 程序主要用于控制不落轮镟床驱动轮、轴箱支撑、液压系统等部件动作的自动控制。

(2)数控不落轮镟床测量及液压原理

轮对几何参数自动测量装置安装在刀架滑轨上,通过液压系统实现其沿 X 轴方向伸缩功能,由伺服刀架滑轨系统实现其纵向 Z 轴方向运动。这套测量主要包括左右 2 套相同的测量轮组和 1 个红外线光电开关。测量轮组由测量支座几起支撑的大小两测量轮和角度(旋转)编码器组成。

1)直径测量原理

如图 3-2 所示,数控不落轮镟床的直径的测量是通过测量装置中作用在车轮滚动圆的测量轮和红外光电开关完成。在测量前,要在轮子侧面贴上反光标签,此标签与红外光电开关处于同一水平面上,直径测量轮在轮对踏面距离轮缘断面 70 mm 处的圆周线紧密接触,轮对通过摩擦带动测量轮匀速转动,测量装置内部安装的角度编码器记录测量轮转动弧度 θ,并传送到 PLC/CNC 数据存储器,由红外光电开关接受轮对转动圈数 N,当轮对转动圈数达到系统设定值时,测量轮沿 +X 轴方向收回,完成直径测量。数据处理系统由 PLC/CNC 数据存储器记录的数据自动计算出轮对踏面直径 D,计算公式为

$$D = \theta d / 2\pi N$$

其中:d 为测量轮直径

图 3-2　数控不落轮镟床直径测量轮

2)廓形测量原理

轮对廓形测量装置是通过左右 2 个同轴测量轮进行的。大测量轮完成轮缘最高点到踏面外侧的廓形测量,小测量轮完成轮缘最高点到内端面的廓形测量。廓形测量可通过在踏面上设定不同的测量点,数据处理系统将测量轮及各类传感器在不同测量点上得到的数据储存、分析、计算后,得出结果在显示屏上显示。系统将测量结果与轮对参数要求比较决定是否镟修,与计算机内存储的标准廓形数据比较决定镟修量。

3)液压系统工作原理

液压系统主要由液压油箱、液压泵、液压管路、各类液压阀件、液压油缸、液压电动机、各类仪表等组成。

液压系统原理以图 3-3 数控不落轮镟床液压图为例讲解。

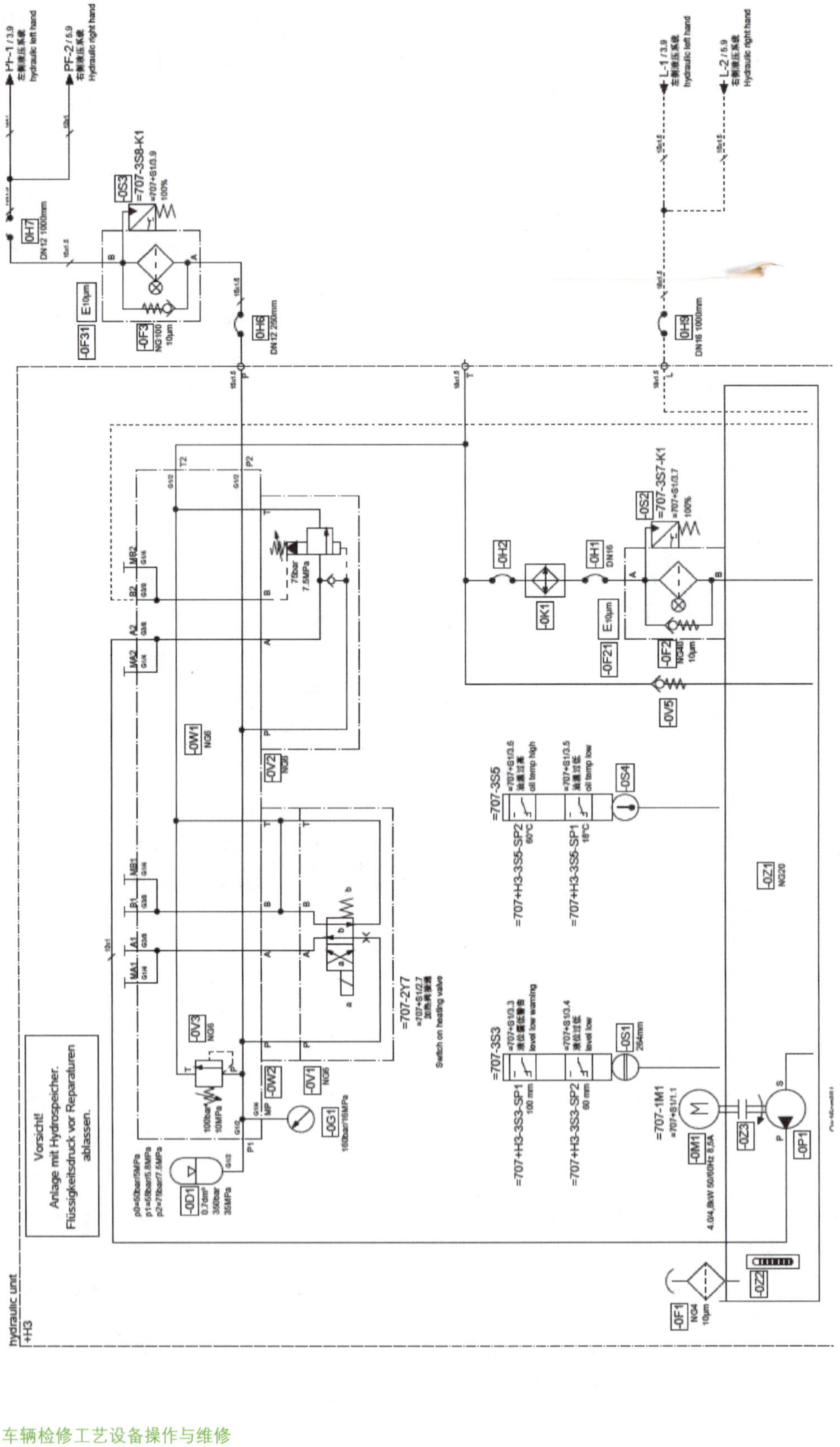

图3-3 不落轮镟床液压原理图

图中 OM1 为液压系统驱动电机,OP1 为液压泵,OZ3 为电机与液压泵连接装置,OF1、OF2、OF3 为过滤器,OD1 为蓄能器,OV1 为加热电磁阀,OV2 为压力限制阀(溢流阀),OV3 为压力限制阀(安全阀),OV5 为单向阀,OS1、OS2、OS3、OS4 为传感器,OK1 为散热器,OH6、OH7、OH9 为液压软管。图 3-2 液压原理图中,当液压泵驱动电机 OM1 得电后,电机旋转,驱动液压泵工作,液压油箱 OZ1 中液压油通过液压泵 OP1 的出油口 P 向液压系统供油,液压油通过 OW1 阀座的 A2 口到达压力限制阀 OV2,再通过 OV2 的单向阀向系统供油,当通过压力限制阀 OV2 的液压油压力大于该阀设定值时,压力限制阀 OV2 回油通路接通,通过与该阀连接的回油管路 T 并经过单向阀 OV5 将多余液压油排回液压油箱 OZ1。经过压力限制阀 OV2 的液压油到达油管 P1 向各液压油缸等提供动力,同时油管 P1 上并行安装有蓄能器 OD1、压力显示表 OG1 及压力限制阀 OV3,蓄能器 OD1 的主要作用是在适当的时机将系统中的能量转变为压缩能或位能储存起来,当系统需要时,又将压缩能或位能转变为液压或气压等能而释放出来,重新补供给系统,当系统瞬间压力增大时,它可以吸收这部分的能量,以保证整个系统压力正常。加热阀 OV1 的作用是当系统油温低于设定的温度时,通过打开 OV1 阀实现液压油的循环来提高液压油温度,确保液压系统工作正常。OS1 为油位传感器,用于检测液压油箱中液压油量是否充足,OS4 为油温传感器,用于检测液压油箱中液压油温度,确保液压油温处于合适的工作状态。OK1 为散热器,主要用于对系统回油进行必要的降温,确保液压油温度不会过高。

3.1.2 列车清洗机

下面以沃尔新(北京)自动设备有限公司生产的 GD-DT 型列车清洗机为例,介绍端洗机构的结构、端洗自动仿形清洗原理、SCADA 监控系统工作原理以及洗车机水循环处理原理。

(1)端洗机构的结构

结构:端面刷洗装置有一沿纵向可移动的两轮单轨小车,上部有一天轨导向,小车有一变频减速电机驱动运行。水平端刷安装在一个行走架上,水平端刷后端连接减速电机驱动刷轴旋转,在固定架上部有一减速电机驱动链轮,可使水平刷组沿导轨上下移动。在固定架上装喷水管,并装有控制位置的接近开关。为移动车上提供水管、气管、电线、控制线的,是通过固定支架牵引着坦克拖链将管线引到小车上。

端洗时系统调整设置好端刷组上行和下行时刷组的旋转方向。端刷的上行时,刷组的旋转方向为列车前进方向逆时针方向,端刷下行时,刷组的旋转方向为列车前进方向顺时针方向,可减少刷毛卷住雨刮器的可能性。另外,系统能够有效地监视端刷的转速和吃毛量,转速太快,容易导致刷毛抽打雨刮器,在抽打过程中容易出现刷毛卷住雨刮器,吃毛量少的时候,容易将刷毛卡入雨刮器的缝隙等易于将雨刮器带起的部位;吃毛量增加后,通过刷毛压住雨刮器,防止了刷毛带起雨刮器的可能,系统设置了合理的端刷刷组转速和吃毛量大小的匹配,有效地防止了刷毛卷住雨刮器的可能性。

列车清洗机采用的刷毛为西班牙特殊技术的刷毛,刷毛具有足够的韧性,如果缠绕上异物时,刷毛会产生弹性变形,此时刷组的电机的电流模块会通过电流的突然增加而监视刷组停止工作;而刷毛良好的韧性,会给系统足够的反应时间来控制刷组停止。

(2)端洗自动仿形清洗原理

列车清洗机通过 PLC 控制系统来实现列车清洗的自动化控制,常用的 PLC 有 SIEMENS S7-400 及欧姆龙系列。刷毛与车体表面洗刷接触力大小,反馈到刷轴电机电流的大小,再由电流控制小车水平运行速度,移动小车水平运动的调频电机和垂直运动的恒速电机的合成运动,即可形成曲线运动。当端部刷组的吃毛量达到设定值时,电流感应模块感应端部刷组电机电流的变化而控制端部刷组沿列车端部的形状运动。列车端面刷洗机构可自动仿形洗刷各种车型的头尾端曲面,有一对水平刷用于列车前后流线型车头两端表面的仿形刷洗,停车洗刷端面,可自动寻找停车位置。通过摆动马达使转动架旋转 90°带动水平端刷转出或收回。只要控制刷轴电机电流大小不变,即可洗刷任一形状车头。还有控制调整水平端刷转数和吃毛量等条件,洗刷端面时不会使车上的雨刷器损坏。每个水平端刷设有喷水管及相应的喷嘴,喷嘴的位置设在端刷旋转时趋向车头的一侧。

(3)SCADA 监控系统工作原理

列车清洗机采用 SCADA 实时监控系统和 LED 模拟显示屏,能够丰富和明白的显示系统的流程工况和设备运行状态,洗车作业具有声、光安全警示。该系统的应用是为更好地全方位地监控洗车过程,以及对洗车过程中设备运行和操作数据以及洗车作业及报警的数据的管理作用等。

系统运行在工业 PC 机内,使用 WINDOWS 2000 以上操作系统,在 iFIX 系统安装后,直接点击相应图标,就可以显示出洗车机监控主界面,可以进行相应系统操作。打开电脑后系统应自动进入 SCADA 系统监控主界面,如果人工直接进入可以双击桌面的"SCADA"快捷方式直接进入。系统在默认状态属于全自动监视状态,如有故障发生,系统会记录每一次的故障点。在全自动监视状态下,对实时操作数据做数据库管理,用户可以设定某些参数改变系统运行状态。

SCADA 系统主要有信号监控,洗车数据记录和查询、系统报警查询、手动控制等功能。系统主界面如图 3-4 所示。

SCADA 主界面从上到下依次为:系统 logo、洗车监控区、系统状态界面区、水池水位监控界面区、报警及洗车记录区。

(4)洗车机水循环处理原理

通过列车清洗机的水循环处理设备,使洗车水能够循环使用,洗车水循环使用率达80%,达到节水的目的,从而大大降低了洗车成本。

1)洗车水循环工艺流程

如图 3-5 所示为洗车水循环工艺流程。

2)各水池的功能

集水坑:洗车的污水通过水沟集中流入集水坑内,在集水坑内有一潜水泵,将污水及时泵入污水回收池内。

污水回收池:在污水回收池内有一潜水泵,洗车时按回用水池用水量泵入沉淀池。

沉淀池:将污水中的杂质沉积下来,经池上部出水口流入除油池内。

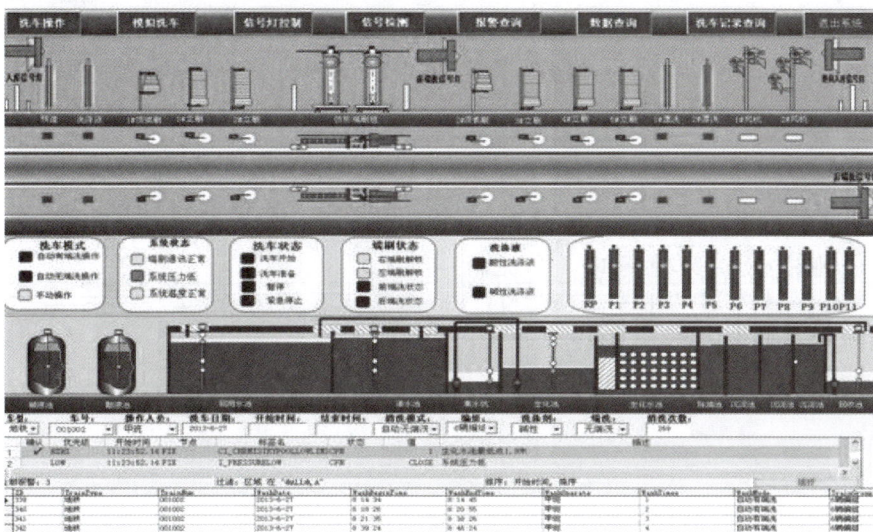

图 3-4 列车清洗机 SCADA 主界面

立循环用水处理流程图

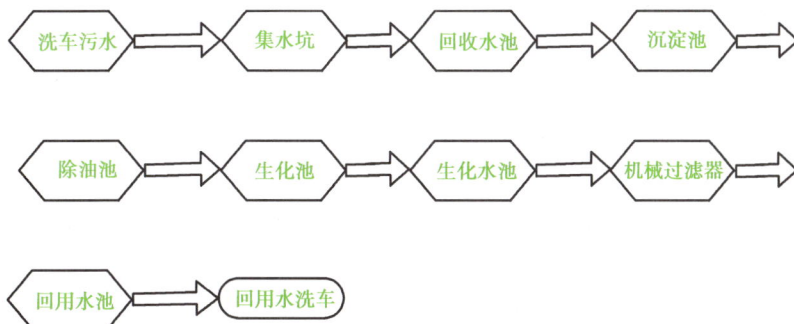

图 3-5 列车清洗机洗车水循环工艺流程

除油池:将污水中浮在上面油隔下来,从池底侧部开口将水流入生化池。

生化池:池底部有曝气头充气、上面一层有生物水处理填料,好养菌将污水中的污物处理掉,使污水达到回用水标准,在池中部侧壁开孔,将水流到生化水池。

生化水池:生化水池储存生化水,以备进行机械过滤器进行过滤。

机械过滤器:机械过滤器分为石英砂和活性炭两种,先经过生化水再经过机械过滤器。石英砂过滤器将悬浮物进一步除掉,活性炭过滤器除去水中的颜色、异味。经过滤的水到回用水池。

回用水池:回用水存贮循环使用的回用水。

3)水处理过程

如图 3-6 所示为水处理过程示意图。

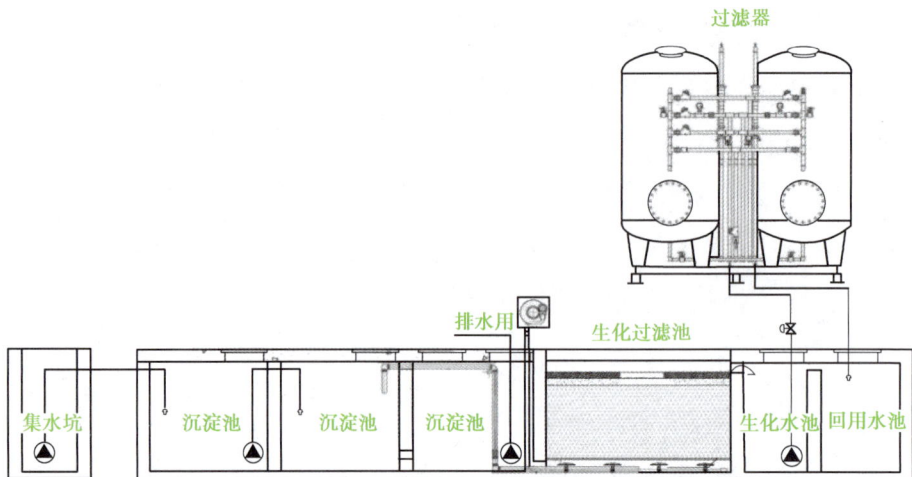

图 3-6　水处理过程示意图

3.1.3　移动式架车机

下面以中铁工程设计院有限公司生产的 YJC16T 型移动式架车机为例,介绍架车机同步工作原理、架车主电路工作原理、PLC 控制系统。

(1)架车机同步工作原理

移动式架车机可实现单组同步精度±4 mm,两组同步精度±6 mm,三组以上同步精度±8 mm 以内,架车机架升高度在这范围内科通过架车机控制系统自动调节架车机高度控制在一定范围内。同步精度硬件实现主要是通过主电路和 PLC 硬件两大部分实现的。

(2)架车主电路工作原理

每台架车机升降驱动装置是一台 4 kW 的三相异步电动机,电机动力通过三合一减速箱、星型联轴器驱动丝杆转动,传动丝杆的回转运动则通过丝母转换成上下直线运动,从而实现托架部分与车的起落功能。以单组架车机为例(如图 3-7 所示),单组 4 台架车机上的三相电机 M1~M4,均与控制正反转的主继电器触点 KM15 和 KM16 串联,实现同组内 4 台架车机同步上升和下降,KM11~KM14 主触点仅控制各架车机上三相电机的启动和停止,这样设计的优点在于:一是与每个电机配置独立正反转触点的设计相比,可大大减少主继电器的使用;二是在架车机架升高度出现偏差时,控制相应架车机停止和启动,实现架车机架升高度调整,在上升过程中相应架升高度最高架车机相应继电器受控断开,相应架车机停止等待其他三个架车机,等待架车高度在一定范围内时再重新启动,4 台架车机再次同步上升;如果在下降操作过程中,下降高度最低的架车机继电器断电,主触点断开,相应架车机停止,等待其他三个架车机下降高度,四台架车机高度在±4 mm 范围内,架车机继电器再次得电,同组 4 台架车机再次同步下降。

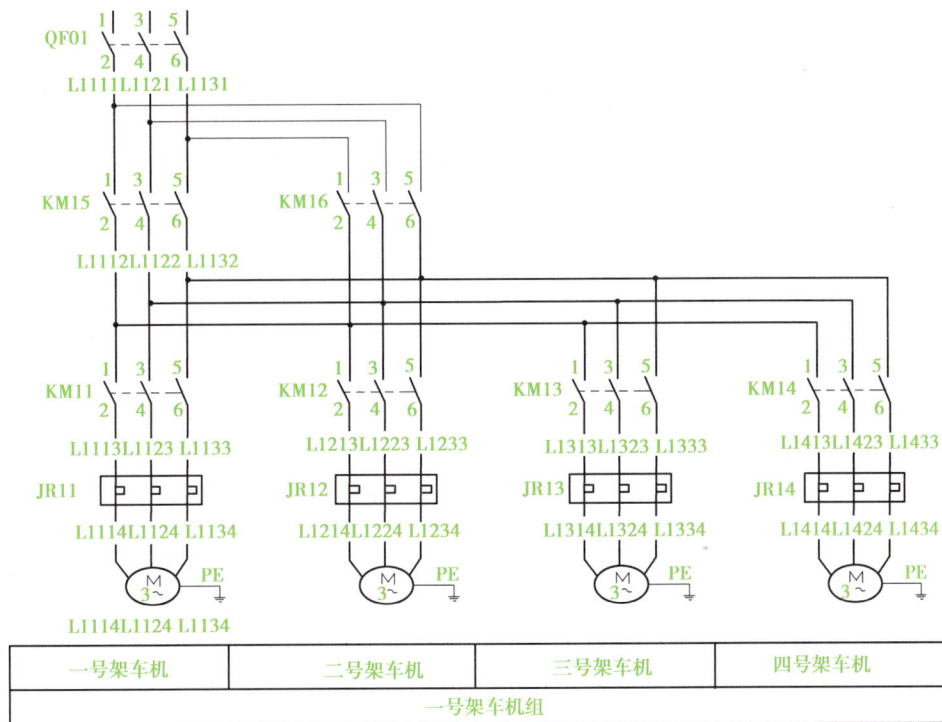

图3-7　移动式架车机主电路图

（3）PLC控制系统

移动式架车机PLC选用西门子S7-300系列可编程控制器,硬件部分包括主CPU315-2DP主模块、IM365机架扩展接收模块(用于连接扩展机架中的3个高速计数器模块)、DI32×24 V数字输入模块1-4、DO、32×24 V/0.5A数字输出模块1-2,它们之间通过背板总线实现与CPU主模块通信实现数据交换。扩展机架主要包括IM365扩展机架接收模块、高速计数器模块1-3,其中最左侧的IM365扩展机架发送模块通过西门子相应通信协议实现与主站CPU模块右侧IM365扩展机架接收模块通信和数据交换,将各架车机旋转编码器检测到架车机高度脉冲值传送到CPU模块。每个计数器模块包含8个计数检测通道,分别是计时器模块1的A0-A7,检测1、2组8个架车机旋转编码器正转(上升)脉冲信号,计数器模块2的A0-A7检测3-4组个架车机旋转编码器正传(上升)脉冲信号,计数器模块3的A0-A7检测5-6组8个架车机旋转编码器正传(上升)脉冲信号。

各架车机脉冲信号是通过旋转编码器来计数和读取的,每个旋转编码器都包含一个正转脉冲信号A和一个反转脉冲信号B以及一个硬件门信号I(用于对计数值门计入或不计入等控制),通过专用屏蔽电缆接入8通道高速计数器中,正转脉冲每检测一个脉冲值加1,反转脉冲值每检测一个脉冲值减1,计数器模块对编码器输入信号读取和写入是通过西门子高速计数器模块专用的驱动程序FC7来控制的,1-3号计数器模块对架车机脉冲值分别存储在DB1-3数据块中,其中DB1存储1-2组8台架车机脉冲值,DB2存储着3-4组8台架车机脉冲值,DB3存储着5-6组8台架车机脉冲值。由于BD1-3数据块中脉冲值时受硬件门信号(对应架车机托头传感器信号)控制,在架车过程中如果由于架车机不同步造成,架车机托头脱离车体,硬件门信号断开,相应架车机 DB 块中的架车机脉冲值就会清零,为了对架车机脉冲值实现记忆,在程序中通过功能 FC26 实现将 DB1-3 中的 24 台架车机脉冲值传送到 BD4 共享数据块中。这样主 CPU 程序通过调用 DB4 共享数据块各架车机高度冒出值实现对各架车机高度进行分析和判断。

3.1.4 固定式架车机

下面以 Windhoff Bahn-und Anlagentechnik GmbH 公司生产的固定式架车机为例,介绍架车机举升工作原理、同步升降功能、螺旋传动装置的自锁及防脱开监测功能、程序防误操作功能。

(1)架车机举升工作原理

如图 3-8 所示,电动机通入三相交流电后开始旋转,通过减速机将电动机的转速降为设定转速,从而带动丝杆旋转,套在丝杆上的工作丝母和安全丝母在固定铁块的作用下使它无法同丝杆一起旋转,致使工作丝母和安全丝母将旋转运动转为直线运动,经槽型编码器计数,保证转向架支撑架和车体支撑架同步升或同步降,改变电源相序可使电动机正转或反转,来实现转向架和车体的升或降。

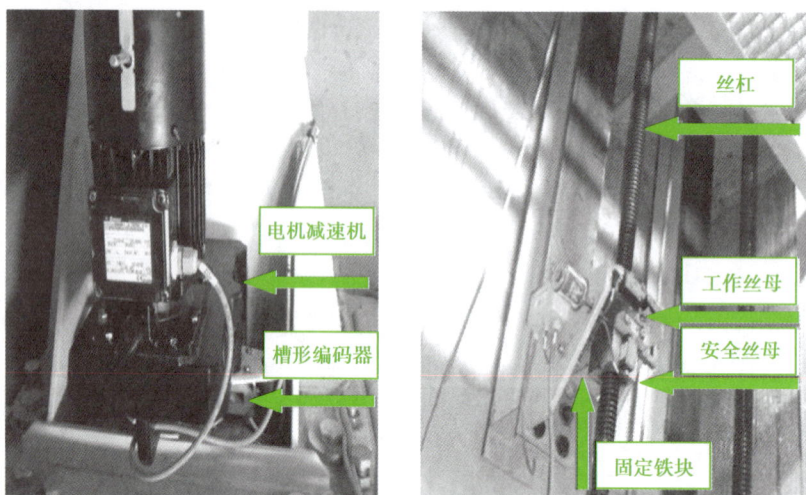

图 3-8 固定式架车机举升结构

(2)同步升降功能

转向架架车单元和车体架车单元分别具有同步升降功能。其中转向架架车单元采用同一电机驱动作为动力驱动源,并通过中间柔性轴、联轴器和转向箱实现动力分配和传递,实现 4 只丝杠的机械同步举升。该结构方案的优点是控制系统需要控制的点数相对减少,系统同步性好,更适合于多丝杠同步举升的场合。

在每台转向架架车单元及车体架车单元均安装有两个及以上的传感器,传感器在举升螺杆旋转的过程中产生脉冲。产生的脉冲由控制系统 PLC 读取到系统,并自动进行计算、比较和判定。系统利用脉冲计数的方法确保各架车单元实现同步。当主 PLC 检测到任何不同步的情形并超过设定值时,系统会自动调整不同步的架车单元的升降速度,直到达到规定的同步范围内。当不同步的状态超过最大设定值时,系统会自动停机,确保架车安全。此外,在控制台面板上自动数字显示各举升柱高度,并具有清零功能。

(3)螺旋传动装置的自锁、防脱开监测功能

丝杠、螺母系统是举升单元的传动机构,丝杠、螺母采用具有自锁功能梯形螺纹机构。采用包括承载螺母和安全螺母的双螺母设计,两螺母均有足够的承载能力,两螺母之间留有设定的间隙,当承载螺母磨损到间隙达到一定程度时,可以自动报警并触发控制系统自动停机。

工作螺母的上端为球形结构,配合球形环使用,丝杠的上端安装有调心滚子轴承,确保举升柱受力产生变形后,丝杠螺母仍能受力良好。

(4)程序防误操作功能

为保证作业安全及防止误操作带来的安全隐患,每一步操作只有在事先设定的程序条件全部具备后才能进行。整个作业过程中,以及转向架举升柱和车体举升柱之间,电气互锁可靠,并在程序中考虑到可能会发生的误操作,任何误操作都被程序拒绝执行。

设备具有防误操作诊断功能,故障显示语言为中文和图片,通俗易懂。在架车机软件控制系统中对误操作进行了最大限度的限制,如:①车辆不到位不允许架车机动作;②车体举升单元和车辆对位时,防止操作人员不负责,将举升柱升的过高,设置到位自动停机功能,如果该项功能故障失灵,当高度差超过一定数值时自动停机;③安装转向架时,接近正常安装位置时自动停机,防止将车体和转向架零部件顶坏;④两个举升单元互锁、误操作故障报警等措施。

故障均以图形信号和文字信号显示,如托头承载故障时,在控制台的触摸屏上车体举升单元的托头部位变为红色并闪烁。

3.1.5 浅坑式移车台

下面以中铁工程设计院有限公司生产的 WKY50/28 型浅坑式移车台为例,介绍一下其自动对轨原理、电气控制系统。

(1)移车台自动对轨原理

浅坑式移车台在启动后首先以设定的加速时间匀加速运行,直到达设定的速度,即变频器的运行频率,浅坑式移车台开始匀速运行,当运行至所要对的轨道 2 米左右时,按下相应的左、右侧对轨按钮,使浅坑式移车台减速开始低速运行;到达对轨位置时,传感器得到信号使得其内部的常开触点闭合,控制系统使浅坑式移车台自动停靠在指定的轨道旁。

对轨是通过 PLC 逻辑控制部分和光电开关来达到对轨目的的。当传感器得到遮挡信号后使得其内部的常开触点闭合,信号传送给逻辑控制部分 PLC,PLC 开始执行其逻辑控制,这样可以使浅坑式移车台自动停靠在用户想要停靠的轨道上。

(2)移车台电气控制系统

浅坑式移车台电气控制系统主要采用 SIEMENS S7-200 型 PLC 及一台变频器,PLC 用

来控制前进、后退、渡桥升降、快慢速等输入、输出信号的程序控制,变频器用来驱动移车台主梁电机实现移车台平稳走行、自动对轨及快慢速切换。电气控制系统具有对各走行电机任意两相间的短路保护和A、C两相的对地短路保护功能。

移车台控制系统具有过载、过电流、过电压、过热、欠电压、短路、缺相等保护功能,并能自动显示报警,同时具备电机任意两相的短路保护和A、C两相的对地短路保护功能,电动机的过载和过热保护功能,以及任意一点的保护接地功能。电气控制系统配置的变频器具备过载、过电流、过电压、过热、欠电压、短路、缺相等保护功能以及故障诊断和显示功能,系统出现问题会自动停止变频器工作,同时发出报警铃声,并在显示器上显示出相应的故障诊断编码,只要查对编码便可知故障性质,即可针对故障性质进行故障排除。

3.1.6　轮对动态监测设备

下面以北京主导生产的轮对动态监测设备为例,介绍一下其轮对尺寸检测原理、擦伤检测原理、轴温检测原理。

(1)轮对尺寸检测原理

LY系统尺寸模块利用光截图像测量技术,使用线状激光作为投射光源,面阵CCD相机作为采集设备,线光源沿轮心方向投射到车轮踏面部分形成包含踏面外形尺寸信息的光截曲线,用与光入射方向成一定角度的CCD摄像机拍摄车轮外形光截曲线,经图像采集、处理获得车轮外形尺寸。非接触式检测精度较高,是目前使用最广泛和最成熟的一种方法(图3-9至图3-12)。

图3-9　系统布局

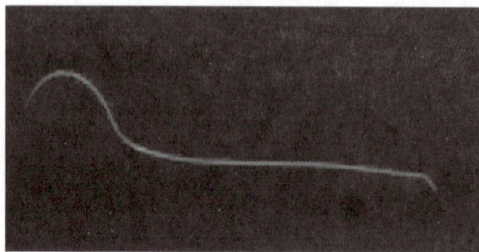

图3-10　光截曲线

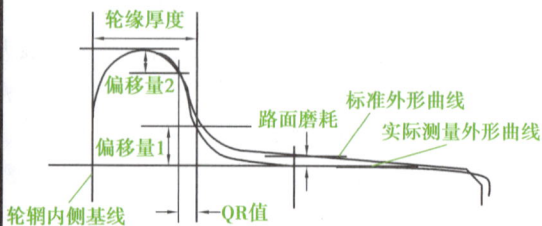

图3-11　计算模型

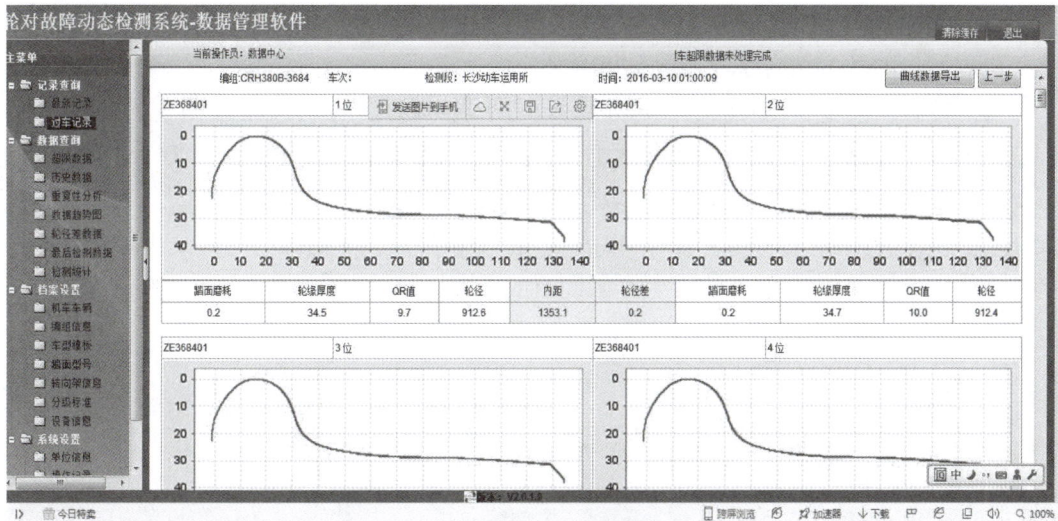

图 3-12 检测数据报表

1）车轮直径检测原理（图 3-13）

采用基于光截法的三点测量法来获得车轮直径,基于光截法的测量原理,利用两个方向入射的线光源在踏面形成的光截曲线图像,求出两个踏面测量点的坐标,然后利用已知的轮轨接触点(坐标原点,利用轨道沉降量修正),通过三点法即可测得车轮直径。

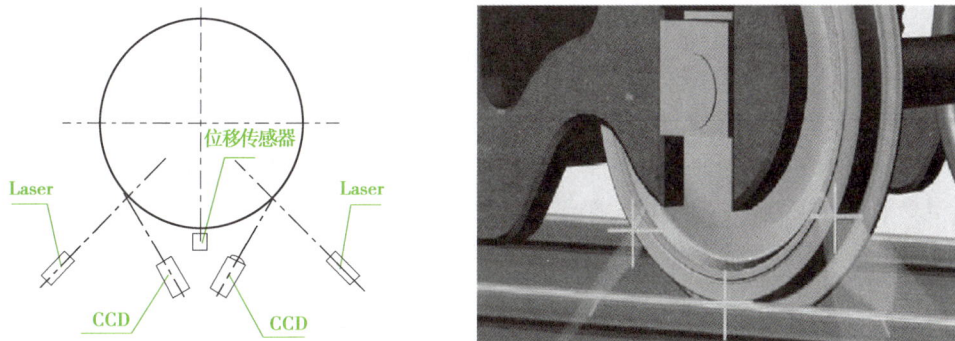

图 3-13　车轮直径测量原理

2）轮对内距测量原理（图 3-14）

系统结构设计具有空间固定的坐标原点,通过测量左右轮对在坐标系中的位置变化,即可计算得出轮对内距。

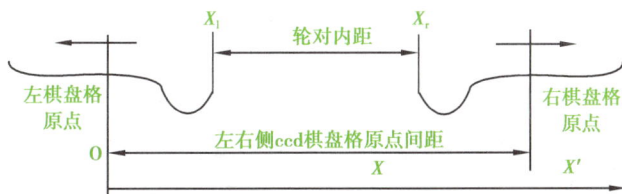

图 3-14　内距检测原理

（2）擦伤检测原理

轮对擦伤的基本检测原理如图3-15所示。

通过接触式测量车轮一周的轮缘高度变化，实现对踏面擦伤及车轮不圆度的测量。

踏面擦伤后，擦伤处圆周半径将减小，这就使得擦伤处的轮缘顶点 t 相对于钢轨的位置低于无擦伤处的轮缘顶点位置。一般轮缘顶点是不会被破坏的，因此轮缘顶点 t 的位置变化反映了车轮踏面受损的信息。所以测得 t 点的相对位移 h 沿圆周的分布情况，就可得到当前车轮的踏面擦伤值，而 h 在整个圆周上的最大偏差即为圆度偏差（不圆度）。

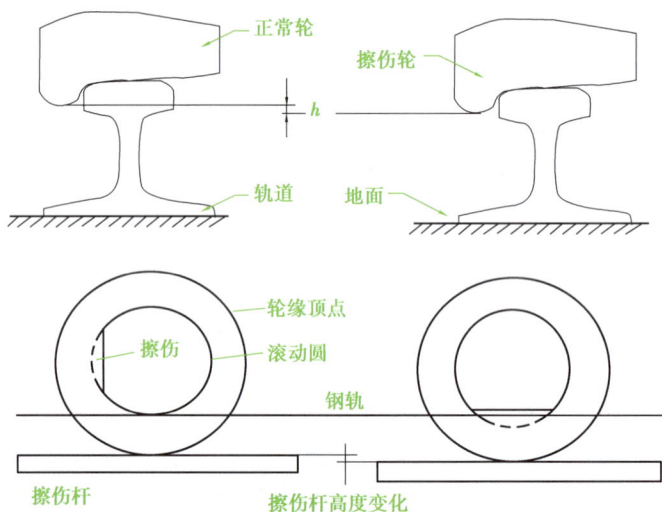

图3-15　车轮擦伤检测原理

如图3-15所示，车轮滚动圆与钢轨接触，当滚动圆有擦伤时（擦伤位置处轮缘高度增大），引起车轮整体下降。擦伤杆与轮缘顶点紧密接触，高度随轮缘顶点发生相应变化。通过传感器检测擦伤杆高度变化，即可检测出滚动圆上的擦伤（图3-16、图3-17）。

图3-16　擦伤杆高度变化曲线

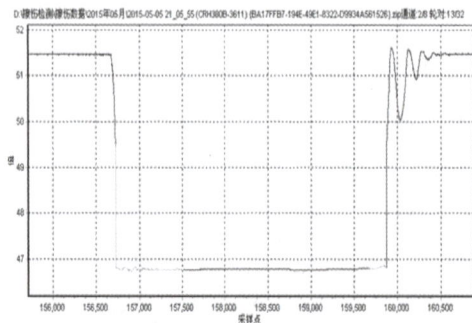

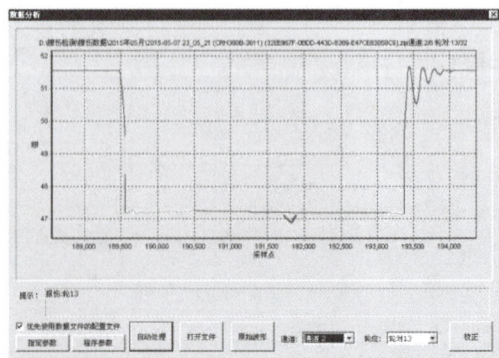

图3-17　数据结果展示

（3）轴温检测原理

轴温检测的基本原理如图3-18所示。

轴温检测装置安装在地铁车辆途经线路上,使用轴温探测器接受被测物体表面辐射的红外热能量,通过探测器光学元件及电子元件转变成电信号,经过计算机分析处理后,显示其轴温信息。

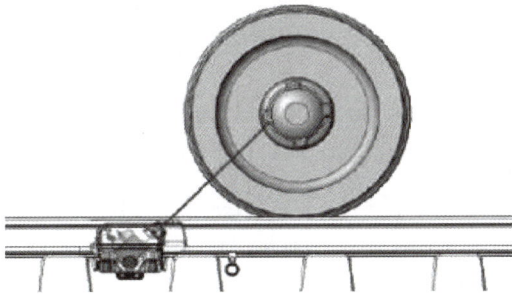

图3-18　轴温检测示意图

3.1.7　桥式起重机

下面以西安神力起重运输机械有限公司生产的LH10/3T-16.5M型双梁桥式起重机为例,介绍一下其制动装置的工作原理、安全滑触线的作用、变频调速系统。

（1）制动装置的工作原理

1）制动器的结构特点

由于起重机周期及间歇性的工作特点,使各个工作机构经常处于频繁启动和制动状态,制动器成为动力驱动的起重机各机构中不可缺少的组成部分,它既是机构工作的控制装置,又是保证起重机作业的安全装置。

制动器通过摩擦副的摩擦产生制动作用。按需要将动能转化为摩擦热能消耗,使机构停止运动;或通过静摩擦力平衡力,使机构保持原来的静止状态。

结构特点:制动器摩擦副中的一组与固定机架相连,另一组与机构转动轴相连。当摩擦副接触压紧时,产生制动作用,当摩擦副分离时,制动作用解除,机构可以运动。

2）制动器的作用

①支持作用:使原来静止物体保持静止状态。例如,在起升机构中,保持吊重静止在空中;在臂架起重机的变幅机构中,将臂架维持在一定的位置保持不动。

②停止作用:消耗运动部分的动能,通过摩擦副转化为摩擦热能,使机构迅速在一定时间或一定行程内停止运动。例如,各个机构在运动状态下的制动。

③落重作用:制动力与重力平衡,使运动体以稳定的速度下降。

（2）安全滑触线的作用

安全滑触线是一种移动供电装置,以其绝缘、安全、耐温、抗振、节能等优越性能逐步替代了旧式裸露角铁及铜排滑触线。安全滑触线由填嵌在工程塑料型管或槽板中的光滑平整的 T2 铜排或嵌有耐磨导体的铝型材作为载流体,组合成输电导管,导管下有开口槽以利集电器运行,并由集电器的高耐磨铜基石墨电刷将电力导向工作电器。

(3)变频调速系统

桥式起重机变频调速系统主要由上位机(工业触摸屏系统)、下位机(PLC 控制系统)、变频调速系统组成。其系统结构图如图 3-19 所示。

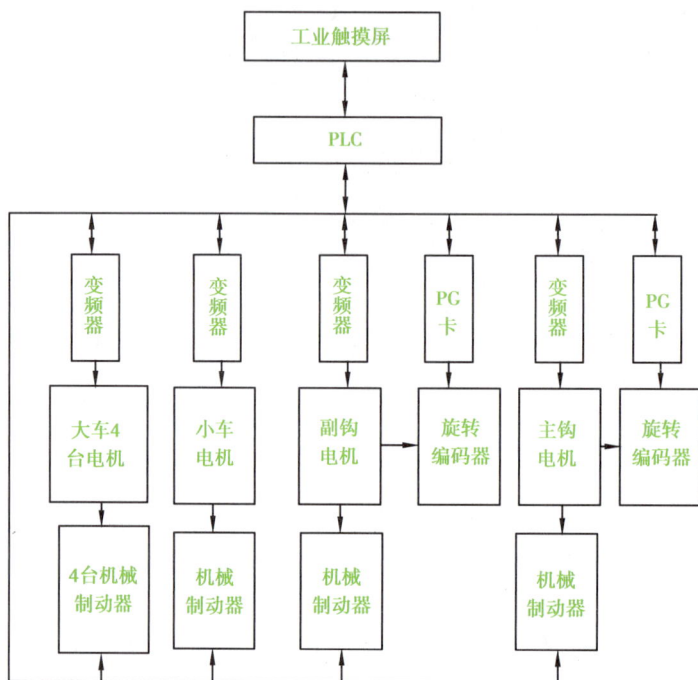

图 3-19　系统结构图

1)变频调速系统功能

桥式起重机大车、小车、主钩、副钩电动机都需独立运行,大车为 4 台电动机同时拖动,所以整个系统有 7 台电动机,4 台变频器,并由可编程控制器分别加以控制。起重机必须实现的操作功能有:主钩升降、副钩升降、大车运行、小车运行;保护功能有:主副钩上升限位、下降限位、大车限位、小车限位,主副钩及大小车电机的保护等。

2)工业触摸屏系统

工业触摸屏系统与 PLC 控制系统连接,利用强大的工业触摸屏组态软件进行开发,它一方面采用直观人机界面,能够明确指示操作员机器设备目前的状况,使操作简单生动,减少失误;另一方面人机界面具有故障显示及控制变频器全变频调速等功能,只需点击画面上的按键,与其相关的文件数据就被激活,通过上位机和下位机通信,实现对设备的实时监控。

3)变频调速系统

起重机各机构负载为恒转矩负载,生产厂普遍选用带低速转矩提升功能的电压型变频器。对于大车采用一台变频器控制 4 台同样电机拖动大车,保持大车的同步运行。调速范围一般在 6∶1。变频器容量为一台电机的 4 倍。小车采用一台变频器控制一台电机,因行程较短,调速范围一般在 4∶1。对于主、副钩的拖动,因为在重物开始升降或停止时,要求制动器从抱紧到松开,再到抱紧的动作过程需要一段时间,而电机转矩的产生或消失在通电或断电瞬间就立刻反映。这样在两者动作的配合上极易出现问题,所以加上由旋转编码器、PG 数模转换和 PLC 相结合的闭环系统,使主副吊钩拖动更加稳定、可靠。

3.1.8 叉车

下面以宁波如意股份有限公司生产的 FD30 型内燃叉车为例,介绍一下其工作过程中的稳定性原理。

一般叉车多为平衡式叉车,正如跷跷板一样,所以必须先找出载荷的重心。这个重心我们称为载荷中心,即是托盘的一半长度。例如:托盘的尺寸是长度(D)1 000 mm×宽度(W)1 200 mm,那么载荷中心就是 500 mm。

叉车的载荷中心大多以 500 mm 或 600 mm 为主,所以要知道叉车的标准载荷中心时,就必须从该种叉车的规格表或叉车图中找出。叉车的吨位是指叉车装卸、搬运货物的最大负荷值,是根据各部分的结构强度液压系统压力及稳定性等来设计的。平衡重式叉车的稳定性简言之就是杠杆原理(跷跷板)。

如图 3-20 所示,左侧的重力乘以距离:500 kg×1 m,力矩为 500 kg·m。

右侧的重力乘以距离:1 000 kg×1 m,力矩为 1 000 kg·m。

左侧力矩<右侧力矩。

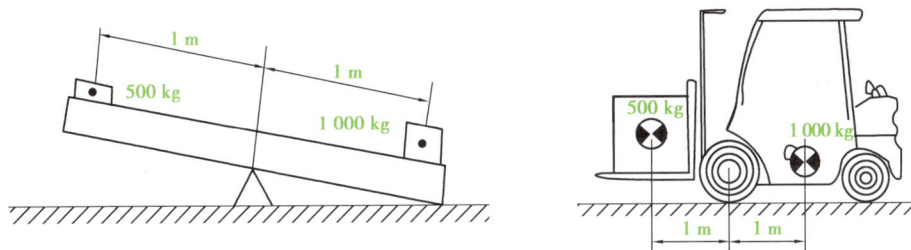

图 3-20 工作状态

在临界状态,如图 3-21 所示,如果货物侧有微小的力作用,叉车就会前翻。

左侧的重量乘以距离:1 000 kg×1 m,力矩为 1 000 kg·m。

右侧的重量乘以距离:1 000 kg×1 m,力矩为 1 000 kg·m。

左侧力矩=右侧力矩。

在车辆设计中,安全系数一般设定为≥1.4,以确保叉车安全作业。

载荷中心直接影响载荷量,如果货物的载荷中心比标准载荷中心短时,则不会影响载荷量,但当货物的载荷中心比标准载荷中心长时,则载荷量降级。例如:货物的载荷中心是 400 mm,但标准载荷中心是 500 mm,则不会影响载荷量。但如果货物的载荷中心是 600 mm,但标准载荷中心是 500 mm,那么载荷量便会降低。

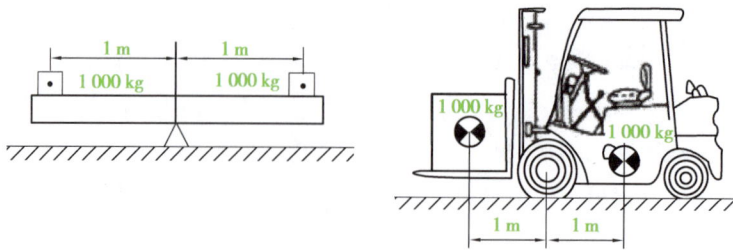

图 3-21　临界状态

3.1.9　螺杆式空压机

下面以台湾复盛公司生产的 SA08A 型螺杆式空压机为例,介绍一下其内部构造、压缩机压缩原理。

(1)内部构造

螺杆空压机基本构造:在压缩机的机体中,平行地配置着一对相互啮合的螺旋形转子,通常把节圆外具有凸齿的转子,称为阳转子或阳螺杆。把节圆内具有凹齿的转子,称为阴转子或阴螺杆,一般阳转子与原动机连接,由阳转子带动阴转子转动转子上的最后一对轴承实现轴向定位,并承受压缩机中的轴向力。转子两端的圆柱滚子轴承使转子实现径向定位,并承受压缩机中的径向力。在压缩机机体的两端,分别开设一定形状和大小的孔口,一个供吸气用,称为进气口,另一个供排气用,称作排气口。

1)进气

螺杆空压机的进气过程:转子转动时,阴阳转子的齿沟空间在转至进气端壁开口时,其空间最大,此时转子齿沟空间与进气口的相通,因在排气时齿沟的气体被完全排出,排气完成时,齿沟处于真空状态,当转至进气口时,外界气体即被吸入,沿轴向进入阴阳转子的齿沟内。当气体充满了整个齿沟时,转子进气侧端面转离机壳进气口,在齿沟的气体即被封闭。

2)压缩

螺杆空压机的压缩过程:阴阳转子在吸气结束时,其阴阳转子齿尖会与机壳封闭,此时气体在齿沟内不再外流。其啮合面逐渐向排气端移动。啮合面与排气口之间的齿沟空间渐渐件小,齿沟内的气体被压缩压力提高。

3)排气

螺杆空压机的排气过程:当转子的啮合端面转到与机壳排气口相通时,被压缩的气体开始排出,直至齿尖与齿沟的啮合面移至排气端面,此时阴阳转子的啮合面与机壳排气口的齿沟空间为 0,即完成排气过程,在此同时转子的啮合面与机壳进气口之间的齿沟长度又达到最长,进气过程又再进行。

(2)压缩原理

1)吸气过程

电机驱动转子,主从转子的齿沟空间在转至进气端壁开口时,其空间大,外界的空气充满其中,当转子的进气侧端面转离了壳之进气口时,在齿沟间的空气被封闭在主、从转子与机壳之间,完成吸气过程。

2)压缩过程

在吸气结束时,主、从转子齿峰与机壳形成的封闭容积随着转子角度的变化而缩小,并按螺旋状移动,此为"压缩过程"。

3)压缩气体与喷油过程

在输送过程中,容积不断缩小,气体不断被压缩,压力提高,温度升高,同时,因气压差而变成雾状的润滑油被喷入压缩腔,从而达到压缩、降低温度密封和润滑的作用。

4)排气过程

当转子之封闭齿峰旋转到与机壳排气口相遇时,被压缩的空气开始排放,直到齿峰与齿沟的吻合面移至排气端面,此时齿沟空间为零,即完成排气过程。与此同时,主从转子的另一对齿沟已旋转至进气端,形成最大空间,开始吸气过程,由此开始一个新的压缩循环。

任务 3.2　工艺设备的故障处理

3.2.1　工艺设备常见故障处理

(1)浅坑式移车台常见故障处理

浅坑式移车台常见故障处理见表 3-1。

表 3-1　移车台常见故障处理

故障现象	产生原因	排除方法
走行制动效果差	1.制动片未调整好	1.调整制动片调整螺母
	2.制动片过度磨损	2.更换制动片
	3.制动弹簧损坏	3.更换弹簧并调整制动器
	4.制动片上有油污	4.用煤油清洗掉油污
制动器不能打开	1.通到电磁铁线圈上的电线中断	1.连接中断的电线
	2.电磁铁线圈烧毁	2.更换线圈
	3.制动片过度磨损	3.更换制动片
	4.制动弹簧压力过大	4.调整制动片调整螺母

故障现象	产生原因	排除方法
工作中轴承响声大	1.轴承未压紧	1.调整好锁紧园螺母
	2.轴承损坏	2.更换轴承
	3.轴承盖紧固螺栓松动	3.拧紧紧固螺栓
正常操作后不行走	1.检查变频器故障功能码	1.根据功能码核对故障性质,排除相应故障
	2.线路无电压	2.检查有无电压
	3.电缆输电部分或滑触线发生故障	3.检查与修复电缆或滑触线
正常运转中跳闸停车	1.检查变频器故障功能码	1.根据功能码核对故障性质,排除相应故障
	2.过载使热继电器保护动作	1.检查制动器是否彻底脱开 2.减少点动操作
各电气触头的动触头及静触头冒火花或烧损	1.动触头对静触头的压力太小,使之接触不良	1.调整弹簧压力
	2.触头脏污	2.消除脏污
	3.触头烧坏	3.用"0"号砂纸磨平触头,补焊或更换触头
卷扬机不动作	1.卷扬机电动机线路无电压	1.检查有无电压
	2.控制盒发生故障	2.检查控制盒

（2）移动式架车机常见故障处理

移动式架车机常见故障处理见表3-2。

表3-2　移动式架车机常见故障处理

故障现象	产生原因	排除方法
不能启动	1.未通电	1.检查电源、线路
	2.机架底面未落实	2.检查机架底面是否落实
升降中发出摩擦噪声	1.支撑套偏移歪斜	1.调整支撑套的位置,使其处于正确位置
	2.丝杠等处润滑状况差	2.找出摩擦部位,涂注润滑脂

(3)固定式架车机常见故障处理

固定式架车机常见故障处理见表3-3。

表3-3　固定式架车机常见故障处理

故障现象	产生原因	排除方法
紧急停止	急停按钮被触动,地下固定式架车系统的紧急回路被中断	1.矫正危险状况; 2.解锁急停(Emergency-Off)按钮; 3.故障解除后,按复位按钮给系统重新上电
紧急上上限位	一个举升柱触动了紧急上上限位	1.分析其故障产生的原因; 2.把主控制台内部的"旁路按钮"打到 ON 状态,故障复位按钮复位; 3.将举升柱下降脱离紧急上上限位位置; 4.把主控制台内部的"旁路按钮"打到 OFF 状态
紧急下下限位	一个举升柱触动了紧急下下限位	1.分析其故障产生的原因; 2.把主控制台内部的"旁路按钮"打到 ON 状态,故障复位按钮复位; 3.将举升柱上升脱离紧急下下限位位置; 4.主控制台内部的"旁路按钮"打到 OFF 状态
PLC 停机	主控 PLC DP 子站故障、监控 PLC DP 子站故障,系统检测到分布式子站不正常,自动停机保护,PLC 指示灯报 BF 故障,红灯闪烁	1.进入子站诊断界面,定位故障子站; 2.检查硬件接线与 DP 子站; 3.重新上电,无法恢复,联系检修人员
同步故障	举升柱同步错误。在联控模式下,举升柱不再是同步的,就是说以不同的速度运行,超过了最大的允许误差	1.高度数据界面查看主控监控数据是否一致,不一致请调整脉冲传感器; 2.偏差若一致,观察偏差大的单元是否有煳味,有煳味请检查电机抱闸接线是否松动,无松动请更换电机抱闸模块; 3.问题解决后,将转向架联控高度偏差单控调节到偏差内; 4.问题解决后,将车体联控高度偏差单控调节到偏差内; 5.点击复位按钮,使架车机系统上电
转向架升降故障	单控条件不满足或单控选择错误或限位到达	1.观察授权蓝灯,核实主控台选择与本地选择是否一致(车体-转向架选择); 2.切换到检修模式或主从侧车体单元压力全部加载; 3.禁止下降请检查工作螺母、工作下限位、安全区域,转向架举升为多轴驱动,请逐一检查; 4.禁止上升请检查安全螺母、工作上限位,转向架举升为多轴驱动,请逐一检查

续表

故障现象	产生原因	排除方法
车体升降故障	单控条件不满足或单控选择错误或限位到达	1.观察授权蓝灯,核实主控台选择与本地选择是否一致(左右选择、车体-转向架选择); 2.禁止下降请检查工作螺母、工作下限位、安全区域; 3.禁止上升请检查安全螺母、工作上限位、压力加载(压力加载禁止单控升动作)
计数无脉冲	脉冲传感器松动、脉冲传感器故障	1.检查脉冲传感器感应距离是否合适(1~2 mm); 2.更换新脉冲传感器

(4)列车清洗机常见故障处理

列车清洗机常见故障处理见表3-4。

表3-4　列车清洗机常见故障处理

故障现象	产生原因	排除方法
刷组转轴有叫声	轴承缺油	加油
刷组轴承座温度过高	轴承损坏	更换轴承
刷体偏摆振动	1.上下轴承同心度差	1.调整轴承座
	2.轴承座螺栓松动	2.紧固螺栓
	3.摆动马达压力不足,不稳定	3.检查气压
	4.刷毛脱落不平衡	4.更换刷瓦
水泵启动不出水	1.储水罐无水	1.检查管路是否漏水,将储水罐补满水
	2.水位过低	2.液位计是否正常,向池内补水
喷水管不出水	1.喷嘴堵塞	1.清理喷嘴
	2.水压不够	2.检查水泵压力
	3.管路有泄露	3.检查水管有无泄露
	4.管路阀门不正确	4.检查阀门开关位置是否正确
水池缺水或外溢	1.液位计失灵	1.检查修理液位计
	2.补水泵有问题	2.检查补水系统是否正常
控制信号不正确	检查电控系统	处理电控系统故障

（5）轮对动态检测设备常见故障处理

轮对动态检测设备常见故障处理见表3-5。

表 3-5　轮对动态检测设备常见故障处理

故障现象	产生原因	排除方法
UPS不能正常工作，蜂鸣器长鸣	过载或环境温度不正常	常看通风口是否顺畅，是否存在过载，环境温度未超过40 ℃，冷却10分钟再开机
按开机键，UPS不启动	操作不当	持续按开机键1秒以上，听到"哔"的一声，ups将开启
机车到来不能检测	各按钮未在工作位	查UPS是否上电，尺寸主控箱是否上电，"检测"开关未置于检测档位
报表上数据不全	LD、CCD不在工作状态	检查LD、CCD是否正常开罩，是否有异物遮挡
图像全黑	1.闪光灯未闪	1.调试或更换闪光灯
	2.相机光圈太小	2.调大光圈
图像吃边	1.闪光灯太强	1.调整闪光灯位置
	2.相机光圈太大	2.调小光圈
图像采集卡驱动程序无法正常安装	1.图像采集卡与PCI插槽接触不良	1.换一个插槽测试
	2.图像采集卡有问题	2.更换采集卡
	3.主板驱动程序安装不正确或操作系统感染病毒	3.系统还原或重装系统
压力装置与接触网连接段变形	1.压力装置与接触网高度差过大	1.调整高度差
	2.压力装置机械松动	2.紧固连接螺栓

3.2.2　液压系统常见故障及排除方法

（1）液压泵常见故障分析与排除方法

1）不出油、输液量不足、压力上不去

故障分析：①电动机转向不对；②吸油管或过滤器堵塞；③轴向间隙或径向间隙过大；④连接处泄漏，混入空气；⑤介质黏度太大或温升太高。

排除方法:①检查电动机转向;②疏通管道,清洗过滤器,更换新的工作介质;③检查更换有关零件;④紧固各连接处螺钉,避免泄漏,严防空气混入;⑤正确选用工作介质,控制温升。

2)噪声严重,压力波动厉害

故障分析:①吸油管及过滤器堵塞或过滤器容量小;②吸油管密封处漏气或介质中有气泡;③泵与联轴节不同心;④油位低;⑤油温低或黏度高;⑥泵轴承损坏。

排除方法:①清洗过滤器使其吸油管通畅,正确选用过滤器;②在连接部位或密封处加点油,如噪声减小,可以拧紧接头处或更换密封圈;③回油管口应在油面以下,与吸油管要有一定距离;④调整同心;⑤加油液;⑥把油液加热到适当的温度;⑦检查(用手触感)泵轴承部分温升。

3)泵轴颈油封漏油

故障分析:漏油管道阻力过大,使泵体内压力升高到超过油封许用的耐压值。

排除方法:检查柱塞泵泵体上的泄油口是否用单独油管直接接通油箱。若发现把几台柱塞泵的泄漏油管并联在一根同直径的总管后再接通油箱,或者把柱塞泵的泄油管接到回油管上,则应予改正。最好在泵泄漏口接个压力表,以检查泵体内的压力。

(2)减压阀的故障分析及排除方法

1)压力波动不稳定

故障分析:①油液中混入空气;②阻尼孔有时堵塞;③滑阀与阀体内孔圆度超过规定,使阀卡住;④弹簧变形或在滑阀中卡住,使滑阀移动困难或弹簧太软;⑤钢球不圆,钢球与阀座配合不好或锥阀安装不正确。

排除方法:①排除油中空气;②清理阻尼孔;③修研阀孔及滑阀;④更换弹簧;⑤更换钢球或拆开锥阀调整。

2)二次压力升不高

故障分析:①外泄漏;②锥阀与阀座接触不良。

排除方法:①更换密封件、紧固螺钉,保证力矩均匀;②修理或更换。

3)不起减压作用

故障分析:①泄油口不通,泄油管与回油管道相连,并有回油压力;②主阀芯在全开位置时卡死。

排除方法:①泄油管必须与回油管道分开,单独回入油箱;②修理、更换零件,检查油质。

(3)节流调速阀的故障分析及排除方法

1)节流作用失灵及调速范围不大

故障分析:①节流阀和孔的间隙过大,有泄漏以及系统内部泄漏;②节流孔阻塞或阀芯卡住。

排除方法:①检查泄漏部位零件损坏情况,予以修复、更新,注意接合处的油封情况;②拆开清洗,更换新油液,使阀芯运动灵活。

2)运动速度不稳定如逐渐减慢、突然增快及跳动等现象

故障分析:①油中杂质粘附在节流口边上,通油截面减小,使速度减慢;②节流阀的性

能较差,低速运动时由于振动使调节位置变化;③节流阀内部、外部泄漏;④在简式的节流阀中,因系统负荷有变化使速度突变;⑤油温升高,油液的黏度降低,使速度逐步升高;⑥阻尼装置堵塞,系统中有空气,出现压力变化及跳动。

排除方法:①拆卸清洗有关零件,更换新油,并经常保持油液洁净;②增加节流联锁装置;③检查零件的精确和配合间隙,修配或更换超差的零件,连接处要严加封闭;④检查系统压力和减压装置等部件的作用以及溢流阀的控制是否正常;⑤液压系统稳定后调整节流阀或增加油温散热装置;⑥清洗零件,在系统中增设排气阀,油液要保持洁净。

(4)换向阀的故障分析及排除方法

1)滑阀不换向

故障分析:①滑阀卡死;②阀体变形;③具有中间位置的对中弹簧折断;④操纵压力不够;⑤电磁铁线圈烧坏或电磁铁推力不足。

排除方法:①拆开清洗脏物,去毛刺;②调节阀体安装螺钉使压紧,力均匀或修研阀孔;③更换弹簧;④操纵压力必须大于 0.35 MPa;⑤检查、修理、更换。

2)电磁铁控制的方向阀作用时有响声

故障分析:①滑阀卡住或摩擦力过大;②电磁铁不能压到底;③电磁铁铁芯接触面不平或接触不良。

排除方法:①修研或调配滑阀;②校正电磁铁高度;③消除污物,修正电磁铁铁芯。

(5)液控单向阀的故障分析及排除方法

1)油液不逆流

故障分析:①控制压力过低;②控制油管接头漏油;③单向阀卡死。

排除方法:①提高控制压力使之达到要求值;②紧固接头,消除漏油;③清洗。

2)逆方向不密封,有泄漏

故障分析:①单向阀在全开位置上卡死;②单向阀锥面与阀座锥面接触不均匀。

排除方法:①修配,清洗;②检修或更换。

任务 3.3　工艺设备的使用调试

3.3.1　不落轮镟床零点的设置

机床零点应在第一次启动或电机轴、测量系统重新移动后对零点进行调整设置。测量调整工具为不落轮镟床零点调整专用测量尺及塞尺。

机床的固定点定义为:在 X 轴上,位于活动轨道的上沿,即活动轨道的上平面。在 Z 轴上,位于驱动轮表面的中心线上。

(1)机床 X 轴零点(如图 3-22 所示)

图 3-22　X 轴固定参考点

①将测量尺放置在固定轨道的参考平面上,使刀杆接触测量尺的下平面(如果需要,移动 Z_1/Z_2 轴)。

②对于相应的坐标轴(以 X_1 轴为例),将参数 CN 34100 设置为"0",将 X_1 轴的"零点"值置入机床参数 DM 34100。

③通过数控系统计算测量系统的偏移量,获得坐标的实际值,对于被测的坐标轴,假设机床参数 NC 34210 的值为"1"。

④确定实测坐标轴的零点,将坐标轴的进给倍率设为"0",按下 RESET 键,按下零点检索键,按下正向移动键。X_1 轴测量系统的绝对偏差(坐标轴测量系统的实际值与坐标轴对于机床固定点的实际值之差)将自动存入机床参数 DM 34090。

在操作过程完成后,NC 系统显示的 Z_1 坐标值为"0",同样的过程可用于 X_2 坐标轴或选择以下过程:

a.将 X_1 坐标轴保持在零位。

b.将控制尺置于两个刀杆(X_1/X_2 坐标轴)的轴承表面。

c.将水平仪置于控制尺上,水平仪的精度为 0.02 m。

d.移动 X_2 坐标轴直至水平仪的指示为零。

e.此时,X_2 坐标轴与 X_1 坐标轴在同一位置上,以固定轨道上平面校准。

f.按照②—④步骤重复 X_2 坐标轴的过程。

(2)Z 轴的机械零点

①用内径千分尺测量两个驱动轮表面的距离(例如长度为 1 477.92 mm),Z_1/Z_2 轴的机械零点在驱动轮表面的中心线上。将测量尺放在两个驱动轮的表面上,以测量 Z 坐标轴的零点。通过手轮,以 JOG 方式移动 Z_1 坐标轴直至刀杆刚刚接触测量尺(或使用塞尺)。例如测量尺的厚度为 50.33 mm,塞尺厚度为 0.05 mm,刀杆直径为 120 mm,则 Z_1 坐标轴的实际位置为:$1\,477.92/2-(50.33+0.05+51)=738.96-101.38=637.58$(mm)。

②将 637.5 设置至机床参数 34100 中,作为 Z_1 坐标轴的实际位置。

③通过数控系统计算测量系统的偏移量,获得坐标轴的实际值,对于被测的坐标轴(Z_1),假设机床参数 NC 34210 的值为"1"。

④将坐标轴的进给倍率设为零,按下 RESET 键,按下零点检索键,按下正向移动键,Z_1轴测量系统的绝对偏差(坐标轴测量系统的实际值与坐标轴对于机床固定点的实际值之差)将自动存入机床参数 DM 34090。在操作过程完成后,NC 系统显示的 Z_1 坐标值为"637.5"。

(3)U 坐标轴的机械零点

①将 X 轴设置到 G90 G53 的零点(X 轴的零点必须已设置在机床的数据中)。将测量尺放置在两个刀杆上。

②卸下 90 mm 的测量轮,使得平行块紧贴 U_1/U_2 测量装置的参考平面。松开两个M6×10的螺钉,卸下测量轮,上紧轮子的销子。将 210 mm 长的平行块放在参考平面上。移动 U_1 轴,直至 210 mm 长的平行块接触测量尺,将机床参数 NC 34100 设为"210"。

③通过数控系统计算测量系统的偏移量,活动坐标轴的实际坐标值,假设机床参数 NC 34210 的值为"1"。

④将坐标轴的进给倍率设为零,按下 RESET 键,按下零点检索键,按下正向移动键,U_1轴测量系统的绝对偏差(坐标轴测量系统的实际值与坐标轴对于机床固定点的实际值之差)将自动存入机床参数 DM 34090。在操作过程完成后,NC 系统显示的 U_1 坐标值为"210 mm"。

3.3.2 移动式架车机组超调处理

移动式架车机组设置有用于监控24台架车机同步运行同步精度的装置,通过安装于每台架车机电机减速机转轴上的旋转编码器来测量架车机丝杠旋转的圈数,从而计算出托架(托头)上升、下降的高度,各架车机高度数据通过 PLC 控制系统显示在主操作台操作面板上,操作人员可通过点击操作面板查看各架车机实际高度。

为了保证移动式架车机组架车作业的安全,要求成组运行模式下各架车机的运行同步精度较高,同步精度要求:同一车位4台架车机托架承载面 ≤6 mm,相邻两车位8台架车机托架承载面 ≤8 mm,相邻三车位12台架车机托架承载面 ≤10 mm,六车位24台架车机托架承载面 ≤14 mm。当架车机运行过程中,架升高度差大于同组、整组架车机运行同步度设定值时,系统会自动发出超调报警,此时,主操作台超调指示灯将会亮起。具体超调故障的处理方法:

按控制面板"清音"按钮,关闭报警铃声,检查超调架车机组。如果在上升过程中出现超调,将"联动/单动"模式选择开关打到单动模式,选择超调架车机组,通过超调架车机组远程操作盒按"上升"按钮,主操作人员监控架车机高度,直至所选架车机组之间高度差小于 3 mm,按远程操作盒"停止"按钮,此时"系统调节"指示灯灭,说明超调故障已排除。

3.3.3 列车清洗机机械过滤器多路阀的设置

机械过滤器分为石英砂和活性炭两种,先经过生化水再经过机械过滤器。石英砂过滤器将悬浮物进一步除掉,活性炭过滤器除去水中的颜色、异味。经过滤的水到回用水池。

机械过滤器的运行包括:

运行—反洗—正洗—运行几个过程,每 24 h 循环一次,此过程在多路阀如图 3-23 所示的 3150FT 机械式时间控制器的控制下自动完成,多路阀设置正确与否是保证机械过滤器工作能否正常的一个主要因素。

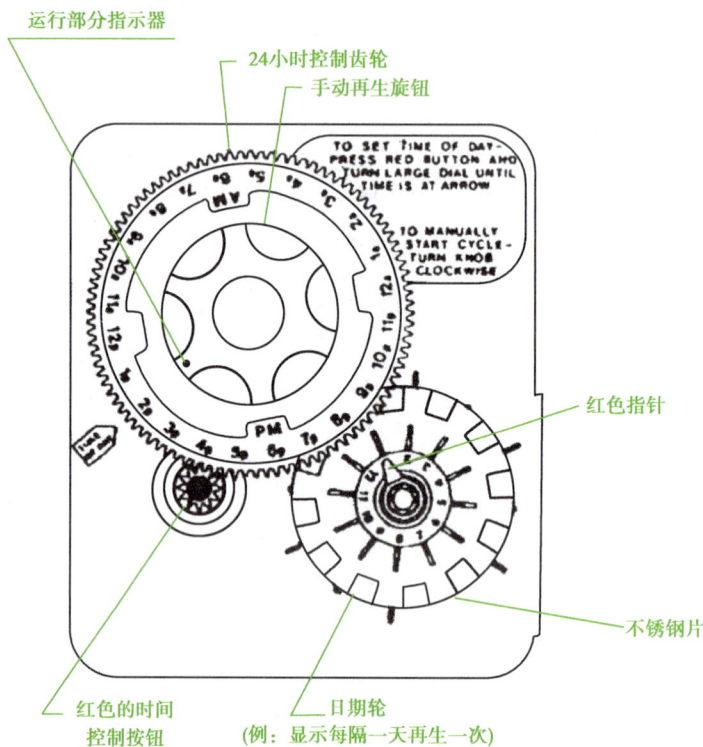

图 3-23　3150FT 机械式时间控制器

(1)设定清洗日期

转动日期轮,让数码"1"对准日期轮中心的红箭头,日期轮边缘每一个小突起代表一天。日期轮的转动靠 24 h 时间盘的带动,时间盘转一周,拨动一个突起,日期轮由数码"1"转到数码"2"。日期轮上可向外拨出不锈钢片决定再生日期,哪个数码对应的不锈钢片向外拨出,哪天为清洗日期。(原设定为清洗当天的次日凌晨 2 点开始清洗,可根据需要随意更改)

(2)设定时间

压下红色按钮,松开与 24 小时时间盘的啮合,转动时间盘直到"time of day"的箭头对准当天的当前时间,松开红色按钮,恢复与时间盘的啮合。

（3）设定手动清洗

顺时针转动手动再生旋转钮,听见"咔嗒"声,这种声音标志着再生程序开始。手动再生按钮旋转一周大约历时164 min,旋钮转一圈完成一个再生过程。

（4）定时器

拉开时间盘左上方,然后将时间器往右打开就能看见再生定时器。要改变再生程序,必须把定时器卸出来。其方法是用手挤压中间耳环,向内轻推定时器就从时间器后面卸出。

（5）改变反冲洗时间的长短

定时器边缘上标有一圈数字(0~160),从"0"开始的第一组销子是控制反冲洗时间的(一根销子是2 min),改变销子的数目就是相应地改变了反洗时间的长短。

（6）改变快洗时间的长短（图3-24）

定时器上第二组销子数目是控制快洗时间长短的,每增加或减少一根销子,则增加或减短快洗两分钟。

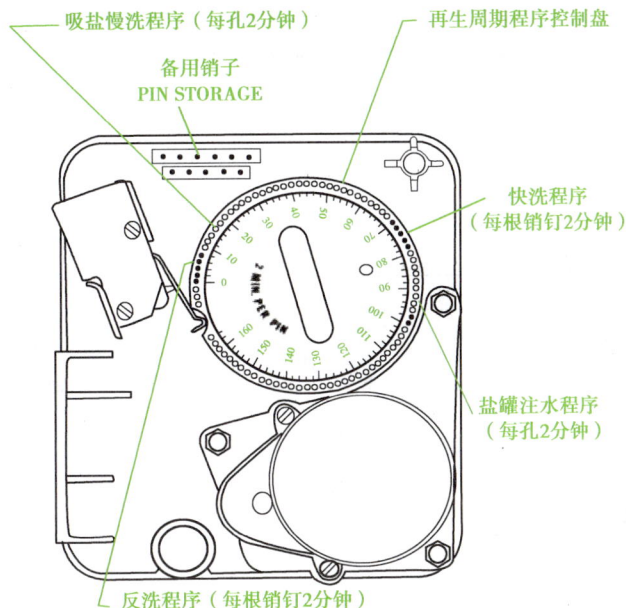

图3-24　3150FT 机械式时间控制器

3.3.4　固定式架车机举升螺母更换

固定式架车机举升螺母在架车机的工作过程中起着承载的作用,因此其重要性不言而喻。以下介绍下固定式架车机举升螺母的更换过程,分为车体举升单元螺母更换和转向架举升单元螺母更换两种。

(1)车体举升单元螺母更换

①单控将车体举升单元升高 300 mm。

②拆掉障碍物限位开关和螺母监控限位开关及润滑器。

③用千斤顶或其他物体顶住举升柱(图 3-25)。

拆掉障碍物限
位开关和螺母
监控限位开关
及润滑器

用千斤顶或其他
物体顶住举升柱

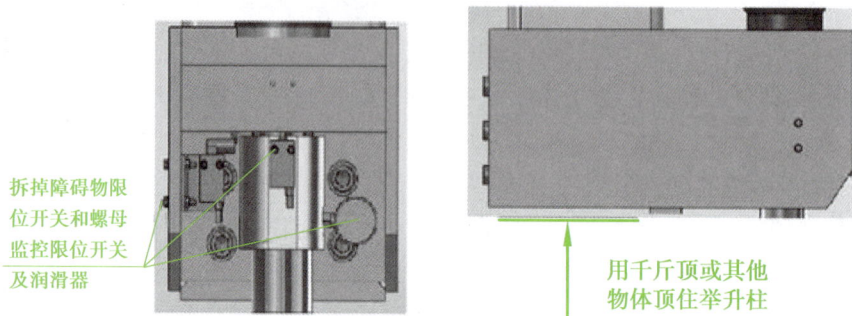

图 3-25　车体举升单元螺母更换

④单控下降,螺母脱出。

⑤安装新螺母。转动螺母直到螺母上的红线和举升柱上的红线基本对齐(图 3-26)。

⑥扶住螺母防止转动,然后点动上升,直到螺母和其安装面贴合。

⑦检查安装是否正确,拿走举升柱下面的支撑物体。

⑧安装障碍物限位开关和螺母监控限位开关及润滑器(图 3-27)。

单控下降,螺母脱出

安装新螺母
转动螺母直到螺母上的
红线和举升柱上的红线
基本对齐

安装障碍物限
位开关和螺母
监控限位开关

及润滑器

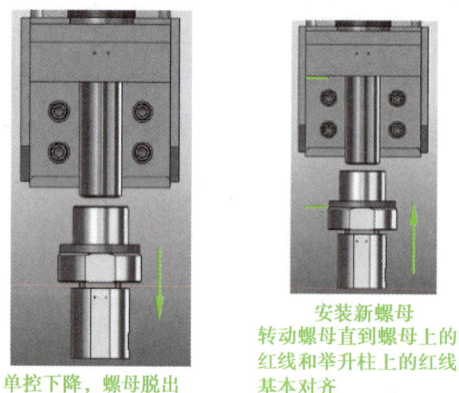

图 3-26　安装新螺母

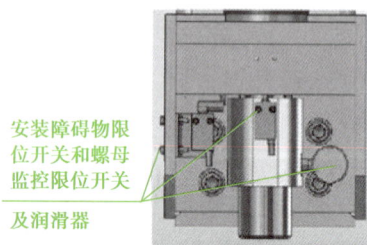

图 3-27　安装障碍物限位开关

(2)转向架举升单元螺母更换

①单控将转向架举升单元升高 400 mm。

②拆掉障碍物限位开关和螺母监控限位开关及润滑器(图 3-28)。

③稍微松开举升梁的连接螺钉,在举升梁的两端下部放置方管或圆管(图 3-29)。

④单控将转向架举升单元点动下降直到承载螺母底端和丝杠底端平齐,注意用手握紧螺母防止转动(图 3-30)。

⑤安装新承载螺母,转动螺母直到承载螺母底端和丝杠底端平齐,也就是说恢复到第四步状态(图 3-31)。

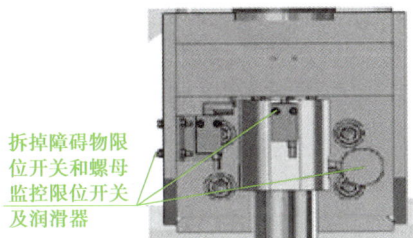

拆掉障碍物限位开关和螺母监控限位开关及润滑器

图 3-28　拆掉障碍物限位开关

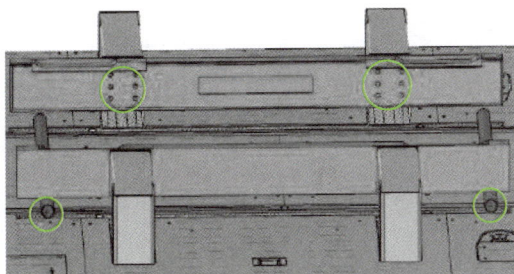

稍微松开举升梁的连接螺钉，在举升梁的两端下部放置方管或圆管

图 3-29　放置方管或圆管

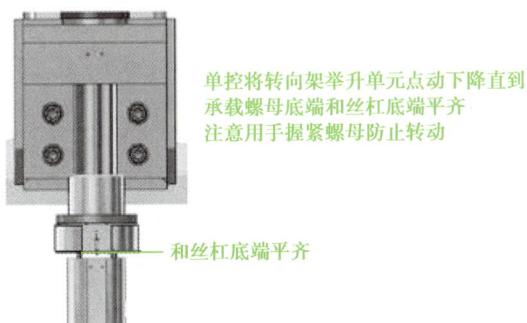

单控将转向架举升单元点动下降直到承载螺母底端和丝杠底端平齐注意用手握紧螺母防止转动

和丝杠底端平齐

图 3-30　点动下降架举升单元

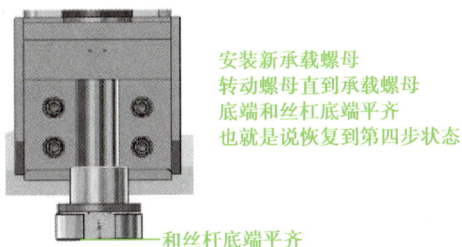

安装新承载螺母转动螺母直到承载螺母底端和丝杠底端平齐也就是说恢复到第四步状态

和丝杆底端平齐

图 3-31　安装新承载螺母

⑥安装安全螺母。然后扶住螺母防止转动然后点动上升，直到螺母和其安装面贴合（图 3-32）。

⑦检查安装是否正确，取出举升梁下面的支撑物体。

⑧调整举升梁、辅助轨高度差一致，调整点见图中红线（图 3-33）。

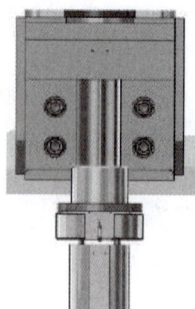

安装安全螺母,然后扶住螺母防止转动,然后点动上升,直到螺母和其安装面贴合

图 3-32 安装安全螺母

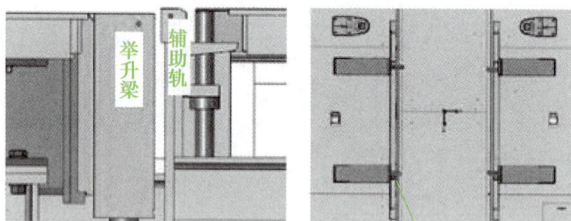

举升梁　辅助轨

调整举升梁、辅助轨高度差一致
调整点见右图红线(4处最大差值<2 mm)

高度差测量点

图 3-33 调整举升梁、辅助轨高度差

调整方法:松开弹性联轴器减速机端的两个螺钉[1],旋转减速机输入轴,调整好后紧固螺钉,紧固时涂乐泰螺纹胶(如图 3-34)。

调整方法

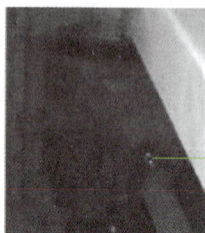

松开弹性联轴器减速机端的两个螺钉[1],旋转减速机输入轴

调整好后紧固螺钉[1]
紧因时涂乐泰螺纹胶

[1]

图 3-34 调整举升梁、辅助轨高度差

⑨单控升降,在 0 位时测量举升梁和辅助轨高度差,正常状态举升梁比辅助轨低2 mm左右,若不满足进行第十步。

⑩松开限位开关挡块的两个紧固螺栓[2],调节挡块[3]的上下位置。反复单控升降,在 0 时测量举升梁和辅助轨高度差,直到举升梁比辅助轨低 2 mm 左右。调节好后紧固第三步松开的螺钉,扭矩为 200 Nm(图 3-35)。

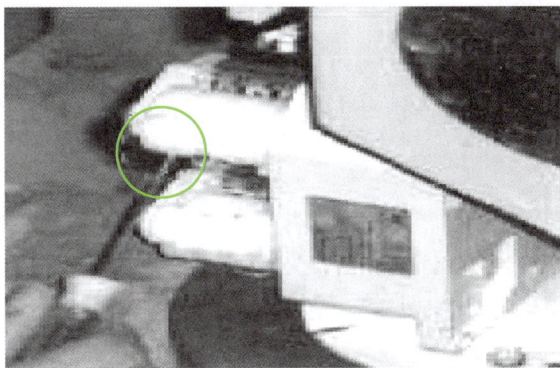

图 3-35　调节凸轮限位误差

3.3.5　数控车床对刀

（1）对刀的基本概念

对刀是数控加工中较为复杂的工艺准备工作之一，它将直接影响加工程序的编制及零件的尺寸精度。通过对刀或刀具预调，还可同时测定其各号刀的刀位偏差，有利于设定刀具补偿量。

1）刀位点

刀位点是指在加工程序编制中，用以表示刀具特征的点，也是对刀和加工的基准点。

2）对刀

对刀是数控加工中的主要操作。结合机床操作说明掌握有关对刀方法和技巧，具有十分重要的意义。在加工程序执行前，调整每把刀的刀位点，使其尽量重合于某一理想基准点，这一过程称为对刀。理想基准点可以设定在刀具上，如基准刀的刀尖上；也可以设定在刀具外，如光学对刀镜内的十字刻线交点上。

（2）对刀的基本方法

目前绝大多数的数控车床采用手动对刀，其基本方法有以下几种：

1）定位对刀法

定位对刀法的实质是按接触式设定基准重合原理而进行的一种粗定位对刀方法，其定位基准由预设的对刀基准点来体现。对刀时，只要将各号刀的刀位点调整至与对刀基准点重合即可。方法简便易行，因而得到较广泛的应用，但其对刀精度受到操作者技术熟练程度的影响，一般情况下其精度都不高，还须在加工或试切中修正。

2）光学对刀法

按非接触式设定基准重合原理而进行的对刀方法，其定位基准通常由光学显微镜或投影放大镜上的十字基准刻线交点来体现。对刀方法比定位对刀法的对刀精度高，并且不会损坏刀尖，是一种推广采用的方法。

3）试切对刀法

在以上各种手动对刀方法中，均因可能受到手动和目测等多种误差的影响以致其对刀精度十分有限，往往需要通过试切对刀，以得到更加准确和可靠的结果。

试切对刀的方法步骤：

①用外圆车刀先试切一外圆，测量外圆直径后，按"→→"输入"外圆直径值"，按输入键，刀具"X"补偿值即自动输入到几何形状里。

②用外圆车刀再试切外圆端面，按"→→"输入"Z0"，按输入键，刀具"Z"补偿值即自动输入到几何形状里。

③用 G92 设置工件零点：

A.用外圆车刀先试切一段外圆，选择按"→"，这时"U"坐标在闪烁。按键置"零"，测量工件外圆后，选择"MDI"模式，输入 G01U-××（××为测量直径）F0.3，切端面到中心。

B.选择 MDI 模式，输入 G92 X0 Z0，启动键，把当前点设为零点。

C.选择 MDI 模式，输入 G00 X150 Z150，使刀具离开工件。

D.这时程序开头：G92 X150 Z150。

注意：用 G92X150 Z150，程序起点和终点必须一致即 X150 Z150，这样才能保证重复加工不乱刀。

思考题

1.固定式架车机转向架限位触发故障如何处理？

2.不落轮镟床碎屑机卡滞故障如何处理？

3.不落轮镟床如何更换损坏的刀具？

4.列车清洗机空压机无法启动故障如何排除？

5.列车清洗机刷组无法摆出故障如何排除？

6.移动式架车机的超调故障如何排除？

7.轮对动态监测设备的车轮直径检测原理是什么？

8.不落轮镟床直径测量原理是什么？

9.简述列车清洗机端洗自动仿形清洗原理。

10.简述换向阀的常见故障及排除方法。

项目4 高级工理论知识及实操技能

任务 4.1 高级工理论知识

4.1.1 电工常用材料

(1)常用绝缘材料

绝缘材料又称电介质,其电阻率大于 107 Ω·m(某种材料制成的长度为 1 m、横截面积为 1 mm² 的导线的电阻,称为这种材料的电阻率)。它在外加电压的作用下,只有微小的电流通过,这就是通常所说的不导电物质。绝缘材料的主要功能是能将带电体与不带电体相隔离,将不同电位的导体相隔离,以确保电流的流向或人身的安全。如在电机中,导体周围的绝缘材料将匝间隔离并与接地的定子铁芯隔离开来,以保证电机的安全运行。在某些场合,还起到支撑、固定、灭弧、防晕、防潮等作用。

1)耐热性

耐热性是指绝缘材料承受高温而不改变介电、机械、理化等特性的能力。电气设备的绝缘材料长期在热态下工作,其耐热性是决定绝缘性能的主要因素。

2)绝缘强度

绝缘材料在高于某一极限数值的电压作用下,通过电介质的电流将会突然增加,这是绝缘材料被破坏而失去了绝缘性能,这种现象称为电介质的击穿。电介质发生击穿时的电压称为击穿电压。单位厚度的电介质被击穿时的电压称为绝缘强度,也称击穿强度,单位为 kV/mm。

3)机械性能

绝缘材料的机械性能也有多种指示,其中主要一项是抗张强度,它表示绝缘材料承受力的能力。

(2)常用导电材料

导电材料是相对绝缘材料而言的,能够通过电流的物体称为导电材料,其电阻率与绝缘材料相比大大降低,一般都在 0.1 Ω·m 以下。导电材料的主要用途是输送和传递电流。

导电材料分为一般导电材料和特殊导电材料。一般导电材料又称良导体材料,是专门传送电流的金属材料。要求电阻率小、导热性优、线胀系数小、抗拉强度适中、耐腐蚀、不易氧化。常用的良导体材料主要有铜、铝、铁、钨、锡、铅等,其中铜和铝是优良的导电材料,主要用于制造电线电缆。

电线电缆品种很多,按照性能、结构、制造工艺及使用特点分为四类:裸导线、电磁线、电气设备用电线电缆、通信电线电缆。在产品型号中,铜的标志是 T,铝的标志是 L,有时铜的标志 T 可以省略,在产品型号中没有标明 T 或 L 的就是表示铜。

(3)特殊导电材料

特殊导电材料是相对一般导电材料而言的,不是以输送电流为目的,而是为实现某种转换或控制而接入电路中。

1)常用电阻材料

电阻材料是用于制造各种电阻元件的合金材料,又称为电阻合金,其基本特性是具有高的电阻率和很低的电阻温度系数。

2)常用电热材料

电热材料主要用于制造电热器具及电阻加热设备中的发热元件,将电能转化为热能。对电热材料的要求是电阻率要高,电阻温度系数要小,耐高温,在高温下抗氧化性好,便于加工成形等。常用的电热材料主要有镍铬合金、铁铬合金及高熔点纯金属等。

3)常用熔体材料

熔体材料是一种保护性导电材料,作为熔断器的核心组成部分,具有过载保护和短路保护的功能。

熔体材料的选用要根据电气特点、负载电流大小、熔断器类型等多种因素确定。选用熔体的主要参数是熔体的额定电流,其原则是当电流超过电气设备正常值一定时间后,熔体熔断;在电气设备正常运行和正常短时间过电流时,熔体不熔断。通常按照下面三种情况分别确定熔体的额定电流:

①输配电线路,熔体的额定电流应略小于或等于线路的计算电流值;

②变压器、电炉、照明和其他电阻性负载,熔体的额定电流值应稍大于实际负载电流值;

③电动机,应考虑启动电流的因素,熔体的额定电流值为电动机额定电流的 1.5～2.5 倍。

(4)常用安装材料

电工常用安装材料有木制安装材料、塑料安装材料、金属安装材料和电瓷安装材料四类。

1)木制安装材料

木制安装材料主要有原木、方木、槽木等,用于安装拉线开关、插座、电表等电器元件及用于敷设绝缘电线等。为了便于安装,木制安装材料选用松软、坚韧、不易开裂的松木和杉木等制成。

2）塑料安装材料

塑料安装材料是近几年发展起来的新的电气安装材料，具有质量轻，强度高，阻燃性好，耐酸碱、抗腐蚀能力强的优点和优异的电气绝缘性能，这类材料造型美观，色彩调和，非常适合室内布线要求。

3）金属安装材料

金属安装材料是电工安装材料的重要组成部分，包括金属线卡、电线管、安装螺栓、金属型材和各种专用电力金具等。

4）电瓷安装材料

电瓷是用各种硅酸盐或氧化物的混合物制成的，具有绝缘性能好、机械强度高、耐热性能好以及抗酸碱腐蚀的优良性能，在高低压电气设备、电气线路中被广泛采用，分为低压绝缘子和高压绝缘子。低压绝缘子又称低压瓷瓶，用于绝缘和固定 1 kV 及以下的电气线路。高压绝缘子用于绝缘和支持高压架空电气线路。常用的有高压针式绝缘子、高压蝶式绝缘子和高压悬式绝缘子。

4.1.2 机械实用知识

机械传动是应用最早的一种方式。主要有带传动、链传动、齿轮传动、蜗杆和螺旋传动等。

（1）带传动

1）带传动的组成、类型、工作原理

①带传动的组成。

简单的带传动是由小带轮、大带轮及紧套在两带轮上的带组成。

②带的种类。

按截面形状分：平带、V 形带（三角带）、圆形带三种。

③带传动的工作原理。

带以一定的张紧力紧套在两个带轮上，使带与带轮相互压紧，主动轮回转时，靠摩擦力拖动带运动，带又拖动从动轮回转来实现带传动。

2）带传动的优点

①由于带是绕性体，所以在传动中能缓和冲击和振动，具有吸振能力。

②由于带传动依靠摩擦力传动，因此当传动的功率超过负荷时，就会使带在轮上打滑，具有过载保护作用，可以避免其他零件的损坏。

③由于带传动是绕性传动，所以工作平稳，没有噪声。

3）带传动的缺点

①由于带具有弹性，工作中存在弹性滑移，所以传动是不能保证准确的传动比。

②带传动的结构紧凑型较差，尤其当传递功率较大时，传动的空间往往较大。

③带的使用过程中寿命较短，一般只有 2 000~3 000 h。

④带传动的效率较低，因为带在传动过程中存在弹性滑移和打滑现象，消耗了部分

功率。

(2)链传动

1)链传动的组成、特点

简单的链传动是由两个装在平行轴上的链轮和连接他们的链条组成。自行车的运动就是依靠链传动实现的。链轮上有特殊的齿形,并与链条上的链节相啮合。链条相当于带传动中的绕性体,但它不是靠摩擦力,而是靠链条与链轮的啮合力来传动的。

2)链传动的优点

①链传动具有中间绕性件的啮合传动,不会打滑,所以平均传动比准确,传动是初拉力不需要很大,因此传动轴与轴承负担小。

②链传动两轴的中心距较大,最大可达 6 m。

③链条具有一定的弹性,在传动中可吸收一定的冲击振动。

④链传动能在高温的环境中工作,而且不怕油污。

3)链传动的缺点

①由于链轮的平面形状相当于多边形,与链条啮合时,链条的瞬时传动比不够稳定,所以在传动平稳性要求高的场合,链传动不能使用。如金属切削机床上主传动部分就不能采用链传动。

②链条与链轮工作时磨损较快,使用寿面较短,磨损后链条的节距增大,链轮齿形变瘦,其啮合时会发出"喀喀"的响声,甚至造成脱链现象。

③链条不适宜装在两个成水平位置的链轮上。这样容易发生脱链或顶齿。

(3)齿轮传动

齿轮传动是机械中应用最广泛的机械传动形式,在汽车、机床及钟表等机械中都有广泛的应用。

1)齿轮传动的特点

齿轮传动能得到广泛的应用,是因为它具有较多的优点:

①适用的圆周速度范围和功率范围广(速度可达 300 m/s,功率可达 10 万 kW)。

②传动效率较高(效率 $\eta = 0.92 \sim 0.99$)。

③传动平稳,常用的渐开线齿轮的瞬时传动比为常数。

④结构紧凑,寿命长,工作可靠。

⑤可实现任意两轴之间的传动。

齿轮传动的主要缺点是制造和安装精度要求较高,因此成本较高。

2)齿轮传动的分类

根据齿轮两轴的相对应位置和轮齿排列方向,齿轮传动分为:两轴平行齿轮传动,包括直齿圆柱齿轮传动、斜齿圆柱齿轮传动和人字齿圆柱齿轮传动;两轴相交的齿轮传动,包括直齿锥齿轮传动、弧齿锥齿轮传动;两轴相错的齿轮传动,螺旋齿轮传动。

(4)蜗杆传动

两根空间相交 90°的传动轴,传动比较大的一般可采用蜗轮蜗杆传动。

由外形跟横向丝杆的蜗杆及类似斜齿轮的涡轮组成。为使点接触变成线接触,将涡轮圆柱面做成凹弧形可以保住蜗杆,大大提高传动能力。

在圆柱蜗杆传动中,根据蜗杆横截面内的齿形不同,可分为阿基米德蜗杆和渐开线型蜗杆,以为阿基米德蜗杆轴向剖面齿形是直线,便于车削制造,应用最广泛。

蜗杆传动是,蜗杆一般是主动轮,涡轮是从动轮,可应用于防止倒转的传动装置上。

蜗杆传动是依靠蜗杆上螺旋齿的斜面摩擦来推动蜗杆来传递运动和动力的,所以发热量较大。

(5)螺旋传动

螺旋传动是通过螺旋结构使旋转运动变成直线移动的传动,车辆段检修工艺设备中的数控不落轮镟床、移动式架车机组、固定式架车机组均采用了螺旋传动。

1)螺旋传动的组成

螺旋传动由螺杆螺母两部分组成,螺杆圆柱表面上加工有螺旋状的齿形和内控加工有相应齿形的螺母相啮合来传递运动和动力。

2)螺旋传动的特点

①螺旋传动可把回转运动变为直线运动。不仅结构简单,而且传动平稳性比齿轮齿条传动好,造成也小。

②由于螺杆上的螺纹导程可以做的很小。当螺杆转动一周时,螺母也相应直线移动一个很小的距离,这样可获得很大的减速比,作为微调机构。

③由于螺旋传动机构可获得很大的减速比,使螺旋传动机构具有力的放大作用。其省力的原理类似重物在斜面上滑动提升时省力的原理。

④当选择螺旋导程角 $\gamma \leqslant 600$ 时可使螺旋机构具有自锁性。

⑤普通螺旋机构的效率一般都低于50%,所以一般螺旋机构只适用于功率不大的进给机构上。

4.1.3 电力电子技术

(1)实用电子技术

1)晶闸管斩波器原理

晶闸管斩波器的原理如图 4-1 所示。晶闸管 V_T 串联在直流电源与负载电路中,当 V_T 触发导通时,负载电压 $U_d = U_i$;当通过关断电路使 V_T 关断时,$U_d = 0$。斩波器就是利用晶闸管作为直流开关,有两种工作方式。在某一开关频率下,调节管子导通与关断的时间比例,称为定频调宽式;另一种是在一定导通宽度下,调节开关频率,称为定宽调频式。使输出端得到不同脉宽和不同频率的脉冲直流电压。在开关频率即周期 T 一定时,管子导通时间减小,即负载端的直流平均电压 U_d 减小;脉宽增大,则 U_d 亦增大。如负载为直流电动机,当晶闸管开关周期 T 选择比电机的时间常数小得多时,电机的转速实际上是相当稳定的。这种开关快速地接通断开来对直流负载进行电压平均值控制的方式称为斩波控制或脉冲控制。

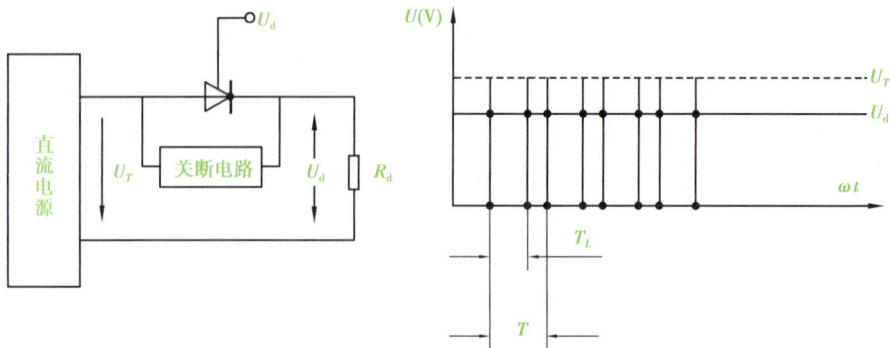

图 4-1 晶闸管斩波器原理及波形

由于直流斩波器可以把固定电压的直流电源,变成大小可调的直流电源,因此广泛应用在地下铁道、电力机车、蓄电池搬运车等直流电动机驱动的无级调速上,省去频繁操作。

由晶闸管特性可知,在直流电压作用下,一旦晶闸管触发导通,不能自动关断,必须利用附加换流电路,使流过晶闸管的电流降到零,才能关断,并且要再施加一个反压,反压作用时间要大于晶闸管的关断时间(一般为几十 μs),才能使晶闸管恢复正向阻断特性。由此可见,不同斩波器工作中的区别不在于晶闸管的导通电路,而在于它的关断电路。由于选用的晶闸管不同,调制方法不同,关断晶闸管的换流电路也就不同,从而构成了斩波器的不同电路。

2)晶闸管逆变器原理

工业生产中,常常要求把直流或者某一固定频率的电能变换成另一频率的电能,有时要求获得可变频率的电能,以达到感应加热、变速调速等各类应用的目的。

变频装置按电源种类可以分为交流—直流变频器,直流—交流变频器。前者直接将工频电能变成所需频率的电能,所以也称为直接变频器,后者是把直流电能(一般可采用整流电源)转变为所需频率的交流电能,所以也称为逆变器。这种逆变器的工作过程与晶闸管整流器的有源逆变相比,它不是把变换过来的交流电反馈回电网去,而是作为电源供给负载使用,因此又称为无源逆变。

晶闸管工作时,一旦在正向电压作用下触发导通,就不能自行关断,因而必须考虑晶闸管换流问题。逆变器中通常采用的换流方法有以下几种:

①负载谐振式换流。

这种换流的方法多用于直流电源供电的负载中,它是利用负载回路中的电容与电感所形成的震荡特性来换流的。在这类负载里,电流具有自动过零的特点,只要负载电流超前于电压的时间大于晶闸管的关断时间,就可以使逆变器中的晶闸管在这段时间里断流而关断,并恢复正向阻断特性。

②强迫换流。

这种换流方式不是在负载电路中引入大体积的电感、电容等元件,而是将换流回路与负载分开,在换流时,由于辅助晶闸管导通,使换流回路产生一个脉冲,迫使原来导通的晶闸管因断流而关断,并承受一段时间的反压而恢复其正向阻断特性。这种换流方式又称为脉冲换流。

③采用可关断晶闸管或大功率晶体管。

不论负载换流还是强迫换流,都须附加庞大的电容、电感等原件构成的换流环节。采用可关断晶闸管或大功率晶体管组成的逆变器,则可省去换流环节,提高设备的经济指标,提高工作频率,减少设备提级,但由于目前器件制造水平的限制,其电流容量、工作电压均比普通晶闸管低得多。

3)电子线路抗干扰

在电子线路调试中,有时候示波器显示的有用信号波形上会附加一些多余的杂波,这些多余的杂波是由某种干扰信号引起的,干扰信号的存在使电子线路正常工作受到影响,严重时会淹没有用信号,使电路不能正常工作。因此,了解干扰的来源并设法将干扰信号抑制到最低限度,是电子线路调试中十分重要的一项工作。

①干扰的来源。

干扰的来源是错综复杂的,可能来源于电路外部,也可能来源于电路本身,与电子线路的使用环境密切相关。干扰信号入侵电子线路的途径可以是天线、电源线、地线、输入线、输出线等。常见的外部干扰主要有以下两类:

a.自然干扰:自然界的宇宙射线、太阳黑子、雷电等现象引起的干扰。

b.工业干扰:电气设备所引起的干扰。

②干扰的抑制。

抑制干扰的一般原则是抑制或消除干扰源,破坏干扰耦合通道,提高电路抗干扰能力。常用的抑制干扰的方法有:

a.合理选择接地方式:电子线路中,正确接地是抑制干扰的重要措施之一。表面看来,接地很简单,然而实际上并非如此。若接地不恰当,则不但不能抑制干扰,相反还会引入干扰,甚至使电路工作不正常。

b.屏蔽:减少外接电场、磁场或电磁场干扰的主要方法是采用屏蔽。屏蔽是采用屏蔽体将干扰源或受干扰电路(元件)罩起来,以隔断或削弱干扰的耦合通道。

c.隔离:隔离法使两个电子电路系统或同一系统的两部分电路相互独立而不构成回路,从而切断干扰从一个电路进入另一个电路的通道。

③电源干扰的抑制。

在电子设备中,有相当一部分干扰来自直流电源,如供电电网某一处跳闸、某一处接通或断开大功率负荷等,都会造成电网电压的波动。这时会在电源线上形成较大的干扰电压,它通过电子电路的电源和地线而影响电路的正常工作,来自电源的干扰常采用以下方法来加以抑制。

a.采用线路滤波器:为了抑制来自电网的高频干扰,常在电源变压器之前接入线路滤波器抑制干扰。

b.电源变压器加屏蔽:电网中的干扰一般会通过电源变压器一、二次绕组之间的分布电容耦合到二次整流后的直流电源中,这种干扰可采用电源变压器一、二次绕组之间加屏蔽层来抑制。屏蔽层可采用铜箔或锡箔、铝箔,屏蔽层应接地,但屏蔽层不能成为短路环。

c.电源电路加接去耦合电路:在电路中接入 RC 低通去耦合滤波电路,可对电源电路中形成的干扰信号起到阻塞和旁路作用,消除或削弱干扰信号对各级电路的影响。对高频电路也可以采用 LC 低通滤波器除去耦合电路。

(2)电力电子技术

电力电子技术是在能量的产生和使用之间建立了一个联系,它可以使不同的负载得到所期望的最佳能量供给形式和最佳控制,同时保证了能量传递的高效率。电力电子变换的功率可以大到几百兆瓦,也可以小到几瓦甚至瓦级以下。以西安市轨道交通车辆牵引为例,电压 DC1 500 V,供给城轨车辆时,要经过变换,变换的途径就是通过电力电子器件和电力电子电路。

电源的电能通过电力电子器件经过变换之后传输给负载,控制器把反馈信号与最初设定参考值相比较,通过改变驱动信号,满足不同负载对于电能的需求,如图 4-2 所示为典型的电力电子框图。

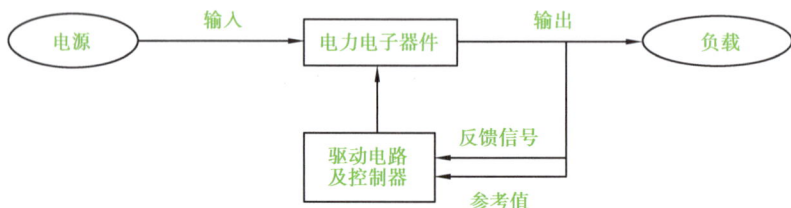

图 4-2　电力电子电路框图

电力电子技术在轨道交通领域有着十分重要的应用,电力电子技术的发展水平很大程度上决定了轨道交通电力牵引发展的技术水平和发展的规模。

1)变频器

变频器按工作电源分为高压和低压两大类别,高压变频器的电压等级有 3 kV、6 kV 和 10 kV 等几种,低压变频器的电压等级有 220 V、380 V、660 V 和 1 140 V 等几种,例如:洗车机、起重机等设备使用的 380 V 变频器;按电源性质可分为电压型变频器和电流型变频器;按电压的调制方式可分为 SPWM(脉宽调制)变频器、PAM(脉幅调制)变频器;按照电能变换的方式可分为交-直-交型变频器、交-交型变频器。

①内部主电路结构。

采用"交-直-交"结构的低压变频器,其主电路由整流和逆变两大部分组成,如图 4-4 所示。从 S、R、T 端输入的三相交流电,经三相整流桥(由二极管 $VD_1 \sim VD_6$ 构成)整流成直流电,电压为 U_D。电容器 C_1 和 C_2 时滤波电容。6 个 IGBT(绝缘栅双极性晶体管) $V_1 \sim V_6$ 构成三相逆变器,把直流电逆变成频率和电压任意可调的三相交流电。

如图 4-3 所示,滤波电容器 C_1 和 C_2 两端各并联了一个电阻,是为了均衡两只电容器上的电压基本相等,防止电容器在工作中损坏。电阻 RL 的作用是将滤波电容器的充电电流限制在一个允许的范围内,当滤波电容器充电完毕后,由接触器 KM 将限流电阻 RL 短接,使之退出运行。

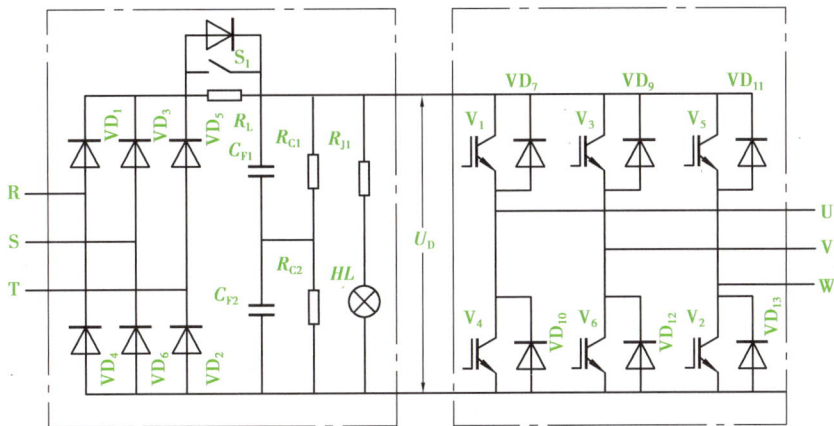

图 4-3　变频器内部主电路

②变频器的外接主电路。

三相交流电源经过断路器 QF、交流接触器 KM 与变频器的电源输入端 R、S、T 连接，变频器的输出端 U、V、W 则与电动机直接相连,这时电动机的保护由变频器完成。断路器 QF 的作用为:一是变频器停用或维修时,可通过断路器切断与电源之间的连接,二是断路器具有过电流和欠电压等保护功能,可对变频器起一定的保护作用。接触器可通过钥匙、按钮开关方便地控制变频器的通电与断电,同时当变频器或相关控制电路发生故障时可自动切断变频器电源。

2)三相异步电动机的起动

电动机的起动是指电动机接通电源后,转子转速从零升至稳定转速的过程。当电动机的定子绕组通入三相电源后,转子便开始转动,在刚起动的瞬间,旋转磁场对静止的转子以最大速度切割转子绕组,便在转子绕组中产生较大的感应电动势,由于转子绕组的阻抗较小,所以转子绕组感应电流很大。

①笼型异步电动机的起动。

三相笼型异步电动机起动有两种方法,即在额定电压下的全压起动(直接起动)和经过起动设备减压后的减压起动(降压起动)。

a.全压起动。

三相笼型异步电动机能否采用全压起动,主要由供电的电源容量和电动机的容量及起动情况来决定。通常规定:用电单位如有专用变压器供电,在电动机起动时,应保证电网母线上的电压降不超过额定电压的 10%~15% ,并使变压器的短时过载不超过最大允许值,即单台电动机全压起动的额定功率如满足以下经验公式,就可进行全压起动。

b.减压起动。

不能采用全压起动的电动机可采用减压起动方式,减压起动是利用起动设备将电压适当减小后加到电动机的定子绕组上进行起动,等电动机转速升高到接近稳定转速时,再使电动机定子绕组上的电压恢复到额定值进行正常运行。由于电动机电磁转矩与电源电压的平方成正比,所以减压起动时起动转矩将大为降低。因此,减压起动仅适用于电动机空载或轻载起动。

定子绕组串联电阻器(或电抗器)减压起动,起动时额定电压经过电阻器分压作用后,再加到电动机的定子绕组上,当电动机转速升至稳定值后,短接电阻器,电动机定子绕组加上额定电压后正常运转。

星形-三角形(＊-△)减压起动,正常运行时定子绕组做三角形联接的电动机可采用＊-△减压起动。

自耦变压器(补偿器)减压起动,起动时将自耦变压器串联到电动机的定子绕组上,以减小加到定子绕组上的电源电压,达到限制起动电流的目的。

延边三角形减压起动,采用延边三角形减压起动的电动机,其定子绕组有九个接线头,起动时将定子绕组的一部分接成△联接,另一部分接成＊联接,整个绕组接成延边三角形,并将三相电源分别接入三个绕组的首端,此时,每相绕组的相电压比三角形联接时有所下降,可减小起动电流,待电动机转速升高后,再接成△联接,使电动机正常运行。

②绕线转子异步电动机的起动。

绕线转子异步电动机的转子绕组可通过电刷和集电环与起动变阻器或频敏变阻器串联,以改善起动性能。

a.转子电路串入变阻器起动,起动前将变阻器电阻调到最大位置,使电阻全部接入转子电路,然后闭合主电源开关,随着电动机转速逐渐升高,将变阻器电阻逐级切除,并最后将变阻器电阻全部短接。

b.转子电路串入频敏变阻器起动,频敏变阻器起动的特点是起动时的电阻值能随着转速的上升而自动平滑地减小,使电动机能平稳地起动。

4.1.4 液压与气动

液压与气压传动统称为流体传动,都是利用有压流体(液体或气体)作为工作介质来传递动力或控制信号的一种传动方式。流体力学是液压传动的理论基础,流体的物理性质具有流动性、黏性、可压缩性、扩散性和热传导性等。压力和流量是流体传动及其控制技术中最基本、最重要的两个参数。

(1)流体的流动性

静止流体在任意小的剪切力的作用下,在足够大的时间内它将产生连续不断的变形,剪切力小时,变形停止,流体的这一性质成为流动性,如容器中的水倾斜后将发生变形,直到水面呈水平状态,这是切向力消失,流动性是流体的固有属性,是流体与固体的根本区别。

(2)流体的黏性

当两层流体之间有相对运动(即变形)时,其间也会产生阻碍相对运动的力,运动快的流体层对运动慢的流层施加拉力,运动慢的流层对运动快的流层施加阻力,这一对内力成为流体的黏性内摩擦力,流体的这种抵抗相对运动的属性成为流体的黏性。黏性内摩擦力的产生有两个原因:一是两层流体间分子的吸引力,;二是两层流体间分子的动量交换。

对于液体,因分子间距较小,内摩擦力主要取决于分子的吸引力。对于气体,因分子间距离较大,内摩擦力主要取决于分子间的动量交换。

(3)流体的压缩性

流体的密度或容积随压力或温度变化而变化的性质成为流体的压缩性。真实流体都是可压缩的。流体在通常压力或温度下的可压缩性很小。通常情况下,气体作为可压缩流体处理,但是如果气体的速度远小于声速时,气体密度相对变化很小,可以把这种低速流动气体(如 $v<70$ m/s)作为不可压缩流体处理。

(4)液压传动系统组成

一个完整的、能够正常工作的液压系统,应该由以下五个主要部分来组成:

1)能源装置:是供给液压系统压力油,把机械能转换成液压能的装置,最常见的能源装置为液压泵。

2)执行元件:是把液压能转换为机械能的装置,其形式有做直线运动的液压缸和做回转运动液压马达。

3)控制元件:是对系统中的压力、流量或流动方向进行控制或调节的装置,如溢流阀、节流阀、换向阀、开停阀等。

4)辅助元件:除上述三部分之外的其他装置,如油箱、过滤器、油管等,它们对保证系统工作是必不可少的。

5)工作介质:主要用来传递能量和信号的流体,如液压油。

任务 4.2 高级工常用量仪原理及使用方法

高级设备操作维修工在设备安装调试、日常维保及故障处理中使用的常用仪器仪表主要有:光学类、电工类及机械类仪表。

4.2.1 光学类仪表

(1)水准仪

水准仪的主要类型有光学精密水准仪、自动安平水准仪和电子水准仪。水准仪主要用于扫描出一个与重力线方向垂直的水准面,并通过光学测微器读出装配部件中某一个零件或组件对于水准面的偏差。通常数控不落轮镗床、固定式架车机组的安装及高度调整等需要使用水准仪。

光学精密水准仪的测量精度可达 1 mm/1 000 m,瞄准机构带有光学测微器,其测量范围为 5 mm,格值为 0.05 mm。一级、二级精密水准仪在大型精密部件装配的测量和校正中都有应用。

1）自动安平水准仪用途

自动安平水准仪是指在一定的竖轴倾斜范围内，利用补偿器自动获取视线水平时水准标尺读数的水准仪。是用自动安平补偿器代替管状水准器，在仪器微倾时补偿器受重力作用而相对于望远镜筒移动，使视线水平时标尺上的正确读数通过补偿器后仍旧落在水平十字丝上。自动安平的补偿可通过悬吊十字丝，在焦镜筒至十字丝之间的光路中安置一个补偿器，以及在常规水准仪的物镜前安装单独的补偿附件等3个途径实现。用此类水准仪观测时，当圆水准器气泡居中仪器放平之后，不需再经手工调整即可读得视线水平时的读数。它可简化操作手续，提高作业速度，以减少外界条件变化所引起的观测误差。

2）电子水准仪用途

电子水准仪又称数字水准仪，是以自动安平水准仪为基础，在望远镜光路中增加了分光镜和读数器（CCD Line），并采用条码标尺和图像处理电子系统构成的光机电测一体化的高科技产品，具有读数客观、精度高、速度快、效率高等优点。

电子水准仪采用条码标尺，其读数采用自动电子读数：即利用仪器里的十字丝瞄准的电子照相机，当按下 measure 测量键时，仪器就会把瞄准并调焦好的尺子上的条码图片来一个快照并将其与仪器内存中的同样尺子的条码图片进行比较和计算，从而尺子的读数就可以被计算出来并且保存在内存中了。

（2）全站仪

全站仪，即全站型电子测距仪（Electronic Total Station），是一种集光、机、电为一体的高技术测量仪器，是集水平角、垂直角、距离（斜距、平距）、高差测量功能于一体的测绘仪器系统。与光学经纬仪比较，电子经纬仪将光学度盘换为光电扫描度盘，将人工光学测微读数代之以自动记录和显示读数，使测角操作简单化，且可避免读数误差的产生。因其一次安置仪器就可完成该测站上全部测量工作，所以称之为全站仪。广泛用于地上大型建筑和地下隧道施工等精密工程测量或变形监测领域。

全站仪与光学经纬仪区别在于度盘读数及显示系统，电子经纬仪的水平度盘和竖直度盘及其读数装置是分别采用编码盘或两个相同的光栅度盘和读数传感器进行角度测量的。根据测角精度可分为 0.1″、0.2″、0.5″、1″、2″、5″等几个等级。

全站仪具有角度测量、距离（斜距、平距、高差）测量、三维坐标测量、导线测量、交会定点测量和放样测量等多种用途。内置专用软件后，功能还可进一步拓展。

1）折叠水平角测量

①按角度测量键，使全站仪处于角度测量模式，照准第一个目标 A。

②设置 A 方向的水平度盘读数为 0°00′00″。

③照准第二个目标 B，此时显示的水平度盘读数即为两方向间的水平夹角。

2）折叠距离测量

①设置棱镜常数。测距前须将棱镜常数输入仪器中，仪器会自动对所测距离进行改正。

②设置大气改正值或气温、气压值，光在大气中的传播速度会随大气的温度和气压而

变化,15 ℃和 760 mmHg 是仪器设置的一个标准值,此时的大气改正为 0 ppm。实测时,可输入温度和气压值,全站仪会自动计算大气改正值(也可直接输入大气改正值),并对测距结果进行改正。

③量仪器高、棱镜高并输入全站仪。

④距离测量,照准目标棱镜中心,按测距键,距离测量开始,测距完成时显示斜距、平距、高差。

4.2.2　电工类仪表

(1)示波器

示波器是一种用途十分广泛的电子测量仪器。它能把肉眼看不见的电信号变换成看得见的图像,便于人们研究各种电现象的变化过程。示波器利用狭窄的、由高速电子组成的电子束,打在涂有荧光物质的屏面上,就可产生细小的光点。在被测信号的作用下,电子束就好像一支笔的笔尖,可以在屏面上描绘出被测信号的瞬时值的变化曲线。利用示波器能观察各种不同信号幅度随时间变化的波形曲线,还可以用它测试各种不同的电量,如电压、电流、频率、相位差、调幅度等。

1)示波器的分类

①按照信号的不同分类。

模拟示波器采用的是模拟电路(示波管,其基础是电子枪)电子枪向屏幕发射电子,发射的电子经聚焦形成电子束,并打到屏幕上。屏幕的内表面涂有荧光物质,这样电子束打中的点就会发出光来。

数字示波器则是数据采集,A/D 转换,软件编程等一系列的技术制造出来的高性能示波器。数字示波器的工作方式是通过模拟转换器(ADC)把被测电压转换为数字信息。数字示波器捕获的是波形的一系列样值,并对样值进行存储,存储限度是判断累计的样值是否能描绘出波形为止,随后,数字示波器重构波形。数字示波器可以分为数字存储示波器(DSO),数字荧光示波器(DPO)和采样示波器。

②按照结构和性能不同分类。

a.普通示波器:电路结构简单,频带较窄,扫描线性差,仅用于观察波形。

b.多用示波器:频带较宽,扫描线性好,能对直流、低频、高频、超高频信号和脉冲信号进行定量测试。借助幅度校准器和时间校准器,测量的准确度可达±5%。

c.多线示波器:采用多束示波管,能在荧光屏上同时显示两个以上同频信号的波形,没有时差,时序关系准确。

d.多踪示波器:具有电子开关和门控电路的结构,可在单束示波管的荧光屏上同时显示两个以上同频信号的波形。但存在时差,时序关系不准确。

e.取样示波器:采用取样技术将高频信号转换成模拟低频信号进行显示,有效频带可达 GHz 级。

f.记忆示波器:采用存储示波管或数字存储技术,将单次电信号瞬变过程、非周期现象和超低频信号长时间保留在示波管的荧光屏上或存储在电路中,以供重复测试。

g.数字示波器:内部带有微处理器,外部装有数字显示器,有的产品在示波管荧光屏上既可显示波形,又可显示字符。被测信号经模一数转换器(A/D 转换器)送入数据存储器,通过键盘操作,可对捕获的波形参数的数据,进行加、减、乘、除、求平均值、求平方根值、求均方根值等的运算,并显示出答案数字。

2)示波器的基本结构

①显示电路包括示波管及其控制电路两个部分。示波管是一种特殊的电子管,是示波器一个重要组成部分。示波管由电子枪、偏转系统和荧光屏 3 个部分组成。电子枪用于产生并形成高速、聚束的电子流,去轰击荧光屏使之发光。示波管的偏转系统大都是静电偏转式,它由两对相互垂直的平行金属板组成,分别称为水平偏转板和垂直偏转板。分别控制电子束在水平方向和垂直方向的运动。荧光屏位于示波管的终端,它的作用是将偏转后的电子束显示出来,以便观察。

②Y 轴放大电路,由于示波管的偏转灵敏度甚低,例如常用的示波管 13SJ38J 型,其垂直偏转灵敏度为 0.86 mm/V(约 12 V 电压产生 1 cm 的偏转量),所以一般的被测信号电压都要先经过垂直放大电路的放大,再加到示波管的垂直偏转板上,以得到垂直方向的适当大小的图形。

③X 轴放大电路,由于示波管水平方向的偏转灵敏度也很低,所以接入示波管水平偏转板的电压(锯齿波电压或其他电压)也要先经过水平放大电路的放大以后,再加到示波管的水平偏转板上,以得到水平方向适当大小的图形。

④扫描同步电路,扫描电路产生一个锯齿波电压。该锯齿波电压的频率能在一定的范围内连续可调。锯齿波电压的作用是使示波管阴极发出的电子束在荧光屏上形成周期性的、与时间成正比的水平位移,即形成时间基线。这样,才能把加在垂直方向的被测信号按时间的变化波形展现在荧光屏上。

⑤电源供给电路,电源供给电路,供给垂直与水平放大电路、扫描与同步电路以及示波管与控制电路所需的负高压、灯丝电压等。

(2)粗糙度仪

数控不落轮镟床对电客车轮对进行镟修后的一项重要指标就是表面粗糙度,对镟修后的表面粗糙度测量需要使用粗糙度仪。

粗糙度仪又叫表面粗糙度仪、表面光洁度仪、表面粗糙度检测仪、粗糙度测量仪、粗糙度计、粗糙度测试仪等。粗糙度仪测量工件表面粗糙度时,将传感器放在工件被测表面上,由仪器内部的驱动机构带动传感器沿被测表面做等速滑行,传感器通过内置的锐利触针感受被测表面的粗糙度,此时工件被测表面的粗糙度引起触针产生位移,该位移使传感器电感线圈的电感量发生变化,从而在相敏整流器的输出端产生与被测表面粗糙度成比例的模拟信号,该信号经过放大及电平转换之后进入数据采集系统。

针描法

针描法又称触针法。当触针直接在工件被测表面上轻轻划过时,由于被测表面轮廓峰谷起伏,触针将在垂直于被测轮廓表面方向上产生上下移动,把这种移动通过电子装置把信号加以放大,然后通过指零表或其他输出装置将有关粗糙度的数据或图形输出来。

采用针描法原理的表面粗糙度测量仪由传感器、驱动器、指零表、记录器和电感传感器组成。在传感器测杆的一端装有金刚石触针,触针尖端曲率粗糙度仪半径 r 很小,测量时将触针搭在工件上,与被测表面垂直接触,利用驱动器以一定的速度拖动传感器。由于被测表面轮廓峰谷起伏,触状在被测表面滑行时,将产生上下移动。此运动经支点使磁芯同步地上下运动,从而使包围在磁芯外面的两个差动电感线圈的电感量发生变化。传感器的线圈与测量线路是直接接入平衡电桥的,线圈电感量的变化使电桥失去平衡,于是就输出一个和触针上下的位移量成正比的信号,经电子装置将这一微弱电量的变化放大、相敏检波后,获得能表示触针位移量大小和方向的信号。此后,将信号分成三路:一路加到指零表上,以表示触针的位置;一路输至直流功率放大器,放大后推动记录器进行记录;另一路经滤波和平均表放大器放大之后,进入积分计算器,进行积分计算,即可由指示表直接读出表面粗糙度 Ra 值。

传统表面粗糙度测量仪工作原理框图指零表的作用反映铁芯在差动电感线圈中所处的位置。当铁芯处于差动电感线圈的中间位置时,指零表指针指示出零位,即保证处于电感变化的线性范围之内。所以,在测量之前,必须调整指零表,使其处于零位。经过噪声滤波和波度滤波以后,剩下来的就是与被测表面粗糙度成比例的信号,再经平均表放大器后,所输出的电流 I 与被测表面轮廓各点偏离中线的高度 y 的绝对值成正比,然后经积分器完成的积计算,得出 Ra 值,由指零表显示出来。这种仪器适用于测定 $0.02\sim10~\mu m$ 的 Ra 值,其中有少数型号的仪器还可测定更小的参数值,仪器配有各种附件,以适应平面、内外圆柱面、圆锥面、球面、曲面,以及小孔、沟槽等形状的工件表面测量。测量迅速方便,测值精度高。

传统表面粗糙度测量仪存在以下几个方面的不足:
①测量参数较少,一般仅能测出 Ra、R_z、R_y 等少量参数;
②测量精度较低,测量范围较小,Ra 值的范围一般为 $0.02\sim10~\mu m$;
③测量方式不灵活,例如:评定长度的选取,滤波器的选择等;
④测量结果的输出不直观。

4.2.3　机械类仪表

(1)转速表

转速表是机械行业必备的仪器之一,常用来测量机械设备中回转零部件(电机)的转速、线速度或频率,在机床修理工作中常常用到。

1)使用方法(以 SZG-20 数字式转速表为例)

①用转速表进行测量时,应选用合适的测量附件(测量线速度时用线速度盘),安装在标的转轴端部。

②将"工作选择"开关 K_2 置于"自校"处,"寄存、停数"开关 K_3 置于"寄存"处,按下电源开关 K_1,接通电源,显示屏上的数值应为"32768",说明转速表电路正常。

③然后将 K_2 置于"测量"位置(电源开关不要切断),使表测轴与被测轴接触(应轻轻接触,且使之同轴)。当测量的是转速时,显示屏上的读数为被测轴的转速值;若测量线速度时,则显示屏上的读数为实际线速度值的 10 倍。

2)使用注意事项

①如果因手测量位置的限制,或者光线昏暗,不便于观察读数值时,为保证测量结果准确,应在结束测量之前将 K_3 拨到"停数"位置,此时即使松开电源开关,显示屏上仍能保持 1 min 左右的测量结果。

②测量中,测轴与被测轴不应顶得过紧,以两轴接触但不产生滑动为宜。

(2)三坐标测量仪

三坐标测量仪三轴均有气源制动开关及微动装置,可实现单轴的精密传动,采用高性能数据采集系统。应用于产品设计、模具装备、齿轮测量、叶片测量机械制造、工装夹具、汽模配件、电子电器等精密测量。

三坐标测量仪是指在一个六面体的空间范围内,能够表现几何形状、长度及圆周分度等测量能力的仪器,又称为三坐标测量机或三坐标量床。三坐标测量仪又可定义"一种具有可作三个方向移动的探测器,可在三个相互垂直的导轨上移动,此探测器以接触或非接触等方式传递信号,三个轴的位移测量系统(如光栅尺)经数据处理器或计算机等计算出工件的各点 (x,y,z) 及各项功能测量的仪器"。三坐标测量仪的测量功能应包括尺寸精度、定位精度、几何精度及轮廓精度等。

三坐标测量机就是在三个相互垂直的方向上有导向机构、测长元件、数显装置,有一个能够放置工件的工作台(大型和巨型不一定有),测头可以以手动或机动方式轻快地移动到被测点上,由读数设备和数显装置把被测点的坐标值显示出来的一种测量设备。显然这是最简单、最原始的测量机。有了这种测量机后,在测量容积里任意一点的坐标值都可通过读数装置和数显装置显示出来。测量机的采点发讯装置是测头,在沿 X,Y,Z 三个轴的方向装有光栅尺和读数头。其测量过程就是当测头接触工件并发出采点信号时,由控制系统去采集当前机床三轴坐标相对于机床原点的坐标值,再由计算机系统对数据进行处理。

任务 4.3　高级工实操技能

4.3.1　机械零件修复

合理地选择和运用修复技术,是提高维修质量、节约资源、缩短维修时间和降低维修费用的有效措施。

常用的修复技术有:机械加工、钳工、压力加工、焊修、粘接等。

钳工和机械加工是零件修复技术中应用最主要、最基本、最广泛的方法。它既可以作为一种独立的手段直接修复零件,也可以是焊修、粘接等修复的准备或最后加工必不可少的工序。

铰孔是利用铰刀进行精密孔加工和修整性加工的工序,它能得到很高的尺寸精度和较小的表面粗糙度值,主要用来修复各种配合的孔。

珩磨是采用珩磨头对被加工的孔做旋转和上下沿轴向往复的综合运动,从而磨去一薄层金属。使孔的表面粗糙度值变小,精度得到很大提高,是修复圆柱内表面的一种好方法。

研磨是采用研具,在工件表面上进行研磨,磨去一层极薄的金属,以获得一定的加工精度和表面粗糙度。研磨常用于修复高精度的配合表面。

刮削是采用刮刀从工件表面上刮去很薄一层金属的手工操作。刮削一般是在机械加工之后进行,刮后表面的精度很高,表面粗糙度值很小,常用于零件上互相配合的重要滑动表面,如机床导轨、滑动轴承等加工。由于刮削生产效率低,劳动强度很大,有条件的地方常用磨削和精刨加工代替。

(1)钳工

1)钳工修补

①键槽,当轴或轮毂上的键槽磨损或损坏其一时,可以把磨坏或损坏的键槽加宽,然后配制阶梯键。当轴或轮毂上的键槽全部损坏时,允许将键槽扩大 10%~15%,然后配制大尺寸键。当键槽磨损大于15%时,可按原槽位置旋转90°或180°,重新按标准开槽,开槽前需把旧槽用气焊填满并修整。

②螺孔,当螺孔产生滑牙或螺纹剥落时,可先把螺孔钻去(所用钻头应等于螺孔的小径),然后攻出新螺纹,配上特制的双头螺栓。如损坏的螺孔不允许加大时,可配上螺塞,然后在螺塞上再钻孔并攻出原规格的螺纹孔。

③铸铁裂纹修补,对于铸铁裂纹,在没有其他修复方法时,可采用加固法修复。一般使用钢板加固,螺钉联接。脆性材料裂纹应钻止裂孔。

2)局部更换法

若零件的某个部位局部损坏严重,而其他部位仍完好,一般不宜将整个零件报废,可把损坏的部分除去,新制作一个新的部分,并以一定的方法使新换上的部分与原有零件的基本部分连接成整体,从而恢复零件的工作能力,称为局部更换法。例如,重型机械的轮齿损坏,可将损坏的轮齿去掉,加工一个新轮齿换上,也可将损坏的齿圈退火后去掉,再配制压上一个新齿圈,新齿圈可事先加工好,也可以压入毛坯后再加工轮齿,其连接方式可用键或过盈联接,还可用紧固螺栓、铆钉或焊接等方法联接。

3)换位法

有些零件通常产生单边磨损,或磨损有明显的方向性,如果结构允许,可将它们换成一个方向安装即可继续使用。例如,两端结构相同,且只起传递动力作用,没有精度要求的长丝杠局部磨损后可调头使用。

4）镶套法

把内衬套或外衬套以一定的过盈量安装在磨损的轴承孔或轴颈上，然后再加工到最初的基本尺寸，从而恢复组合件的配合间隙。

（2）压力加工

压力加工修复零件，是利用外力的作用，使金属产生塑性变形，恢复零件的几何形状，或使零件非工作部分的金属向磨损部分移动，以补偿磨损掉的金属，恢复零件工作表面原来的尺寸和形状。根据金属材料可塑性的不同，分为常温下进行的冷压力加工和热态下进行的热压力加工两大类，这种修复方法对精密和大型零件等很少使用。

（3）焊修

焊修是将焊条或焊粉在热能的作用下熔化并得到良好的晶内结合，结合强度高。但是，热能会使基体的组织和形状发生变化，这是焊修的关键问题。根据焊修热能的不同，分为电弧焊、气焊和等离子弧焊等；按照焊修的工艺和方法不同，又可分为补焊、堆焊、喷焊和钎焊等。

1）补焊

①普通铸铁补焊，铸铁是制造形状复杂、尺寸庞大、易于加工、防震耐磨的基础零件的主要材料。铸铁件上的气孔、砂眼、裂纹、浇不足等缺陷，在使用过程中会发生裂纹及磨损现象。例如，机床床身、机器底座、大型箱体等，在维修过程中多采用补焊来修旧利废。

②有色金属的补焊，机械设备中常用的有色金属有铜及铜合金、铝及铝合金等，因为它们的导热性高、线胀系数大、熔点低、高温状态下脆性较大、强度低，很容易氧化，所以焊接性差，补焊比较困难和复杂。

③钢件的补焊，对钢件进行补焊主要是为了修复裂纹和补偿磨损尺寸，低碳钢和低碳合金钢在补焊时发生淬硬的倾向较小，有良好的焊接性，随着碳含量的增加，焊接性降低，高碳钢和高碳合金钢在补焊后因温度降低，容易发生淬硬倾向，并容易形成裂纹。

2）堆焊

焊接工艺方法的一种特殊应用，它的目的不是形成接头焊缝，而是在零件表面堆敷一层金属，达到一定尺寸，弥补基体上的磨损，或赋予零件表面一定的特殊性能，比基体更耐磨、耐蚀，从而节约贵重材料和资金，延长使用寿命。目前使用最多的有手工电弧堆焊、氧气-乙炔焰堆焊、振动堆焊、埋弧堆焊、等离子弧堆焊等。

3）粘接

利用粘接剂把两个分离、断裂或磨损的零件进行连接、修复或补偿尺寸的一种工艺方法。目前，它正以快速、牢固、节能、经济等优点代替了部分传统的铆接、焊接及螺栓联接等工艺。

由于粘接有许多优点，随着高分子材料的发展，新型粘接剂的出现，粘接在维修中的应用日益广泛，尤其在应急维修中更显示出其固有的特点。其应用范围主要有：

①用于零件的结构联接。例如，轴的断裂、壳体的裂纹、平面零件的破损、环形零件的裂纹、胶带运输机胶带的粘接等。

②用于修补零件的尺寸磨损。例如，机械设备的导轨研伤粘补及尺寸磨损的恢复，可

采用粘接聚四氟乙烯软带、涂抹高分子耐磨胶粘剂、101聚氨酯胶粘接氟塑料等。

③用于零件的密封堵漏。铸件、有色金属压铸件、焊缝等微气孔的渗漏,可用粘接剂浸渗密封,现已广泛应用在发动机的缸体、缸头,变速箱的壳体,泵、阀、液压元件,水暖零件以及管道零件螺纹连接处的堵漏等。

④用粘接替代过盈配合,例如,轴承座孔磨损或变形,可将座孔镗大后粘接一个适当厚度的套圈,经固化镗孔即可达到尺寸要求,轴承座孔与轴承外圈的装配,可用粘接取代压配合,这样可避免因过盈配合造成的变形。

4.3.2　汽油机维修

小型汽油机的用途广泛,标定功率一般在30 kW以下,分二冲程发动机和四冲程,小型内燃发动机基本为强制风冷式。主要用作草坪机、油锯、发电机组、大型内燃机车附属起动机等的配套动力,地铁车辆检修工艺设备中救援设备液压站及发电机均采用小型汽油内燃机为动力源。

(1)小型汽油机的新机磨合

新购入的发动机应有合理的磨合期。较好地按要求执行磨合的发动机,对延长发动机的使用寿命、降低故障率及以后发挥良好的动力性能等有着不可低估的作用。新机磨合应按说明书要求严格执行,特别是动配合的机械部件在合理磨合后能够达到较好的配合间隙及良好的摩擦性。磨合期间要注意对润滑油脂选用的要求,及时检查和更换润滑油。

(2)汽油机常见故障处理

1)油路系统的检查

启动前首先检查燃油,如果机械存放时间较长,应将燃油放出,特别是化油器内留置时间较长的燃油,有条件最好使用自喷式化油器清洗剂,从化油器放油孔处喷洗一下化油器,以冲净燃油变质沾附在各流量孔内的固化物,防止化油器各通量孔的堵塞。

2)点火系统跳火的检查

①拆下火花塞,检查跳火情况,将火花塞的受电极扳至5 mm,放置发动机壳体上,手动扳动启动杆,观察电极间跳火情况。在两极间应有强烈火花跳过,如从电极间的其他部位,出现跳火现象应判断为火花塞漏电,给予更换,如没有出现跳火现象,旋掉火花塞帽,将高压线端头距离发动机壳体7 mm,手动启动杆,看有无火花跳过,如无火花跳过应对火花塞进行更新试检。火花塞如无问题就按点火系统连接顺序逐个部件检查,按顺序为点火高压包、电子点火器、点火开关、点火充电线圈、点火触发线圈(四冲程发动机)。

②如果火花塞湿润、积炭现象严重,初步判断为混合气过浓,吹净火花塞上的汽油,特别是火花塞室内的积油,手动启动杆或拉动启动绳,使发动机内部过量燃油喷出,检查发动机空气滤清器有无脏污堵塞使进气不畅,检查化油器柱塞阀及油针,是否有卡住或脱落,检查正常后复装入无故障的火花塞,按正常程序启动。若火花塞同时伴有积炭严重现象,说明混合气过浓,化油器油位过高,滤清器脏污,四冲程发动机曲轴箱机油量过多等均

可造成火花塞积碳过多,使火花塞积碳严重,造成漏电、短路无火花跳火。

③如果火花塞过热白炽熔融,可能是混合气过稀,发动机过热,或火花塞选型不当。检验时将化油器进气口采取半堵塞状态,手动起动机构,使气缸内产生过浓混合气体,注意不要出现过湿润现象,将火花塞复装旋紧后,按正常程序启动发动机。

3)点火正时的检查

点火提前会引起化油器回火,发动机爆震,机体过热,机械部件磨损加剧。点火提前角滞后,引起排气管放炮、过热、功率下降、油耗增加等,有条件可用点火提前角检查灯,检查磁电机与箱体的刻度线对齐情况。小型汽油发动机点火角度固定在定子盘和永磁电机的转子中,有些发动机的定子盘是带有滑槽,可以在一定角度内调整。如需要提前点火,可以逆时针转动定子盘,如果需要延迟点火,则应顺时针转动定子盘。

检测点火充电线圈,用万用表测量黑/红线对地,红表笔连接黑/红线,黑表笔接地,电阻在 $300\sim400\ \Omega$。检测触发线圈,红表笔连接蓝/白线,黑表笔接地,电阻值在将近 $200\ \Omega$ 即是正常,一般的是 $170\ \Omega$ 左右。高压包通常初级线圈的阻值 $3.5\sim5\ \Omega$ 为正常,次级线圈的阻值 $10.5\sim16\ \Omega$ 为正常。

4)化油器漏油

拆下化油器的浮子室,检查浮子及进油针应完好无损,浮子无裂纹、破损,浮子内无渗入液,摇动时无液体晃动。进油针顶端锥形体与进油孔座密封配合良好,浮子的进油针舌托与进油针底部弹性针间隙正常。进油孔密封配合处无杂物。

5)气缸的检查

①拆解气缸组件,检查气缸上止点到下止点处应无明显台痕,火塞环小心拆下,目测检查火塞环应宽窄一致,无明显不均。有条件应用外径千分尺测量,用缸体内径千分尺检测缸体工作段与缸体底端部位数值的差异程度,如果超出标准数值应更换新件。

②曲轴连杆小头与活塞销的配合与大头端与曲轴轴颈配合无明显径向间隙。检查曲轴轴承径向间隙与端间隙应符合要求,二冲程发动机曲轴箱体密封良好无漏气,四冲程发动机气门间隙用塞尺检测,进气门间隙为 $0.03\ mm$,排气门为 $0.05\ mm$。调整时最好是在冷车下进行,凸轮鼓与摇臂滑动面无明显凹痕。配气相位刻度线对齐无错位。配气链的张紧机构弹簧弹力性能良好,导向轮目测无明显磨损现象。在四行程小型内燃机装配后,一定要检查润滑油路是否通畅,将缸头左上端螺帽拆下后,手动启动杆应有润滑油流出。

③汽油的选用。高标号的油,抗压性好,不易产生爆震,但燃烧速度相对较慢,这会影响到发动机的动力性和发动机机体的温度,燃烧速度慢会使发动机动力下降而温度升高,这对发动机是不好的。低标号的油,燃烧速度较快,但抗压能力又不够,容易形成爆震。

④二冲程发动机润滑方式有混合油润滑,润滑油和汽油的混合比例一般按容积比为 $1:20$ 的比例混合添加入油箱。机油要用汽油机机油或二冲程汽油机专用机油。

⑤发动机燃烧室的积炭清理。由于二冲程发动机所用燃油为机油与汽油的混合燃料,当发动机工作一段时间后,或是由于润滑油选用不当,便会在发动机燃烧室顶部产生积炭,严重时积炭甚至堆积在排气口,造成排气不畅,影响发动的功率输出。可以拆下气缸盖、拆下进气管和排气管连接螺栓,拉出气缸体,用刮刀或平口螺丝刀刮去堆积在活塞

头部和缸体排气口处及活塞上止点端部的积炭,拆下活塞环,注意头道环和二道环的区分,清理活塞顶面及活塞环槽沟的积炭,清理时注意不要划伤部件,更要注意排气口与缸体内壁的结合口部,防止出现金属倒刺,在装配复原运行时以防划伤运行中的活塞及环。

6)发动机异响的检查

四冲程发动机气门异响的检查。配气系统中气门摇臂是气门、凸轮和气门顶杆的中间传递部件,通常是配气系统中发生间隙性异响的主要原因,此时可拆下缸头配气室端盖,手转动磁电机使刻度标记与曲轴箱体上的刻度标记对齐,然后用板手旋松摇臂与气门端的锁紧螺母,旋动调整螺栓使螺栓顶到气门顶杆的接触面后再回旋半圈,利用塞尺量规使调整间隙保持在进气门 0.03 mm,排气门在 0.05 mm。

7)发动机进排气系统的检查

①发动机进气系统是发动机空气与燃油混合后进入燃烧室内,在火花塞准时点燃后产生的燃烧爆发力推动活塞做功的重要系统。一般主要部件包括空气滤清器、化油器、进气歧管、进气舌簧阀(二冲程发动机)、进气门机构(四冲程发动机)。由于空气滤清器工作时经常处在较差的环境中,会出现空气滤清器脏污,使进气通道不畅通,使发动机油耗过大、功率变差。在进气系统中的空气滤清器就需要定期进行清理。小型汽油发动机的滤清器结构大多简单,拆开滤清器取出海绵滤芯,用专用清洗剂清洗,也可以用中性洗涤剂兑清水清洗,不要使用汽油等其他溶剂油清洗,清洗晾干后装入。纸质滤芯应采用压缩空气配合毛刷吹扫干净后装入。

②排气系统主要包括排气门机构、排气弯管、消声器部件组成。排气系统中主要检查部件为消声器,因为小型内燃发动机在工作的时候,油料并不是绝对完全地燃烧。加之燃油中还含有一定的杂质,因此当发动机排出的高温废气经过排气消声器时,就会在消声器内部消音管芯和隔板上产生积炭,久而久之,堆积起来的积炭就会堵塞气流的通道,使得排气阻力增大,消声性能降低,发动机功率下降,严重时会导致排气管变蓝,发动机温度过高。所以要定期对消声器进行维修清洗。正常情况下,每工作一个月左右的时间,应将消声器内部管芯上的积炭清除干净。将排气管、消声器取下,拧出消声器尾部的螺钉,取出筒芯。将排气管、消声筒、管芯分别放入汽油或煤油中浸泡 10 min,然后用钢刷将筒芯、排气管和消声筒中的积炭清洗干净。待汽油挥发完后,依次按原样装到发动机上,拧紧连接螺钉和螺母即可。

4.3.3 液压及机床调试维修

(1)液压系统的安装和调试

液压系统的安装是液压系统能否正常工作的一个重要环节,液压系统安装工艺不合理,甚至出现安装失误,将会造成液压系统无法运行,给生产带来巨大的经济损失,甚至造成重大事故。液压传动系统虽然与机械传动系统有大量相似之处,但是液压系统也有此特性。只有经过专业培训,并有一定安装经验的人员才能从事液压系统的安装。

1）审查液压系统

审查的主要内容应包含：液压系统设计的审查、液压系统原理图合理性的鉴定、系统制造工艺的评价、液压系统净化程度的检查、液压系统零部件的确认。

2）安装前的技术准备工作

液压系统安装前，应按照有关技术资料做好各项准备工作。

①技术资料的准备与熟悉。系统原理图、电气原理图、管路布置图、液压元件、辅助元件等资料应准备齐全，以便技术人员对具体内容和技术要求逐项熟悉和研究。

②物资准备。按照系统图和元件清单，核对液压件的数量，确认所有液压元件的质量，尤其是要严格检查压力表的质量，查明压力表检验日期，对检验时间过长的压力表要重新进行校验，确保准确、可用。

③质量检查。液压元件在运输或库存过程中极易被污染和锈蚀，存放时间过长会使元件中的密封件老化而丧失密封性，有些元件由于加工及装配质量不良使性能不合格，因此必须对元件进行严格的检查。

3）液压元件安装要求

①液压泵的安装。

在安装时，液压泵、电动机、支架、底座等各元件结合面上须无锈、无凸出斑点和油漆层，在结合面上应涂一薄层防锈油。泵与电机之间的同轴度允差、平行度允差应符合规定，或者不大于泵与电机之间联轴器厂家推荐的同轴度、平行度要求。直角支架安装时，泵支架的支口中心高允许比电机的中心高略高 0~0.8 mm。安装完毕后，电动机、液压泵和联轴器之间都应能轻松、平滑的转动，无异常声响。

②集成块的安装。

阀块所有各油流通道内，尤其是孔与孔贯穿交叉处，都必须去净毛刺；阀块加工完毕后须用防锈清洗液反复用加压清洗；往阀块上安装液压阀时，要核对它们的型号、规格；核对所有密封件的规格型号、材质及出厂日期；装配前应再检查一次阀块所有孔道是否与设计图一致；检查所用的连接螺栓的材质及强度是否达到设计要求及液压元件厂家规定的要求，紧固螺栓须用扭力扳手拧紧；凡有定位销的液压阀必须装上定位销；阀块上应钉上金属制的小标牌，标明各阀在设计图上的序号、各回路名称、各外接口的作用；阀块装配完毕后，在安装到液压系统之前，应将阀块单独先进行耐压试验和功能试验；应根据设计及功能要求，安装相应的蓄能器、冷却器、压力表等辅助元件。

4）液压系统的调试

液压设备调试的主要内容就是液压系统的运转调试，不仅要检查系统是否完成设计要求的工作运动循环，而且还应该把组成工作循环的各个动作的力，各动作的时间和整个工作循环的总时间等调整到设计时所规定的数值，通过调试应测定系统的功率损失和油温升高是否有碍于设备的正常运转，否则应采取措施加以解决。

①液压系统调试前的准备。

熟悉情况、确定调试项目。调试前，应根据设备使用说明书及有关技术资料，全面了解被调试设备的结构、性能、工作顺序、使用要求和操作方法，以及机械、电气、气动等方面与液压系统的联系,认真研究液压系统各元件的作用,读懂液压原理图,搞清楚液压元件在设备上的安装位置及结构、性能和调整部位,仔细分析液压系统各工作循环的压力变化、速度变化以及系统的功率利用情况,熟悉液压系统用油的牌号和要求。

外观检查。新设备和经过修理的设备均需进行外观检查,其目的是检查影响液压系统正常工作的相关因素。

②液压系统的调整和试机。

液压系统的调整和试机一般不会截然分开,往往是穿插交替进行。调试主要内容包括:空载试机、负载试机和液压系统调整。

a.空载试机。空载试车是指在不带负载运转的条件下,全面检查液压系统的各液压元件、各辅助装置和系统内各回路的工作是否正常;工作循环或各种动作的自动换接是否符合要求。空载试机及调整方法与步骤如下:

b.负载试机。负载试机是使液压系统按设计要求在预定的负载下工作。通过负载试机检查系统能否实现预定的工作要求,如工作部件的力、力矩或运动特性等;检查噪声和振动是否在允许范围内;检查工作部件运动换向和速度换接时的平稳性,不应有爬行、跳动和冲击现象;检查功率损耗情况及连续工作一段时间后的温升情况。

负载试机一般是先在低于最大负载的情况下试机,如果一切正常,则可进行最大负载试机,这样可避免出现设备损坏等事故。

c.液压系统的调整。液压系统的调整要在系统安装、试车过程中进行,在使用过程中也随时进行一些项目的调整。

5)液压系统的试压

液压系统试压的主要目的是检查系统、回路的漏油和耐压强度。系统的试压一般都采取分级试验,每升一级,检查一次,逐步升到规定的试验压力。

(2)液压系统的故障分析与排除

1)液压系统的故障分析

液压系统发生故障的原因很多,但归结起来有三个方面:一是设备的机械故障,包括液压系统设计不合理,安装间隙不正确,液压元件质量问题,密封件选用不当,由这些问题引起的液压故障一般与液压油没有关系。二是操作失误造成液压系统故障,是指液压系统在正常运转时由于操作人员操作不当而造成,如错误开闭阀门,突然中断电源,操作温度或压力过高,补油时加错油品,油箱液面过高或过低,不及时从油箱底部放出分离的水等。由于操作失误造成的液压系统故障,都不是液压油质量问题造成,大都不涉及液压油,但有些则从液压油的质量变化可以反映出来。三是由于液压油的质量造成液压系统故障,这大多是由于选油不当或使用不合格的油品所致,也可能是液压油使用时间过长,不及时更换新油所造成的。

2)液压系统故障的特点

一套好的液压传动系统装置能正常、可靠的工作,它的液压系统必须具备许多性能要求,这些包括:液压缸的行程、推力、速度及其调节范围;液压马达的转向、转矩、速度及其调节范围等技术性能;以及运转平稳性、精度、噪声、效率等。在实际运行过程中,如果出现了不正常情况,而不完全或不能满足这些要求,则认为液压系统出现了故障。

3)故障种类

由于故障发生的时期不同,故障的内容和原因也不同,因此,可将故障分为初期故障、突发故障和老化故障。

①初期故障,在调试阶段和开始运转的两三个月内发生的故障为初期故障,其产生原因有:元件加工、装配不良,设计失误,安装不符合要求,维护管理不善。

②突发故障,指系统在稳定运行时间内突然发生的故障,有些突发故障是有先兆的,但有些是无法预测的,只能采取安全保护措施加以防范,或准备一些易损备件,以便及时更换失效的元件。

③老化故障,指个别或少数元件达到使用寿命后发生的故障,参照系统各元件的生产日期、开始使用日期、使用频繁程度,如声音反常、泄漏越来越严重、液压缸运动不平稳等,大致可以预测老化故障的发生期限是可能的。

4)故障诊断步骤

①故障排除前的准备工作。

一是认真阅读设备使用说明书,掌握设备的结构、工作原理及其性能,液压系统的功能、结构、工作原理及设备对液压系统的要求,系统中所采用的各种元件的结构、工作原理、性能。二是查阅与设备使用有关的档案资料,如生产厂家、制造日期、液压件状况、运输途中有无损坏、调试及验收时的原始记录等。除上述内容外,还应该掌握液压传动的基础知识。

②故障处理的步骤。

a.现场检查,任何一种故障都表现为一定的故障现象,这些现象是对故障进行分析、判断的线索,处理故障时首先要查清故障现象,认真仔细地进行观察,充分掌握其特点,了解故障产生前后设备的运转情况,查清故障实在什么条件下产生的,并摸清与故障油管的其他因素。

b.分析判断,在现场检查技术上,对可能引起故障的原因做初步判断的分析判断,初步判断列出可能引起故障的原因。

c.调整试验,是对仍运转的设备经过上述分析判断后所列出的故障原因进行压力、流量和动作循环试验,进一步验证并找出哪些更可能是故障的原因。

d.拆卸检查,是对经过调整试验后,进一步对认定的故障部位进行打开检查,拆卸检查时,要注意保持该部位的原始状态,仔细检查有关部位。

e.处理,对检查处故障的部位,按照技术规程的要求,仔细地处理,切勿违反章程草率处理。

f.重新试验与效果测试,在故障处理完毕后,重新进行试验和测试,与原来故障现象进行对比。

g.故障原因分析总结,按照上述内容排除故障后,对故障要进行认真的定性、定量分析总结,以便对故障产生的原因、规律作出正确的判断及结论,从而提高处理故障的能力,也可防止同类故障再次发生。

5）故障诊断方法

①分块法，将系统分成小单元来考虑，思路会清晰，故障易呈现。

②经验法，主要依靠实际经验，并借助简单的仪表，诊断故障发生的部位，找出故障原因的方法，经验法可按照中医诊断病人的"望、闻、问、切"方法进行。

③推理分析法，利用逻辑推理、从现象慢慢推到本质，寻找出故障的真实原因的方法。

6）内漏故障的排除

液压系统泄漏会造成液压量减少且不能建立正常油压，从而导致系统不能正常工作，液压系统漏油有外漏和内漏两种情况。外漏主要是油管破裂、接头松动、紧固不严密等情况造成的，比较容易发现；内漏主要是液压系统内容的液压泵、液压缸、分配器等产生泄漏造成的。内漏的故障不易被发现，有时还需借助仪器进行检测才能排除。

①齿轮液压泵相关部位严重磨损或装配错误。

a.液压泵齿轮与泵壳的配合间隙超过规定极限。处理方法：更换泵壳或采用镶套阀修复，保证液压泵齿轮齿顶与壳体配合间隙在规定范围之内。

b.齿轮轴套和齿轮端面过度磨损，使卸压密封圈预压缩量不足而失去密封作用，导致液压泵高压油腔与低压油腔串通，内漏严重。处理方法：在后轴套下加补偿垫片（厚度一般不超过 2 mm），保证密封圈安放的压缩量。

c.拆装液压泵时，在两个轴套结合面处，将导向钢丝装错方向。处理方法：保证导向钢丝能同时将两个轴套按被动齿轮旋转方向偏转一个角度，使两个轴套平面贴合紧密。

②液压缸密封圈老化和损坏、活塞杆锁紧螺栓松动。

a.液压缸活塞上的密封圈、活塞杆与活塞接合处的密封挡圈、定位阀密封圈损坏。处理方法：更换密封圈和密封挡圈。

b.活塞杆锁紧螺栓松动。处理方法：重新拧紧活塞杆紧固螺栓。

c.缸筒失圆严重时，可能导致液压缸上下腔的液压油相通。处理方法：若失圆不严重更换加大活塞密封圈的办法来恢复其密封性；若圆度、圆柱度误差超过 0.05 mm，则应对缸筒进行研磨加工，更换加大活塞，来恢复其配合间隙。

③分配器上的溢流阀和回油阀关闭不严。

a.溢流阀磨损或液压油过脏；球阀锈蚀，调节弹簧力不足或折断，液压油不合规定，液压油过稀或油温过高，都会使溢流阀关闭不严。处理方法：更换清洁的符合要求的液压油；更换规定长度和弹力的弹簧；更换球阀中的球，装入阀座后可敲击，使之与阀座贴合。

b.回油阀磨损严重或因液压油过脏而导致回油阀关闭不严。处理方法：研磨锥面及互研阀座。

（3）数控机床装配、调试

数控机床包括数控车床（如不落轮镟床）、数控铣床、加工中心等，具有高速加工、精密加工、集成与复合、智能化、多轴化、高可靠性等优点。

1）机床本体的装配与调整

滚动直线导轨的安装与调试

滚动直线导轨是近年来新生产的一种滚动导轨，其突出优点为无间隙，并且能够施加预紧力。

a.滚动直线导轨对安装基面的要求，滚动直线导轨由于承载球列多，对误差有均化作用，导轨弹性变形又能降低安装面的误差，安装在导轨上的运动部件的运动误差将减小到安装基面误差的1/2~1/5。因此，一般情况下安装面无须磨削加工，采用精刨或精铣即可。导轨安装之前应事先测定安装基面的精度，首先，使用油石将机床基面上的毛刺及微小凸出部位擦去、修直，并用纱布擦干净，然后用挥发性液体擦干净。做好以上准备后，再进行各项精度的测量。

b.滚动直线导轨的固定方法，为克服机械运动过程中的振动和冲击力的作用，导轨和滑块可以根据受力的大小与作用方向选择压块、推拔块、定位螺钉和滚柱等固定方法。

c.滚动线性导轨的安装，分为导轨和滑块的安装，导轨安装前先用油石清除安装基面的毛刺和污物，然后将线性导轨平放在安装面上，使导轨的基准面紧贴床身的侧向安装面。将装配螺栓紧固，但注意不要完全锁死，并使滑轨基准面尽量贴紧床身的侧向安装面，安装前注意螺栓孔与装配螺栓是否吻合，依次将导轨与床身的侧面安装面紧密贴合。使用扭力扳手，将装配螺栓按规定的扭矩值锁紧。锁紧时须有导轨的中央向两端依次锁紧，以获得稳定的精度。其余导轨的安装方法相同。在完成导轨的安装后，将工作台安装至滑块上，锁定滑块装配螺栓，但不要完全锁紧，使用定位螺栓将滑块基准面与工作台侧向安装面锁紧，以定位工作台，按滑块对角顺序锁紧滑块装配螺栓。

2）电气系统的通电调试

①电源的检查，检查电源输入电压是否与机床设定相匹配，频率转换开关（如有）是否置于相应的位置，检查确认变压器的容量是否满足控制单元和伺服系统的电能消耗，检查电源电压波动范围是否在数控系统允许的范围内。

②参数的设定确认，确认控制部分印刷电路板、速度控制单元印刷电路板、主轴控制单元印刷电路板上接地的设定。

③各控制回路的调试，确认各种电源电压正确之后，可以启动CNC，CNC启动后，LCD出现显示内容。

④弱电系统调试，包括核对系统功能参数、控制轴的设定、伺服引导、主轴引导、PMC模块参数和系统参数的设置。

⑤PMC梯形图的调试，首先将程序上传至PLC中，调试机床控制面板程序，调试机床润滑，然后测试各进给轴的运动，各轴参考点的设置，轴行程的设置。

⑥主轴的调试，主轴控制单元接受来自CNC的译码指令，同时接受速度反馈实施速度循环控制。在进行主轴调试时，主要应完成转速的设定。

⑦其他辅助动作的调试，如冷却、排屑、照明等功能。

4.3.4 设备典型故障维修处理

（1）移动式架车机组起升超调故障

移动式架车机架车前整组试机时出现 1 组不同步超调故障,经分析排查,故障原因为 1 组 3 号编码器联轴节断裂,输出高度脉冲数值偏差,整组起升出现高度超调故障,更换旋转编码器后,超调故障消失。

1）架车机同步工作原理（如图 4-4 所示）

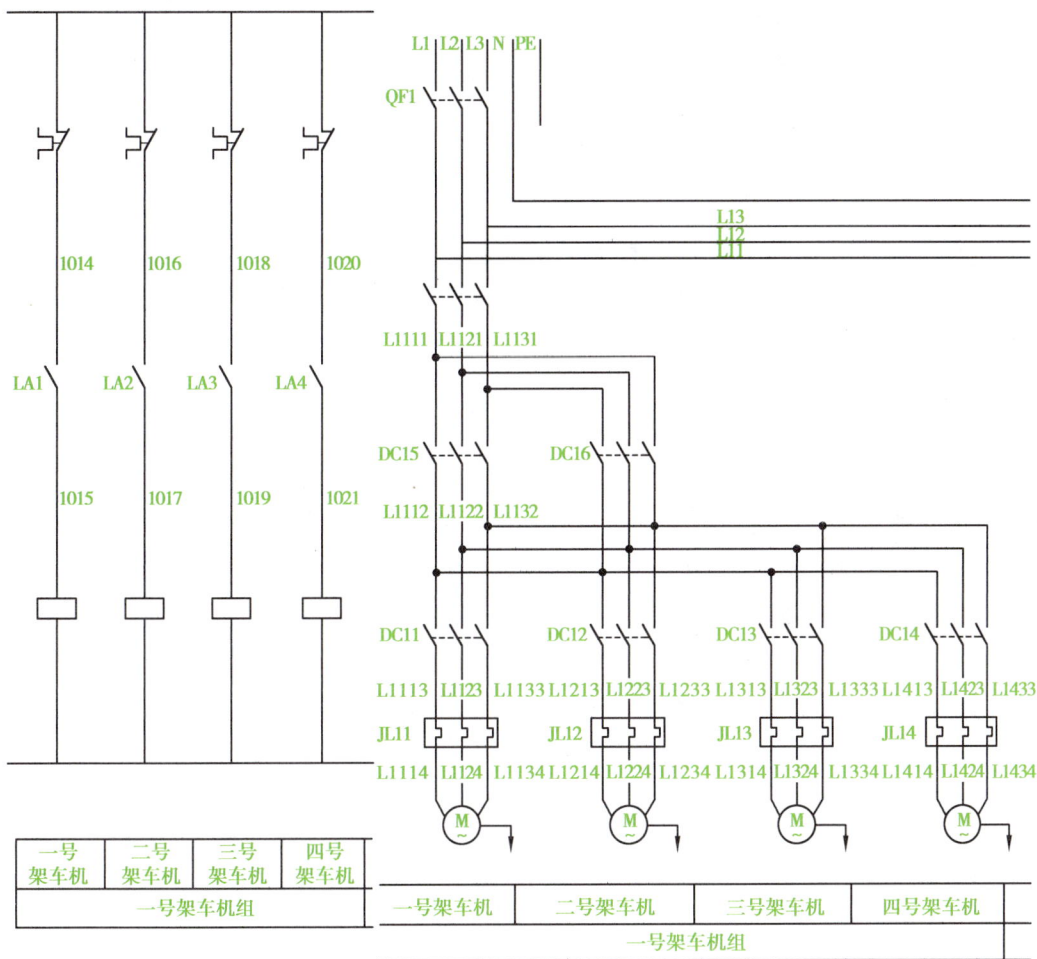

图 4-4 架车机组控制原理图

移动式架车机整组同步工作原理是选择驾车机组,以一组架车机为例,一组架车机组 4 个单体架车机上升/下降继电器 KA3～KA6 得电,常开触点闭合,一组上升/下降接触器 KM₁₁～KM₁₄得电,主触点闭合,当按下同步上升或下降按钮,上升交流继电器 KM₁₅或下降交流继电器 KM₁₆得电,4 个架车机减速机电机得电,同步上升或下降,当架车机上升到四个托头与车体全部接触,托头传感器全部触发,上升中继#unit_up 或下降中继#unit-down

复位,上升下降停止。按下架车确认按钮(整列中控柜确认按钮或单组本地确认按钮),架车机继续上升或下降,此时 PLC 记数模块触发,通过读写旋转编码器脉冲,开始高度记数并进行同步控制。如果此时上升不同步,单组高度四个架车机高度差超过 4 mm 或多组超过 8 mm,架车机开始调整,上升时高度最高等待最低单体架车机,下降时高度最低等待高度最高单体架车机,如果由于机械故障或调整时间超过 10 s,此时系统出现超调或托头传感器故障停机。

2)故障现象

①同步上升时,一组四个单体架车机托头传感器触发,控制柜调整指示灯亮,1、3 号架车机上升/下降接触器未吸合。

②架车机超调故障,1 组 4 个单体架车机同步上升时,1 号架车机高度比较其他 3 个架车机高度低,并随着运行时间增加高度差不断增大,直至超调停机。

同步上升架车机托头与车体接触,托头传感器触发,调整指示灯亮,4 个上升/下降接触器未全部吸合。主要原因是一组 4 个单体架车机高度差超过 4 mm,PLC 程序控制架车机自动调整,此时架车机处于上升状态,高度最低的两个单体架车机 1、3 号上升/下降接触器吸合,继续上升,而 2、4 号架车机高度较高,停机等待。这就是故障时 4 个单体架车机上升/下降接触器未全部吸合的原因。

③1 组 3 号托头传感器故障。

本次故障时出现 3 号托头传感器故障,维修人员怀疑托头传感器烧损并进行更换,从对拆下托头传感器触发情况进行测量,输出信号正常,通过查阅程序分析,故障原因是 4 个架车机上升不同步,1、2、4 号架车机高度高,而 3 号高度低,与车体发生脱离,根据程序控制,此时延时 10 s,架车机同步上升或下降停止,出现 3 号托头传感器故障。

④架车机超调故障。

架车机高度值是通过驱动减速机电机轴通过联轴节与旋转编码器连接,电机转动角度位移通过旋转编码器检测脉冲信号,输入至 PLC 高度记数模块,根据丝杆螺距通过运算转换成垂直方向高度位移,通过触摸屏显示出来。本次故障时通过反复观察 1 组上升状态,1 号架车机高度比较其他 3 个架车机高度低,且高度差呈现逐步增大趋势,故障原因集中在旋转编码器故障,打开电机后罩,发现旋转编码器与电机连接联轴节发生断裂,导致检测角度脉冲信号异常。

(2)固定式架车机组同步校准故障

固定式架车机在作业过程中由于故障出现主电源相间对地短路,架车作业过程中连续烧断主电源熔断器,出现同步校准故障。

1)固定式架车机高度记数原理

固定式架车机转向架、车体上升下降时,驱动减速机带动丝杆、脉冲触发齿型盘同步旋转,槽型脉冲检测传感器检测齿型盘缺口上升、下降沿脉冲信号,PLC 累加器内脉冲初始值和计入脉冲值累加计算脉冲值,当上升时脉冲增加,下降时脉冲值减少,形成高度脉冲值,并通过运算转换为高度值。当转向架或车体架升装置下降到高于 150 mm 安全距离上 60 mm 范围内架车机开始进行高度校准,进行校准前程序首先判定主架车机组,以此为标杆对其他从架升机进行高度校准,建立主、从架升装置高度后,当主从架车机高度差脉冲值超过 4 mm 时,开始同步校准,当小于 1 mm 时同步停止校准,指导所有架升装置触发下极限位开关,校准工作停止。

2)同步校准故障原因

①架升装置整组架车上升或下降过程中槽型脉冲传感器或齿型槽故障造成高度脉冲检测异常,同步高度差超过系统允许值,架升装置停机同步校准故障。

②架升装置下极限位置开关故障未触发架车机停止,直至触发丝母防脱开关,架车机报警极限位置停机同时出现同步校准故障。

③架升装置丝杆磨损、轴承卡滞、减速机输出转速异常,也会触发同步校准故障。比如某地铁公司在架车作业时,由于 12 坑主电源相间短路,熔断器首先瞬间触发熔断,该坑转向架升装置停止,其他基坑转向架架升装置下降,同步高度超差,触发同步校准故障。

3)同步校准故障处理

整组架车作业时出现同步缺陷校准故障,首先检查并排除造成故障原因后,再按照以下步骤重新进行高度校准:选择整组架车模式,按下故障应答按钮,关闭同步控制开关,操作架升装置下降,直至触发下极限开关自动停机,按下故障复位按钮,同步校准高度标定结束;打开同步控制开关,再次按下故障复位按钮,整组模式操作架升装置上升超过 150 mm 安全距离以上,但不超过 210 mm 位置范围内停机,再次整组操作下降直至触发下极限位置停机,校准工作结束。

(3)洗车机温度异常故障

洗车机出现操作台上温度显示异常,洗车温度报警,无法模拟洗车作业。检查发现温度显示仪表故障原因为现场温度传感器输入控制柜温度检测信号线松脱,紧固后温度显示正常,报警消除,洗车正常。

1)温度仪表显示异常分析

根据温度控制仪表控制电路,仪表上 1、24 端子上 LCD24、MDC24 输入至左侧端刷控制箱内温度传感器内,温度传感器检测的库内温度信号 Z08 接至温度传感器端子 2 上,温度模块对检测温度进行运算,开关 KTL 输出温度检测开关信号经端子 3 输入至 PLC 输入模块 1 上,PLC 采集温度信号至 CPU 内控制洗车机工作。本次故障因 Z08 线脱落,输入端子 2 温度模拟电流信号小,根据温度显示值与电流信号线性关系,温度越低,电流越小,故显示温度异常为−55.9 ℃,与现场实际温度偏差大。

2)温度过低不能洗车原因

通过查询洗车机控制程序 PLC 控制图,见图 4-5。当洗车库内温度低于 3 ℃时,温度仪表输出开关量为低电平信号,对应程序温度报警变为 ON,系统报警变为 ON,此时洗车机控制系统会发出报警声音并会出现洗车准备指示灯不闪烁,程序判定洗车条件不满足,洗车无法进行。本次出现故障正是由于温度仪表输入温度信号断开,误检测温度过低,如上所述,此时会出现洗车准备指示灯不亮,洗车无法进行故障。

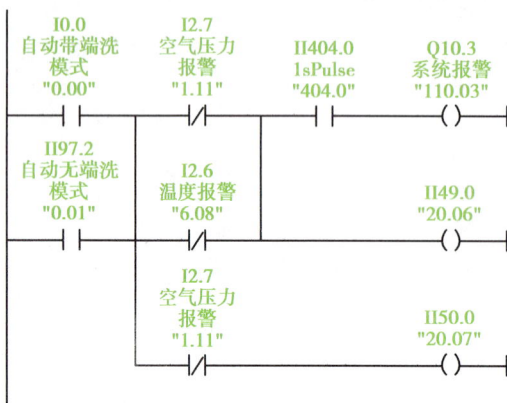

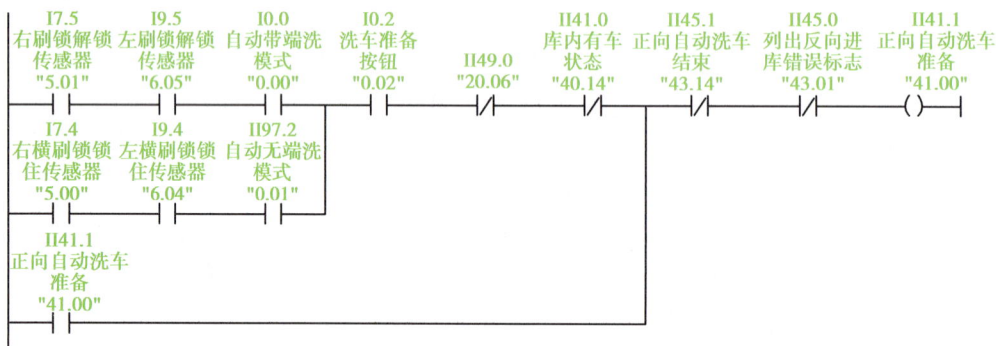

图 4-5　洗车机 PLC 控制图

（4）自动化立体仓库堆垛机提升极限触发故障

堆垛机在运行时,下极限位置报警停机,无法完成取出货作业。检查 3 号堆垛机垂直条码测距对射测距仪接线,清理镜头,检查提升电机抱闸间隙,并检查上下极限位置检测槽型传感器,均无异常,调整下极限挡块位置后,调试模式运行至极限位置触发区域外,半自动模式回原点,触发极限位置故障消失。

1）堆垛机提升高度控制原理

堆垛机运行是通过变频器控制提升电机多段速运行,速度控制是变频器通过 DP 总线通信读取 PLC 速度参数,控制提升驱动电机模拟量速度信号,实现提升电机速度连续速度频率输出。

PLC 读取外部传感器信号,经过逻辑运算后,输出至变频器速度控制限号,控制提升速度信号。

①垂直测距信号,PLC 通过读取红外垂直测距仪距离信号,通过实时监控提升机高度参数,控制提升机速度。

②上升、下降强制减速槽型开关 PH25、PH26,当提升机运行至升降减速位置时,该光电开关触发,提升机提前减速。

③上下限位行程开关 LS24、LS25。当垂直测距仪镜头脏或故障时,或强制减速槽型开关故障,变频器速度无控制信号,此时提升机运行至上下限位位置开关触发,断开安全回路,实现提升机停机。正常状态下是不会触发上下限位开关停机的。

2)故障原因分析

导致 3 号堆垛机触发下限位停机故障有以下几方面原因:

①垂直测距仪检测异常或通信异常造成距离信号丢失或不准确;

②上下强制减速限位开关失效;

③提升电机抱闸磨损,刹车片间隙超差,电机制动异常;

④提升变频器总线通信异常;

⑤变频器制动电阻熔断,能耗制动失效,总线电压高,输出速度频率异常。

经过对以上 5 种故障原因进行逐一排查,最终确定故障原因为下限位行程开关挡块位置发生了偏移,正常状态下,当提升机运行至减速位置时,强制减速光电开关触发,提升电机减速,当提升机到达垂直测距仪检测提升机高度值为零位置时,变频器控制提升电机停止。从上到下依次是强制减速光电开关、原点、极限位置行程开关,由于下限位行程开关挡块偏移上移动,高于原点位置,当提升机正常回原点时,由于下极限位置位置偏移而高于提升原点位置,回原点时触发下限位行程开关停机。

(5)不落轮镟床压爪故障

在设备使用时出现压卡装置连续跳动下降,液压系统震动较大而且压卡装置也有较大震动的故障。

在操作压卡装置下降的过程中,松开操作手柄时,压卡装置连续跳动下降(就像操作手柄没有断开),且左右两侧压卡装置均出现此故障,造成电磁换向阀频繁通断,液压系统震动较大而且压卡装置也有较大震动。

1)压爪动作原理分析

①压爪垂直运动液压原理(图 4-6)。

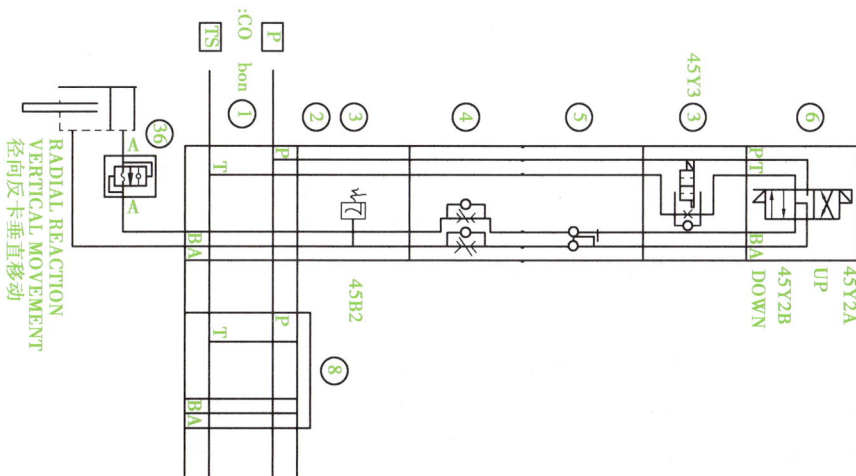

图 4-6　压爪垂直运动液压原理图

当电磁换向阀45Y2A得电时,P、B口接通油液经过液控单向阀5,调速阀4,防爆安全阀36进入油缸上部;A、T口接通油液经过调速阀4,液控单向阀5,经过换向阀T口回入油箱。这时压卡装置向上运动。

当电磁换向阀45Y2B得电时,P、A口接通油液经过液控单向阀5,调速阀4,压力继电器45B2进入油缸下部;B、T口接通油液经过调速阀4,液控单向阀5,经过换向阀T口,经过33组合阀回入油箱。这时压卡装置向下运动。此时压力继电器要检测压爪下压的压力,33组合阀得电回油节流调速动作。

由于此处电磁换向阀采用"Y"形中位机能阀(当电磁换向阀失电时P口关闭,A、B、T口接通,油缸处于浮动),所以在回路中采用两组液控单向阀可以使压卡装置在任意位置停留。

液压缸是将液压能转变为机械能的、做直线往复运动(或摆动运动)的液压执行元件。它结构简单、工作可靠。用它来实现往复运动时,可免去减速装置,并且没有传动间隙,运动平稳。

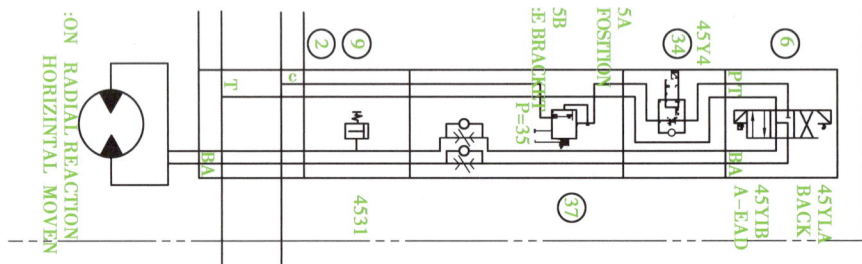

图4-7 压爪水平运动液压原理图

当电磁换向阀45Y1A得电时,P、B口接通油液经过调速阀9,进入液压马达;A、T口接通油液经过调速阀9,经过换向阀T口回入油箱。这时压卡装置向后运动,此时压力继电器要检测压卡装置后退的压力,防止压卡装置侵限。

当电磁换向阀45Y1B得电时,P、A口接通油液经过调速阀9,进入液压马达;B、T口接通油液经过调速阀9,经过换向阀T口回入油箱,这时压卡装置向前运动。

压卡装置水平运动的压力通过减压阀37设定为3.5 MPa。

液压马达的特点:体积小、重量轻、结构简单、工艺性好,对油液的污染不敏感、耐冲击和惯性小等。缺点扭矩脉动较大、效率较低、启动扭矩小(仅为额定扭矩的60%~70%)和低速稳定性差等。

②电气控制原理。

当−6A4PLC Q41.6有输出时垂直减速运动执行,−6A4.1中间继电器KA9得电吸合,45Y3电磁换向阀得电,垂直减速运动执行。也就是在回油路上的调速阀工作。

当−6A4PLC Q43.0有输出时水平减速运动执行,−6A4.2中间继电器KA1得电吸合,45Y4电磁换向阀得电,垂直减速运动执行。也就是在回油路上的调速阀工作。

压卡装置垂直、水平运动电气控制原理如图4-8、图4-9所示。

垂直减速运动　　　　　　　　　　　水平减速运动

-6A4　　　　　　　　　　　　　　　-6A4

160D　　　D01.6　　　　　　　　160D　　　D01.6

24 V 0.5 A　　　　　　　　　　24 V 0.5 A

X111-31　　　　　　　　　　　　X222-31

A17　　　　　　　　　　　　　　A16

-6A4.1　　KA9　　　　　　　-6A4.2　　KA1

241/160　　　　　　　　　　241/160

9C　　9NO　　　　　　　　　4C　　4NO

24 Vdc　　24L20C　　　　　　　　　　　　　　24 Vdc
42/01.6　　　　　　　　　　　　　　　　　　45/02.1

4501 黄　　　　　　　　　　　4502 灰

A44 1　　　　　　　　　　　A44 2

-45Y3　　　　　　　　　-45Y3
-0.60　　　　　　　　　-0.60

A44 0 V　　　　　　　　　A44 0 V

0 V　　　　　　　　　　　24L4　　　　　　　　　0 V
42/01.6　　　　　　　　　　　　　　　　　　45/02.1

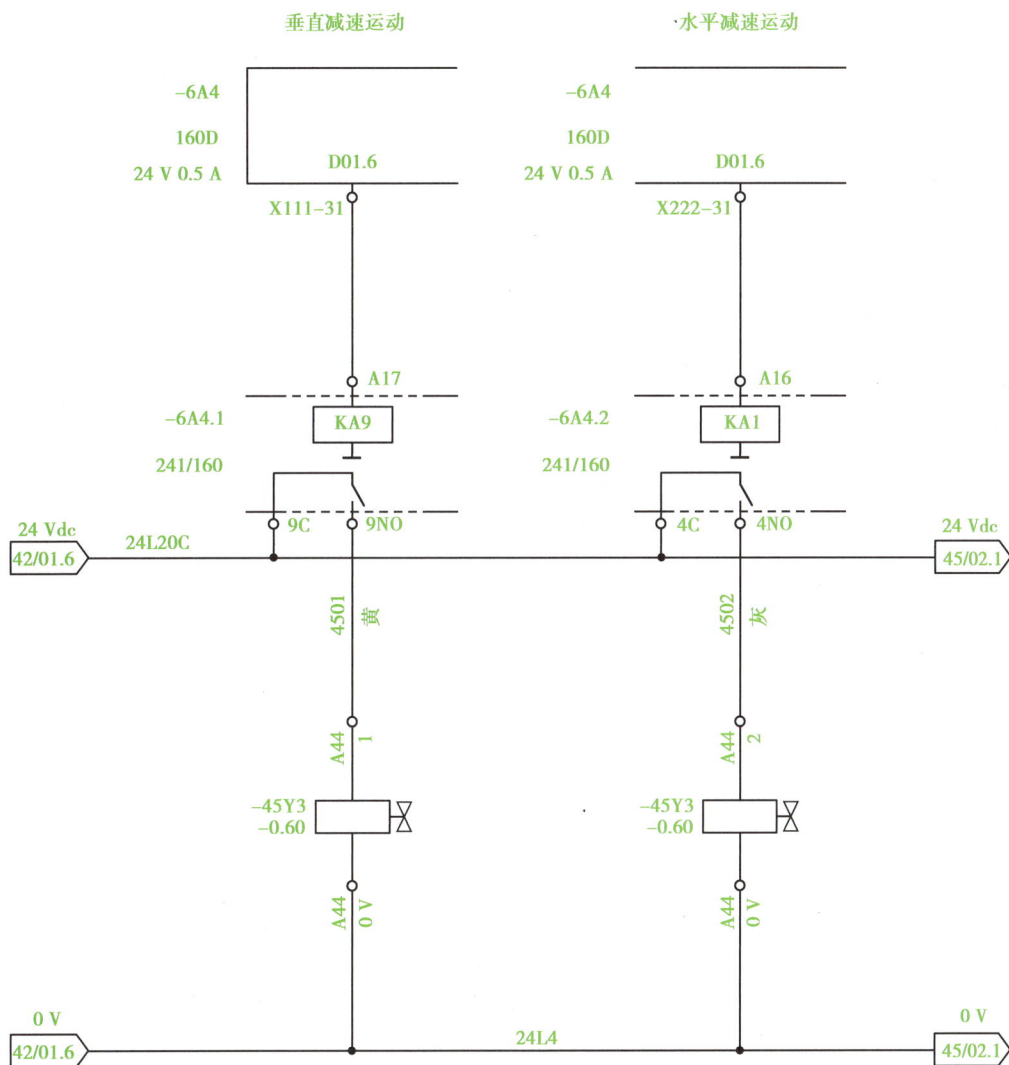

图 4-8　压爪垂直运动电气控制原理图

当-6A4PLC Q44.4 有输出时水平向后运动执行,-6A4.2 中间继电器 KA13 得电吸合,45Y1A 电磁换向阀得电,水平向后运动执行。

当-6A4PLC Q44.5 有输出时水平向前运动执行,-6A4.2 中间继电器 KA14 得电吸合,45Y1B 电磁换向阀得电,水平向前运动执行。

当-6A4PLC Q41.0 有输出时垂直向上运动执行,-6A4.1 中间继电器 KA1 得电吸合,45Y2A 电磁换向阀得电,垂直向上运动执行。

当-6A4PLC Q41.1 有输出时垂直向下运动执行,-6A4.1 中间继电器 KA2 得电吸合,45Y2B 电磁换向阀得电,垂直向下运动执行。

当 45B1 压力检测开关检测压力达到设定值时,给 PLC-6A4 有输入信号 I43.3,这时水平向后运动到位电磁阀断电。

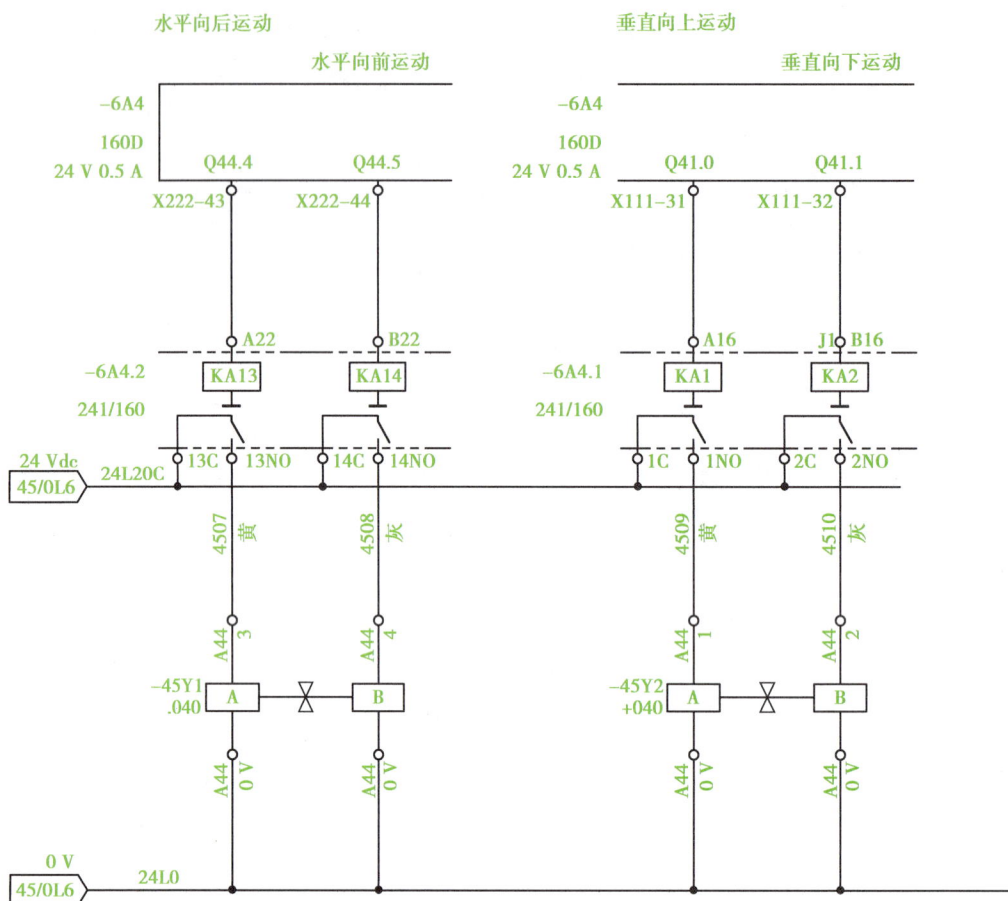

图4-9 压爪水平运动电气控制原理图

当45B2压力检测开关检测压力达到设定值时,给PLC-6A4有输入信号I43.4,这时垂直向下运动到位电磁阀断电,如图4-10所示。

2)故障原因分析

①出现故障后现场实际观察,首先检查排除操作手柄电气故障原因。

②确认操作手柄状态完好后,检查排除电磁换向阀故障原因。

③确认电磁换向阀状态完好后,根据液压原理图及电气控制原理图研究分析,在压卡装置下压时45Y3要得电动作就是垂直减速运动(用两位两通换向阀控制回油路上的调速阀),同时压力检测开关45B2要检测压卡装置下压压力,经分析认为速度不会对下压造成影响,唯一可能影响的原因就是压力继电器检测压力设置偏低处(压卡装置出压力为10 MPa,压力继电器设定检测压力为9.5 MPa)于临界点,在下压过程中压力时而满足时而不能满足,造成电磁阀时通时断,表现在压卡装置上就是连续跳动下降。

压力继电器作用:当液压系统的压力升高到一定数值时,发出电信号,操纵电气元件(如电磁阀线圈或中间继电器等),实现顺序动作或起安全保护作用。

根据各方面的检查分析,确认故障点在压力继电器检测压力值的设定值上。

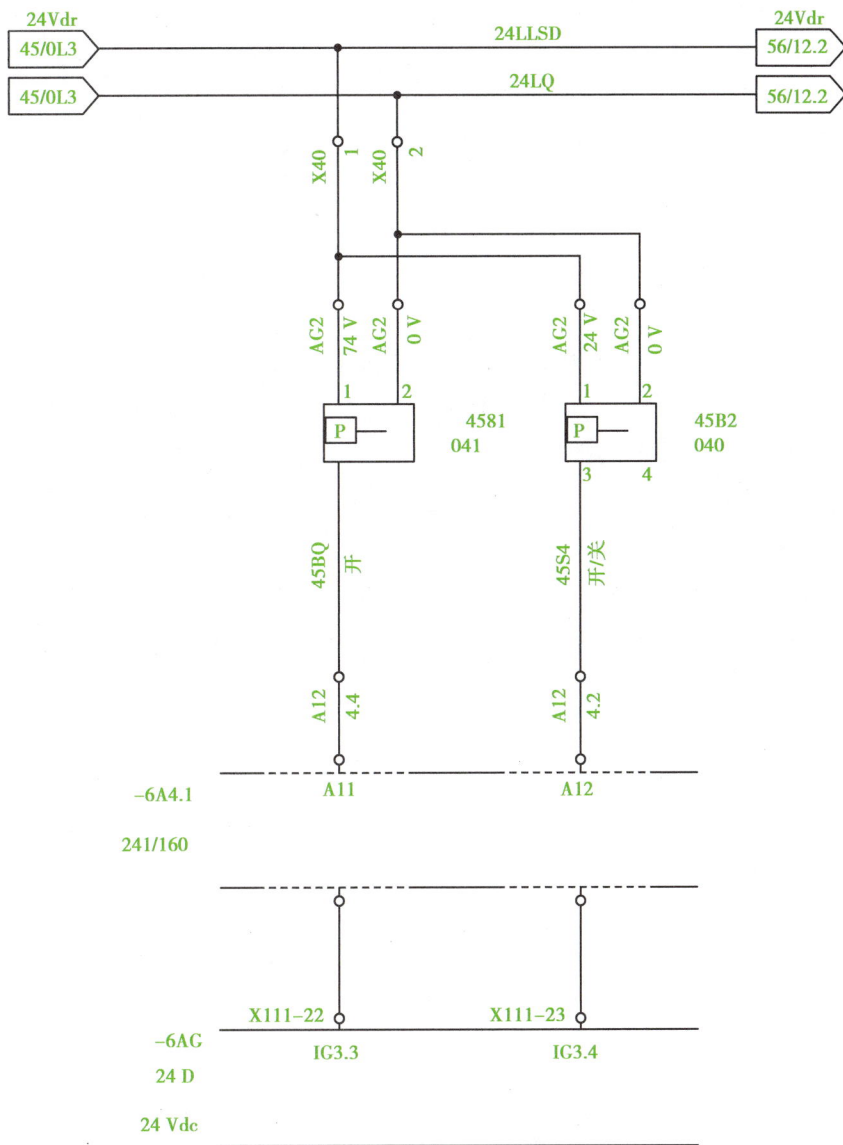

图 4-10 压力检测控制原理

思考题

1.移动式架车机组同步控制原理是什么?

2.液压系统安装调试的基本流程是什么?

3.小型汽油内燃机常见故障的排除方法是什么?

4.固定式架车机组安装调试中,水准仪的使用方法是什么?

5.列车清洗机自动洗车模式的必备条件是什么?

6.数控不落轮镟床测量原理是什么?

7.救援设备液压站不能启动的原因是什么?

8.固定式架车机组架升同步监测工作原理是什么?

9.救援设备顶升油缸活塞伸出后,不能收回的原因及处理方法是什么?

10.数控不落轮镟床液压系统工作原理是什么?

项目5　技师理论知识及实操技能

任务 5.1　技师理论知识

5.1.1　伺服系统的组成和原理

伺服系统是指以机械位置或角度作为控制对象的自动控制系统。它接受来自数控装置的进给指令信号,经变换、调节和放大后驱动执行件,转化为直线或旋转运动。伺服系统是数控装置(计算机)和机床的联系环节,是数控机床的重要组成部分。

(1)伺服系统的组成

伺服控制系统主要由伺服电机、驱动信号控制转换电路、电子电力驱动放大模块、位置调节单元、速度调节单元、电流调节单元、检测装置组成,一般闭环系统为三环结构:位置环、速度环、电流环,如图 5-1 所示。

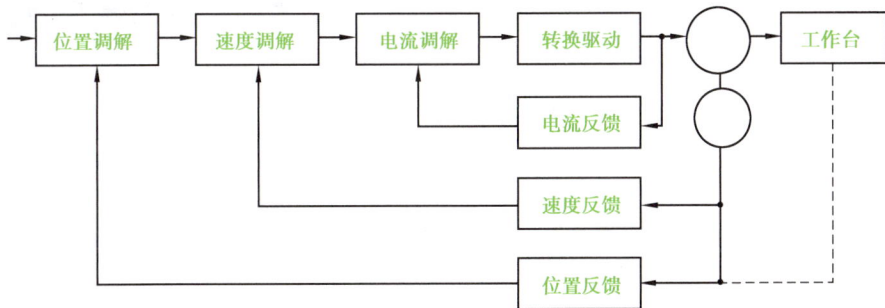

图 5-1　伺服系统结构图

位置、速度和电流环均由调节控制模块、检测和反馈部分组成。电力电子驱动装置由驱动信号产生电路和功率放大器组成。严格来说,位置控制包括位置、速度和电流控制;速度控制包括速度和电流控制。

1)开环伺服系统

开环伺服系统结构如图 5-2 所示。

没有位置测量装置,信号流是单向的(数控装置→进给系统),系统稳定性好。

①无位置反馈,精度相对闭环系统来讲不高,其精度主要取决于伺服驱动系统和机械传动机构的性能和精度。

②一般以功率步进电机作为伺服驱动元件。

③这类系统具有结构简单、工作稳定、调试方便、维修简单、价格低廉等优点,在精度和速度要求不高、驱动力矩不大的场合得到广泛应用。

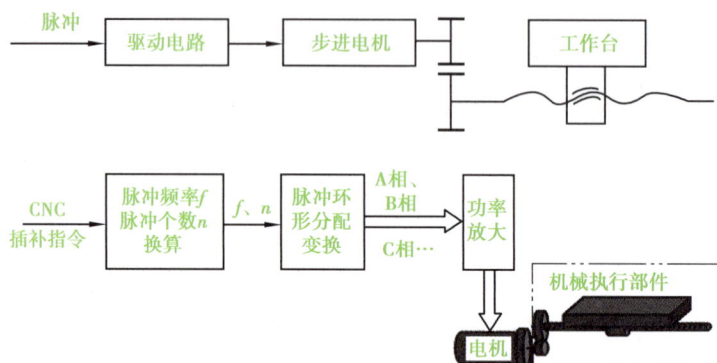

图 5-2　开环系统结构

2）半闭环数控系统

半闭环数控系统的位置采样点如图 5-3 所示,是从驱动装置(常用伺服电机)或丝杠引出,采样旋转角度进行检测,不是直接检测运动部件的实际位置。

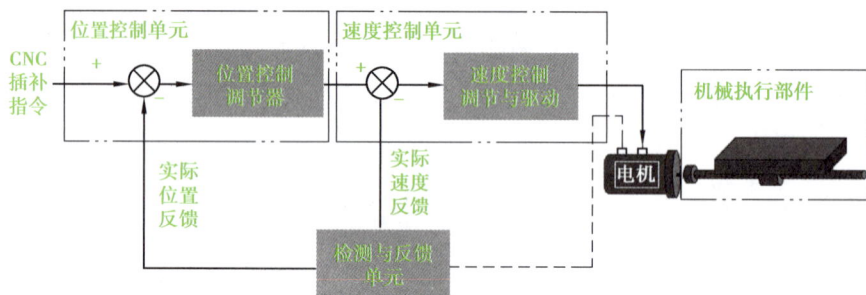

图 5-3　半闭环控制系统

①半闭环环路内不包括或只包括少量机械传动环节,因此可获得稳定的控制性能,其系统的稳定性虽不如开环系统,但比闭环要好。

②由于丝杠的螺距误差和齿轮间隙引起的运动误差难以消除。因此,其精度较闭环差,较开环好。但可对这类误差进行补偿,因而仍可获得满意的精度。

③半闭环数控系统结构简单、调试方便、精度也较高,因而在现代 CNC 机床中得到了广泛应用。

3）全闭环数控系统

全闭环数控系统的位置采样点如图 5-4 虚线所示,直接对运动部件的实际位置进行检测。

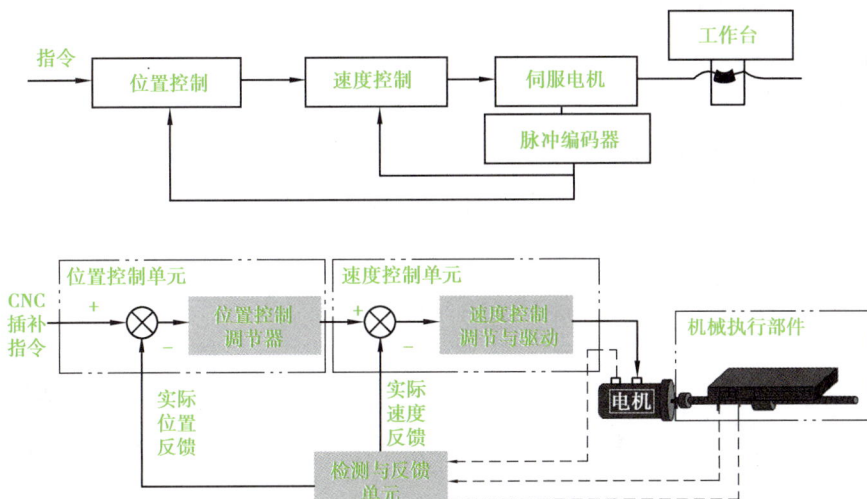

图 5-4 闭环控制系统

①从理论上讲,可以消除整个驱动和传动环节的误差、间隙和失动量。具有很高的位置控制精度。

②由于位置环内的许多机械传动环节的摩擦特性、刚性和间隙都是非线性的,故很容易造成系统的不稳定,使闭环系统的设计、安装和调试都相当困难。

③该系统主要用于精度要求很高的镗铣床、超精车床、超精磨床以及较大型的数控机床等。

(2)伺服电动机

伺服电动机为数控伺服系统的重要组成部分,是速度和轨迹控制的执行元件。数控机床中常用的伺服电机有:直流伺服电机、交流伺服电机、步进电机、直线电机(高速、高精度)。

1)直流伺服电机及工作特性

常用的直流电动机有:永磁式直流电机(有槽、无槽、杯型、印刷绕组)、励磁式直流电机、混合式直流电机、无刷直流电机、直流力矩电机。

常用的直流进给伺服系统有:永磁式直流电机类型中的有槽电枢永磁直流电机(普通型)。

常用的直流主轴伺服系统有:励磁式直流电机类型中的他激直流电机。

2)永磁直流伺服电机的性能特点

①低转速大惯量。

②转矩大。

③起动力矩大。

④调速范围大,低速运行平稳,力矩波动小。

(3)主轴驱动的速度控制

1)对直流主轴伺服系统的要求

①N、M—n 特性,低速恒转矩,高速恒功率。

②良好的加、减速及换向功能。

③过载能力,150%(额定电流的1.5倍)。

④大的调速范围。

⑤准停、同步、恒线速度控制功能。

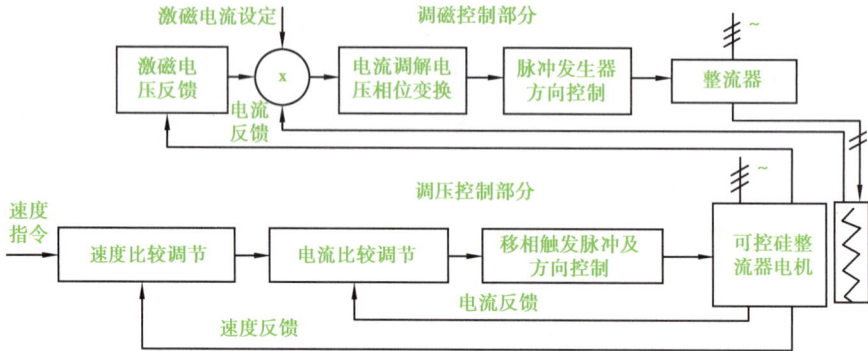

图 5-5 主轴速度控制单元结构

2)直流主轴速度控制单元组成

直流主轴速度控制单元主要由调压部分、调磁部分组成,如图 5-5 所示。

①调压:一般采用晶闸管调速系统,同直流进给系统一样。包括速度环、电流环、可控硅整流主回路等。

②调磁:主轴电机为它激式直流电机,激磁绕组与电枢绕组无直接关系,需由另一直流电源供电。激磁回路由激磁电流设定电路、电枢电压反馈电路及激磁反馈电路三者的比较输出信号,经电流调节、触发脉冲发生器等,控制激磁电流的大小,完成恒功率调速,如图 5-6 所示。

3)直流速度控制单元调速控方式

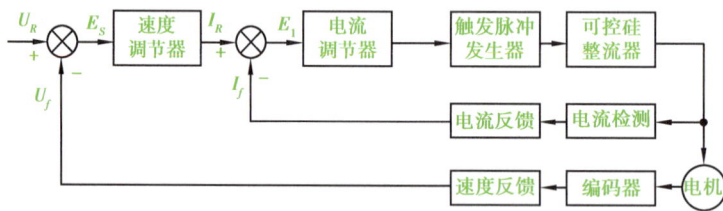

图 5-6 调速系统控制结构

当给定的指令信号增大时,则有较大的偏差信号加到调节器的输入端,产生前移的触发脉冲,可控硅整流器输出直流电压提高,电机转速上升。此时测速反馈信号也增大,与大的速度给定相匹配达到新的平衡,电机以较高的转速运行。假如系统受到外界干扰,如负载增加,电机转速下降,速度反馈电压降低,则速度调节器的输入偏差信号增大,其输出信号也增大,经电流调节器使触发脉冲前移,晶闸管整流器输出电压升高,使电机转速恢复到干扰前的数值。电流调节器通过电流反馈信号还起快速的维持和调节电流作用,如电网电压突然短时下降,整流输出电压也随之降低,在电机转速由于惯性还未变化之前,首先引起主回路电流的减小,立即使电流调节器的输出增加,触发脉冲前移,使整流器输出电压恢复到原来值,从而抑制了主回路电流的变化。

5.1.2 数控技术

(1)数控技术原理概述

数控技术是利用数字化的信息对机床运动及加工过程进行控制的一种方法。用数控技术实施加工控制的机床,或者说装备了数控系统的机床称为数控(NC)机床。数控机床加工参数信息按一定的格式形成加工文件(即正常说的数控加工程序)存放在信息载体上(如磁盘、穿孔纸带、磁带等),然后由机床上的数控系统读入(或直接通过数控系统的键盘输入,或通过通信方式输入),通过对其译码,从而使机床动作和加工零件。

1)数控技术分类

①数控 NC(Numerical Control)。它是指用数字、文字和符号组成的数字指令来实现一台或多台机械设备动作控制的技术。

②计算机数控 CNC(Compute Numerical Control)。它是采用计算机实现数字程序控制的技术。这种技术用计算机按事先存储的控制程序来执行对设备的运动轨迹和外设的操作时序逻辑控制功能。由于采用计算机替代原先用硬件逻辑电路组成的数控装置,使输入操作指令的存储、处理、运算、逻辑判断等各种控制机能的实现,均可通过计算机软件来完成,处理生成的微观指令传送给伺服驱动装置驱动电机或液压执行元件带动设备运行。

③直接数控 DNC(Direct Numerical Control)。它是用电子计算机对具有数控装置的机床群直接进行联机控制和管理。直接数控又称群控,控制的机床由几台至几十台不等。

④微机数控 MNC(Micro-computer Numerical Control)。它是指用微处理器和半导体存储器的微型计算机数控装置。

⑤数控机床(Numerical Controled Machine Tool),是用数字代码形式的信息(程序指令),控制刀具按给定的工作程序、运动速度和轨迹进行自动加工的机床,简称数控机床。

2)工作原理

数控机床是把机械加工过程中的各种控制信息用代码化的数字表示,通过信息载体输入数控装置。经运算处理由数控装置发出各种控制信号,控制机床的动作,按图纸要求的形状和尺寸,自动地将零件加工出来,数控加工流程如下:

①首先根据数控车床零件加工图样进行工艺分析,确定加工方案、工艺参数和位移数据。

②用规定的数控车床程序代码和格式规则编写零件加工程序单,或用自动编程软件进行 CAD/CAM 工作,直接生成零件的加工程序文件。

③将数控车床加工程序的内容以代码形式完整记录在信息介质(如穿孔带或磁带)上。

④通过阅读机把信息介质上的代码转变为电信号,并输送给数控装置。由手工编写的程序,可以通过数控机床的操作面板输入程序;由编程软件生成的程序,通过计算机的串行通信接口直接传输到数控单元(MCU)。

⑤数控装置将所接受的信号进行一系列处理后,再将处理结果以脉冲信号形式向伺服系统发出执行的命令。

⑥数控车床伺服系统接到执行的信息指令后,立即驱动车床进给机构严格按照指令的要求进行位移,使车床自动完成相应零件的加工。

3)系统组成

数控机床的基本组成包括加工程序载体、数控装置、伺服驱动装置、机床主体和其他辅助装置等五大部分。

①加工程序载体。

数控机床工作时,零件加工程序用一定的格式和代码,存储在一种程序载体上,如穿孔纸带、盒式磁带、软磁盘等,通过数控机床的输入装置,将程序信息输入到 CNC 单元。

②数控装置。

数控装置是数控机床的核心。现代数控装置均采用 CNC (Computer Numerical Control) 形式,这种 CNC 装置一般使用多个微处理器,以程序化的软件形式实现数控功能,因此又称软件数控 (Software NC)。CNC 系统是一种位置控制系统,它是根据输入数据插补出理想的运动轨迹,然后输出到执行部件加工出所需要的零件。因此,数控装置主要由输入、处理和输出三个基本部分构成。

a.输入装置。将数控指令输入给数控装置,根据程序载体的不同,相应有不同的输入装置。目前主要有键盘输入、磁盘输入、CAD/CAM 系统直接通信方式输入和连接上级计算机的 DNC (直接数控) 输入,现仍有不少系统还保留有光电阅读机的纸带输入形式。

b.信息处理。输入装置将加工信息传给 CNC 单元,编译成计算机能识别的信息,由信息处理部分按照控制程序的规定,逐步存储并进行处理后,通过输出单元发出位置和速度指令给伺服系统和主运动控制部分。CNC 系统的输入数据包括:零件的轮廓信息(起点、终点、直线、圆弧等)、加工速度及其他辅助加工信息(如换刀、变速、冷却液开关等)。数据处理的目的是完成插补运算前的准备工作。数据处理程序还包括刀具半径补偿、速度计算及辅助功能的处理等。

c.输出装置。输出装置与伺服机构相联。输出装置根据控制器的命令接受运算器的输出脉冲,并把它送到各坐标的伺服控制系统,经过功率放大,驱动伺服系统,从而控制机床按规定要求运动。

③伺服系统和测量反馈系统。

伺服系统是数控机床的重要组成部分,用于实现数控机床的进给伺服控制和主轴伺服控制。伺服系统的作用是把接受来自数控装置的指令信息,经功率放大、整形处理后,转换成机床执行部件的直线位移或角位移运动。伺服系统是数控机床的最后环节,其性能将直接影响数控机床的精度和速度等技术指标。

④机床主体。

机床主机是数控机床的主体。它包括床身、底座、立柱、横梁、滑座、工作台、主轴箱、进给机构、刀架及自动换刀装置等机械部件。它是在数控机床上自动地完成各种切削加工的机械部分。数控机床主体具有如下结构特点:

a.采用具有高刚度、高抗震性及较小热变形的机床新结构；

b.采用高性能的主轴伺服驱动和进给伺服驱动装置；

c.采用高传动效率、高精度、无间隙的传动装置和运动部件，如滚珠丝杠螺母副、塑料滑动导轨、直线滚动导轨、静压导轨等。

⑤数控机床的辅助装置。

辅助装置是保证充分发挥数控机床功能所必需的配套装置，常用的辅助装置包括：气动、液压装置，排屑装置，冷却、润滑装置，回转工作台和数控分度头，防护，照明等各种辅助装置。

5.1.3　液压与润滑技术

随着地铁检修工艺设备技术的发展，机械设备的液压传动系统与各种润滑技术为完成各种不同的控制功能有不同的组成形式。无论何种机械设备的液压传动系统，都是由一些液压基本回路组成的。熟悉和掌握液压基本回路的功能，有助于更好地分析使用和设计各种液压传动系统。

（1）液压技术多缸工作控制回路

在液压系统中，如果由一个油源给多个液压缸输送压力油，这些液压缸会因压力和流量的彼此影响而在动作上相互牵制，必须使用一些特殊的回路才能实现预定的动作要求，常见的这类回路主要有以下三种：

1）顺序动作回路（压力顺序控制回路）

多缸液压系统中的各个液压缸严格地按规定顺序动作的回路，称为顺序动作回路。如图 5-7 所示为使用顺序阀来实现两个液压缸顺序动作的回路，在该回路中，当三位四通换向阀左位接入回路且顺序阀 D 的调定压力大于液压缸 A 的最大前进工作压力时，压力油先进入液压缸 A 左腔，实现动作①；液压缸运动至终点后压力上升，压力油打开顺序阀 D 进入液压缸 B 的左腔，实现动作②；同样地，当三位四通换向阀右位接入回路且顺序阀 C 的调定压力大于液压缸 B 的最大返回工作压力时，两液压缸按③和④的顺序返回。

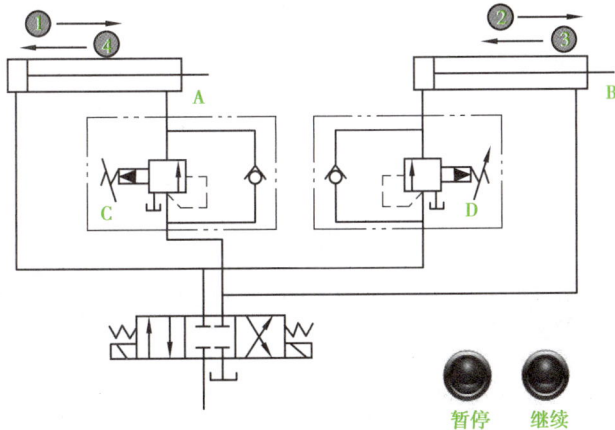

图 5-7　顺序液压控制回路

2）同步回路（同步缸或同步马达同步回路）

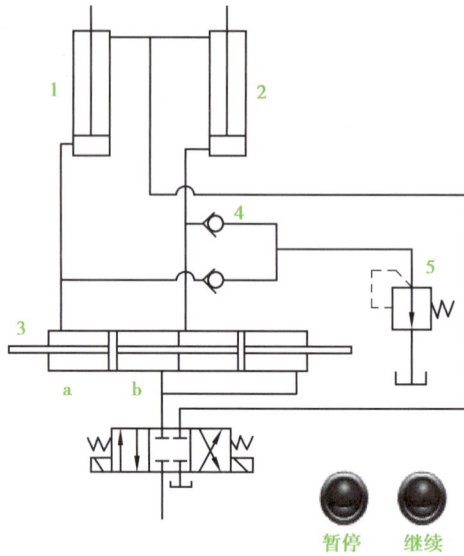

图 5-8　同步液压控制回路

　　同步回路的功用是保证系统中的两个或多个液压缸在运动中的位移量相同或以相同的速度运动。如图 5-8 所示为用两个尺寸相同的双杆液压缸连接的同步液压缸 3 来实现液压缸 1 和液压缸 2 同步运动的回路，在该回路中，当同步液压缸的活塞左移时，油腔 a 与 b 中的油液使液压缸 1 和液压缸 2 同步上升。若液压缸 1 活塞先到终点，则油腔 a 的剩余油液经单向阀 4 和安全阀 5 排回油箱，油腔 b 的油继续进入液压缸 2 的下腔，使之到达终点。同理，若液压缸 2 的活塞先到达终点，也可使液压缸 1 的活塞相继到终点。这种同步回路的同步精度取决于液压缸的加工精度和密封性，一般精度可达 98%～99%。由于同步缸一般不宜做得过大，所以这种回路仅适用于小容量的场合。同步控制回路也可采用分流阀（同步阀）控制同步。对于同步精度要求较高的场合，可采用比例调速阀和电液伺服阀组成的同步回路。

　　3）多缸快慢速互不干扰回路

　　多缸快慢速互不干扰回路的功用是防止液压系统中的几个液压缸因速度快慢的不同而在动作上的相互干扰。如图 5-9 所示为双泵供油来实现多缸快慢速互不干扰回路，在该回路中，各液压缸（1 和 2）工进时（工作压力大），由左侧的小流量液压泵 5 供油，用左调速阀 3 调节左液压缸 1 的工进速度，用右调速阀 4 调节右液压缸 2 的工进速度。快进时（工作压力小），由右侧大流量液压泵 6 供油。两个液压泵的输出油路，由二位五通换向阀隔离，互不相混。这样避免了因工作压力不同所引起的运动干扰，使各液压缸均可单独实现快进→工进→快退的工作循环。

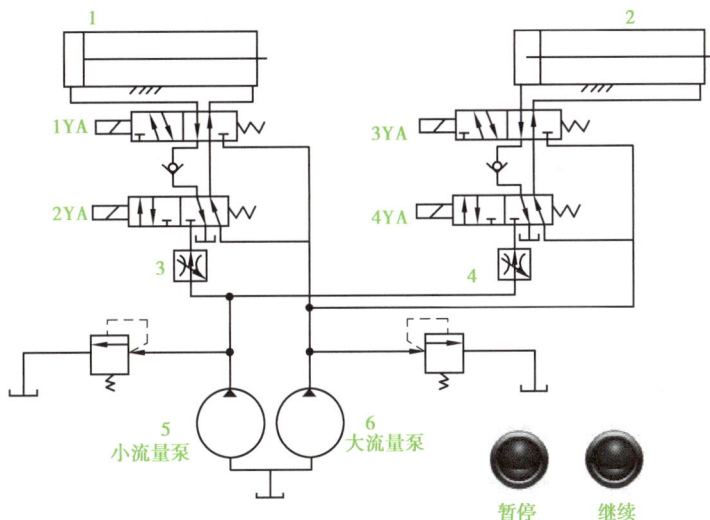

图 5-9　多缸快慢速液压控制回路

(2)润滑技术

润滑技术则是在相互运动的接触表面间添加润滑剂,从而避免摩擦表面直接接触和发生摩擦,达到降低摩擦阻力和能源消耗、减少表面磨损、防止腐蚀、延长使用寿命、保证设备正常运转的目的。

1)摩擦与润滑的相互关系

物体的摩擦分三种类型如图 5-10 所示:滑动摩擦、滚动摩擦和流动摩擦。为最小的力就能移动物体,有必要把滑动摩擦和滚动摩擦转变成阻力最小的流动摩擦,或是两个物体间加入一种润滑剂以减轻摩擦。

图 5-10　三类摩擦力示意图

润滑的作用:

①润滑功能,降低摩擦阻力以节约能源,减少磨损以延长机械寿命。

②冷却功能,散播摩擦产生的热量。

③密封功能,防泄漏、防尘、防窜气、防锈功能,防止设备或零件表面腐蚀。

④洗涤功能,从活动的部位上清除碳粒或磨损物。

⑤减震功能,应力分散缓冲,分散负荷和缓和冲击。

⑥动能传递,液压系统和遥控马达及摩擦无级变速等。

润滑的目的是两种物体直接接触时,在接触面之间形成一层较厚的油膜。一般来讲,滑动或滚动的表面形成的油膜厚度取决于 ZN/P 值。其中 Z = 黏度(cP),N = 每分钟转数

（r/min），$P=$负载（kg/cm^2），按此原则可以说，黏度越高，油膜越厚；转数越高，油膜越厚；负载越轻，油膜越厚；在恒定的负荷下，接触面积越大，单位面积所承受的负荷越小，因此油膜越厚。

如图 5-11 所示：流动润滑（摩擦）区（ZN/P >A）；这是理想的条件，润滑油膜厚，把接触面完全分开；混合和边界润滑（摩擦）区（$ZN/P<A$）。虽然黏着性在摩擦的表面还未完全得到发展，但润滑膜已经失去了流动特性，与流动摩擦区域相比较，摩擦量大。烧坏的危险性大，这种情况发生在机器的启动或停机瞬间。当负荷继续增大超过润滑限度，油膜失去支持负载的能力，互相摩擦的表面引起附着黏合和磨损，这种

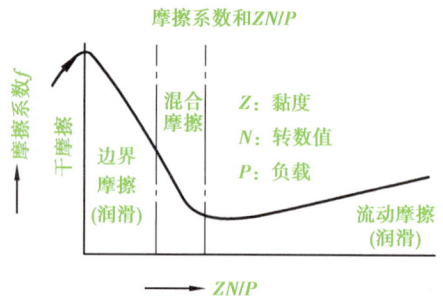

图 5-11　摩擦系数与 ZN/P-f 曲线

状况叫干摩擦。在这种情况下，在接触的金属表面与润滑油中极压剂之间会发生化学反应。因此，一层起润滑作用而又容易滑动的金属化合物薄膜就形成了，这种状况叫极压润滑。

2）润滑剂的物质形态

①气体润滑。

②液体润滑。

③半固体润滑。

④固体润滑。

3）设备润滑方式

①手工润滑。

由操作工使用油壶或油枪向润滑点的油孔，油嘴及油杯加油称为手工给油润滑，主要用于低速、轻载和间歇工作的滑动面、开式齿轮、链条以及其他单个摩擦副。加油量依靠工人感觉与经验加以控制。

②滴注润滑。

依靠油的自重通过装在润滑点上的油杯中的针阀或油绳滴油进行润滑。结构简单，使用方便，但给油量不容易控制，振动、温度的变化及油面的高低，都会影响给油量。不宜使用高黏度的油，否则针阀被堵塞。

③飞溅润滑。

浸泡在油池中的零件本身或附装在轴上的甩油环将油搅动，使之飞溅在摩擦面上。这是闭式箱体中的滚动轴承、齿轮传动、蜗杆传动，链传动、凸轮等的广泛应用的润滑方式。零件的浸泡深度有一定的限制。浸在油池中的机件的圆周速度一般控制在小于 12 m/s，速度过高，搅拌阻力增大，油的氧化速度加快，速度过慢影响润滑效果。

④油环与油链润滑。

依靠套在轴上的油环或油链将油从油池中带到润滑部位。当轴旋转时，靠摩擦力带动油环转动，从而把油带入轴承中进行润滑。

⑤油绳与油垫润滑。

一般是与摩擦表面接触的毛毡垫或油绳从油中吸油，然后将油涂在工作表面上。有

时没有油池,仅在开始时吸满油,以后定期用油壶补充一点油。主要应用于小型或轻载滑动轴承。这种方法主要优点在于简单、便宜,毛毡和油绳能起到过滤作用,因此比较适合多尘的场合。但由于油量小,不适用于大型和高速轴承,供油量不宜调整。

⑥自润滑。

自润滑是将具有润滑性能的固体润滑剂粉末与其他固体材料相混合并经压制、烧结成材,或是在多孔性材料中浸入固体润滑剂,或是用固体润滑剂直接压制成材,作为摩擦表面。这样在整个摩擦过程中,不需要加入润滑剂,仍能具有良好的润滑作用。

⑦油雾润滑。

油雾润滑系统由油雾润滑装置、管道和凝缩嘴组成。油雾润滑装置主要由分水滤气器、调压阀及油雾发生器组成。

油雾润滑主要用于高速滚动轴承的高温工作条件下的链条等。此方法不仅达到润滑目的还起到冷却和排污作用,耗油量小。其缺点就是排出的气体含有悬浮的油雾,造成污染。此种方法将被油气润滑所取代。

⑧集中润滑。

集中润滑主要用在机械设备中有大量的润滑点或车间、工厂的润滑系统。采用集中润滑可以减少维护工作量,提高可靠性。

⑨压力循环润滑。

这种润滑方式是润滑油在油泵从油箱送到各润滑点后,又回到油箱,油可以循环使用,因此可以供很多的润滑油而损耗极少。由于供油充分,油还可以带走热量,冷却效果好,广泛应用于大型、重型、高速、精密和自动化的各种机械设备上。

4)换油注意事项

①不要轻易做出换油决定,要设法延长油品的使用期。

②尽量结合检修期进行换油。

③换油时不要轻易报废,如油质尚好,可以稍加处理(如沉降过滤,去除水分杂质)后再用或用于次要设备。废油要收集好,以利于今后再处理和防止污染环境。

5.1.4　四新知识

四新技术主要是指在行业内采用新技术、新工艺、新材料、新设备为提高企业生产效率,改善生产环境。企业通过专设信息机构、信息主管,配备适应现代企业管理运营要求的自动化、智能化、高技术硬件、软件、设备、设施,建立包括网络、数据库和各类信息管理系统在内的工作平台,提高企业经营管理效率的发展模式。目前企业的信息化建设不外乎两个方向,第一是电子商务网站,是企业开向互联网的一扇窗户;第二就是管理信息系统,它是企业内部信息的组织管理者。

(1)数字化车间

1)利用 DNC 技术提升车间网络化能力

信息化时代制造环境的变化需要建立一种面向市场需求具有快速响应机制的网络化制造模式。数控机床成为现代加工车间普遍使用的设备,构建网络化数控车间生产现场的信息数据交换平台尤为重要。盖勒普 DNC(Distributed Numeric Control)作为一种实现数控车间信息集成和设备集成的管理系统,实现车间制造设备的集中控制管理以及制造设备之间与上层计算机之间的信息交换,彻底改变以前数控设备的单机通信方式,帮助企业进行设备资源优化配置和重组,大幅度提高设备的利用率。

2)利用 MDC 技术提高车间透明化能力

在数字化车间的方案设计中,SFC 底层数据管理对企业车间信息化平台的支撑是必不可少的。对于已经具备 ERP/MRP Ⅱ/MES/PDM 等上层管理系统的企业来说,迫切需要实时了解车间底层详细的设备状态信息,而 MDC 是绝佳的选择。MDC 实时监控车间的设备和生产状况,25 000 多种标准 ISO 报告和图表直观反映当前或过去某段时间的加工状态,使企业对车间的设备状况和加工信息一目了然。管理人员不用离开办公桌,就能查看到整个部门或指定设备的状态,便于对车间生产及时做出可靠、准确的决策。

3)利用 PDM 技术提升车间无纸化能力

当制造业与 PDM(制造过程数据文档管理系统)有机结合在一起时,就能通过计算机网络和数据库技术,把车间生产过程中所有与生产相关的信息和过程集成起来统一管理,为工程技术人员提供一个协同工作的环境,实现作业指导的创建、维护和无纸化浏览,将生产数据文档电子化管理,避免或减少基于纸质文档的人工传递及流转,保障工艺文档的准确性和安全性,快速指导生产,达到标准化作业。盖勒普 PDM 已经成为数字化车间不可缺少的重要工具,并成为提升企业竞争力的重要手段。

4)利用 MES 技术提升车间精细化能力

精细化管理时代,细节决定成败。MES 系统越来越受到企业的重视是因为企业越来越趋于精细化管理,越来越重视细节、科学量化。MES 通过条码技术跟踪车间从物料投产到成品入库的整个生产流程,实时记录并监控生产工序和加工任务完成情况,人员工作效率、劳动生产率情况,设备利用情况,产品合格率、废品率情况,等等。通过生产数据的集成和分析,及时发现执行过程中的问题并进行生产改善。盖勒普 MES 帮助企业实现统一管理、统一运维的智能化制造,并通过进一步完善车间的管理体系,支撑企业精细化管理。

(2)四新优势
①实现信息有效的流通;
②实现资源和知识共享;
③提高工作效率;
④实现有效管理;
⑤职责分明;
⑥降低成本;
⑦浏览器使用方式,实现网络化办公;
⑧信息集中管理、支持企业内部用户信息共享;
⑨支持流程表单自定义、工作流程自定义,迎合不同企业的内部流程;
⑩采取对敏感数据的加密手段,通过 SSL 的方式保障了数据传送过程的安全。

(3)建设步骤
①环境分析;

②企业战略分析；

③分析与评估企业现状；

④企业关键业务流程分析与优化；

⑤信息化需求分析；

⑥信息化战略的制定；

⑦确定信息化的总体构架和标准；

⑧信息化项目分解；

⑨信息化保障分析。

任务 5.2 高精度测量仪器及应用

5.2.1 合像水平仪

(1)合像水平仪的结构和工作原理

合像水平仪主要由测微螺杆、杠杆系统、水准器、光学合像棱镜和具有 V 形工作平面的底座等组成，如图 5-12 所示。

水准器安装在杠杆架的底板上，它的水平位置用微分盘旋钮 1 通过测微螺杆与杠杆系统进行调整。水准器内的气泡圆弧，分别用三个不同方向位置的棱镜反射至观察窗 4，分成两个半像，利用光学原理把气泡像复合放大（放大 5 倍），提高读数精度，并通过杠杆机构提高读数的灵敏度和增大测量范围。

当水平仪处于水平位置时，气 A 与 B 组合，如图 5-12 所示。当水平仪倾斜时，气泡 A 与 B 不重合，如图 5-13 所示。

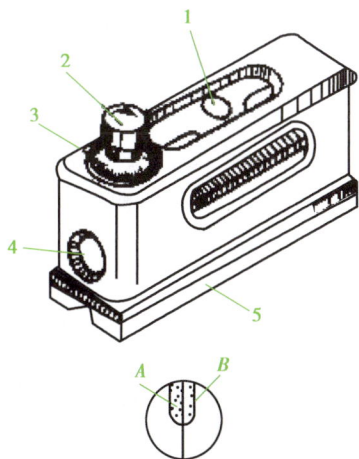

图 5-12 光学合像水平仪

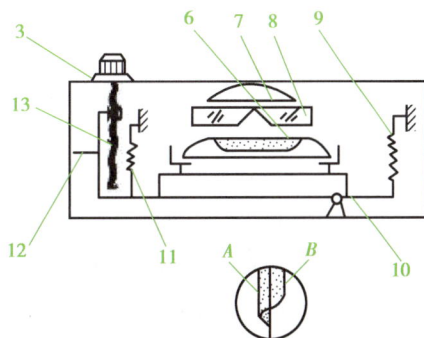

图 5-13 光学水平仪结构图

测微螺杆的螺距 0.5 mm,微分盘刻线分为 100 等份。微分盘转过一格,测微螺杆上螺母轴向移动 0.005 mm。

(2)使用方法

将水平仪放在工件的被测表面上,眼睛看窗口 1,手转动微分盘,直至两个气泡重合时进行读数,读数时,从窗口 4 读出数字(mm),从微分盘上读出刻度数。

(3)使用特点

①测量工件被测表面误差大或倾斜程度大时,作为框式水平仪,气泡就会移至极限位置而无法测量,光学合像水平仪就没有一弊病。

②环境温度变化对测量精度有较大的影响,所以使用时应尽量避免工件和水平仪受热。

5.2.2 分析天平

(1)工作原理

一般分析天平可以准确到 1/10 000 g 或 2/10 000 g,它们的最大称量为 100 g 或 200 g。有摆动式、空气阻尼式和光学式三种。现介绍一种具有部分机械加码装置的光学天平,如图 5-14所示。

分析天平的构造原理与物理天平相似,为了提高称量精度,分析天平有更精致的结构。三个刀口是由坚硬的不易磨损的玛瑙(或人造宝石)制成,并配有玛瑙刀垫。当天平摆动时,刀口与刀垫相接触,因为它们均由玛瑙制成,所以摩擦力很小。为了保护刀口,在横梁下装有止动架(图中未画出),转动安置在天平下部的止动旋钮,就可以使止动架上升,而把横梁及秤盘向上举起一些,这样刀口就不与刀垫接触,天平止动。为了保护天平,分析天平都放在玻璃柜内,柜内有干燥剂防潮。分析天平上还装有水准仪,用来调整刀垫水平。

为了增加横梁摆动时所受的阻力,使它能够很快静止下来,以便迅速读取指针位置,装有

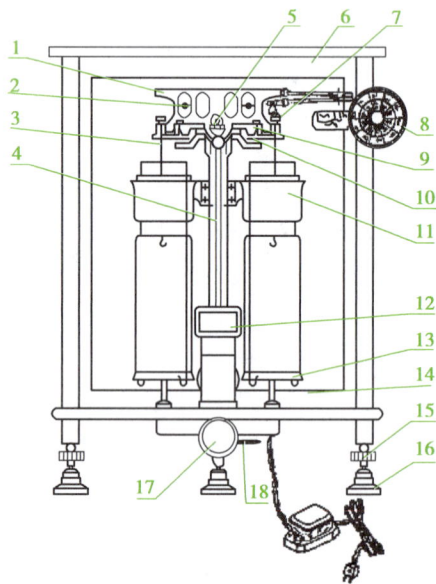

图 5-14 TG328B 型分析天平

1—横梁;2—平衡陀;3—吊耳;4—指针;5—支点刀;6—框罩;7—圈形砝码;8—指数盘;9—支力销;10—折叶;11—阻尼内筒;12—投影屏;13—称盘;14—盘托;15—螺旋脚;16—垫脚;17—升降旋钮;18—投影屏调节杆

空气阻尼器。阻尼器的构造为:在两秤盘上方各装一固定在支柱上的金属外筒,挂在天平吊环上的金属内筒其筒口向下套于内筒中,内外筒之间有一定的(很小)空隙,横梁摆动时,必有一秤盘下降,相应的内筒也随之下降,并压缩内外筒之间的空气,被排出的空气必须通过两筒壁间很下狭窄的缝隙及外筒底板上的小孔,因而流泄较慢,可能横梁的摆动受

到阻力,很快地静止不动,而便于我们迅速地读数。

称量 1 g 以下的质量用机械加码装置及光学投影读数装置。机械加砝码装置(读数范围 10～990 mg)有 1 g 以下的圈码 8 个,如图 5-15 所示,转动机械使加码时,相应的圈码组就自动加在横梁上了。

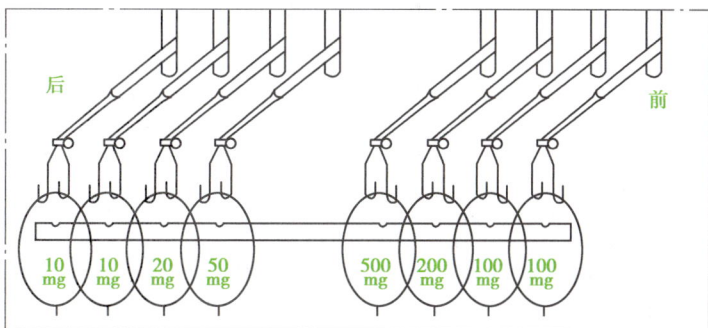

图 5-15　圈码

光学投影读数装置(读数范围为 10 mg 以下)是为了方便地读取最小称量值、减轻工作人员的疲劳、提高称衡效率。观察屏上刻有一条准线,作为读数标记,其光学系统如图 5-16 所示。微量标尺的刻度中间为零,两边各为 +10 mg 及 -10 mg,其最小刻度为 0.1 mg,所以,感量为 0.1 mg/格。当准线指在正值时表示砝码读数必须加上微量标尺读数;反之,当准线指在负值时,砝码读数必须加上微量标尺负读数,称量时,微量标尺在移动而准线固定不动。

平衡螺母是用来调整零点的。较小的零点调整可以用天平底板下的拨杆,使微量标尺上的零点与观察屏上的准线完全重合。重心螺丝是用来调整灵敏度的。

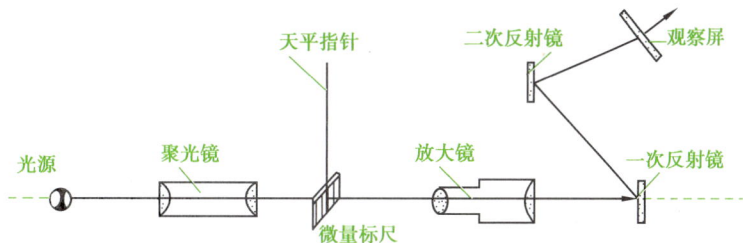

图 5-16　读数光学系统光路图

(2)光学天平读数方法

观察屏上为 0.04 mg,读数盘上为 810 mg,砝码读数为 6 g,则称量结果为:6.810 04 g,如图 5-17 所示。

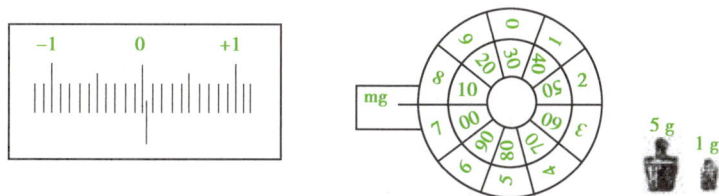

图 5-17　读数方法

（3）空气浮力影响的修正

若待测物体的体积是 V，砝码总体积是 V_1，在称量时的温度和压强下，空气的密度是 ρ'，则在空气中称量时，物体受浮力为 $V\rho'g$，而砝码受浮力为 $V_1\rho'g$。设 M 是物体的真实质量，P 是砝码的真实质量，则当天平平衡时，有：

$$Mg - V\rho'g = Pg - V_1\rho'g$$
$$M = P + (V - V')\rho' \tag{1}$$

设 ρ 为待测物体的密度，ρ_1 为砝码的密度，则：

$$M = \rho V \qquad P = V_1 \rho_1$$

代入（1）式，考虑 $\rho' \ll \rho, \rho' \ll \rho_1$，略去高次项，得：

$$M = P\left(1 - \frac{\rho'}{\rho_1} - \frac{\rho'}{\rho}\right) \tag{2}$$

ρ' 可近似认为 1.2×10^{-3} g/cm³，ρ_1 和 ρ 则由手册中查得。

（4）分析天平的灵敏度

设当天平两盘均负载 P g 砝码时，天平指针处于铅直方向；在左盘附加 q g 后，指针向右偏转一角度 ϕ，而后静止下来，如图 5-18 所示，这时横梁受力为：作用于刀口 b' 上的 $(P+q)$，作用于刀口 b 的 P，横梁所受重力 W（至于刀垫作用于刀口 a 上的力，因其力矩为零，故未考虑）。当横梁静止不动时，此三力对支点 a 的力矩相互平衡，即：

$$L(P + q)\sin i_1 = PL \sin i_2 + Wh \sin \phi \tag{3}$$

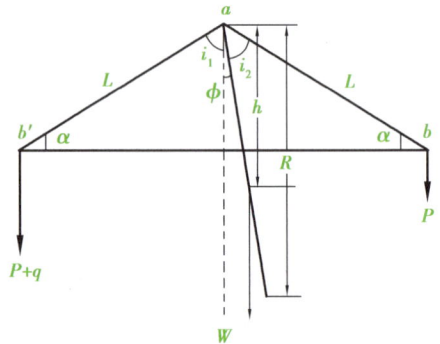

图 5-18　分析天平灵敏度原理图

其中 L 为天平横梁的臂长，h 为天平重心到支点 a 的距离。由图 5-18 可见：

$$i_1 + \alpha + \phi = \frac{\pi}{2}$$

$$i_2 + \alpha - \phi = \frac{\pi}{2}$$

代入（3）式得：

$$(P + q)L\cos(\alpha + \phi) = PL\cos(\alpha - \phi) + Wh\sin\phi$$

展开化简，可得：

$$qL\cos\alpha\cos\phi = (2P + q)L\sin\alpha\sin\phi + Wh\sin\phi$$

两边除以 $\cos\phi$，即得：

$$qL\cos\alpha = (2P + q)L\sin\alpha\tan\phi + Wh\tan\phi$$

$$\text{或} \frac{\tan\phi}{q} = \frac{L\cos\alpha}{L(2P + q)\sin\alpha + Wh}$$

灵敏度：

$$S = \frac{R\tan\phi}{q} = \frac{RL\cos\alpha}{L(2P + q)\sin\alpha + Wh} \tag{4}$$

式中 R 是指针长度。

由(4)式可见,分析天平的灵敏度与横梁的重量、横梁重心的位置及负载情况均有关。

任务 5.3 可编程序控制器设计原则及步骤

随着城市轨道交通技术的发展,可编程序控制器(PLC)在城轨工艺设备如列车清洗机、固定式架车机、移动式架车机及不落轮镟床自动控制中有着广泛的应用,控制功能也越来越强大,过程控制也越复杂,掌握可编程序控制器设计及应用,已经成为设备维修技师一项必备技能。

5.3.1 可编程序控制器设计原则

PLC 控制系统的设计需要遵循以下原则:
①最大限度地满足对控制对象的控制要求;
②要能够保证系统运行的高可靠性和安全性;
③在满足安全和可靠性的基础上,力求做到控制系统简单、经济、使用和维修方面;
④PLC 选型时,必须充分考虑靠后期设备功能升级和扩展,硬件 I/O 点数上留有所需余量。

5.3.2 可编程序控制 PLC 控制系统设计流程

(1)PLC 控制系统设计内容
①根据设计任务书,进行工艺分析,并确定控制方案,它是设计的依据。
②选择输入设备(如按钮、开关、传感器等)和输出设备(如继电器、接触器、指示灯等执行机构)。
③选定 PLC 的型号(包括机型、容量、I/O 模块和电源等)。
④分配 PLC 的 I/O 点,绘制 PLC 的 I/O 硬件接线图。
⑤编写程序并调试。
⑥设计控制系统的操作台、电气控制柜等以及安装接线图。
⑦编写设计说明书和使用说明书。

(2)可编程序控制器 PLC 控制系统设计步骤
1)工艺分析
深入了解控制对象的工艺过程、工作特点、控制要求,并划分控制的各个阶段,归纳各个阶段的特点,和各阶段之间的转换条件,画出控制流程图或功能流程图。
2)选择合适的 PLC 类型
在选择 PLC 机型时,主要考虑下面几点:
①功能的选择。对于小型的 PLC 主要考虑 I/O 扩展模块、A/D 与 D/A 模块以及指令

功能(如中断、PID 等)。

②I/O 点数的确定。统计被控制系统的开关量、模拟量的 I/O 点数,并考虑以后的扩充(一般加上 10%~20% 的备用量),从而选择 PLC 的 I/O 点数和输出规格。

③内存的估算。一般可按下式估算:存储容量＝开关量输入点数×10+开关量输出点数×8+模拟通道数×100+定时器/计数器数量×2+通信接口个数×300+备用量。

④分配 I/O 点。分配 PLC 的输入/输出点,编写输入/输出分配表或画出输入/输出端子的接线图,接着就可以进行 PLC 程序设计,同时进行控制柜或操作台的设计和现场施工。

⑤程序设计。对于较复杂的控制系统,根据生产工艺要求,画出控制流程图或功能流程图,然后设计出梯形图,再根据梯形图编写语句表程序清单,对程序进行模拟调试和修改,直到满足控制要求为止。

⑥控制柜或操作台的设计和现场施工。设计控制柜及操作台的电器布置图及安装接线图;设计控制系统各部分的电气互锁图;根据图纸进行现场接线,并检查。

⑦应用系统整体调试。如果控制系统由几个部分组成,则应先作局部调试,然后再进行整体调试;如果控制程序的步骤较多,则可先进行分段调试,然后连接起来总调。

⑧编制技术文件。技术文件应包括:可编程控制器的外部接线图等电气图纸,电器布置图,电器元件明细表,顺序功能图,带注释的梯形图和说明。

5.3.3 组合机床 PLC 控制系统设计

(1)设备结构及控制工作流程

两工位钻孔、攻丝组合机床,能自动完成工件的钻孔和攻丝加工,自动化程度高,生产效率高。两工位钻孔、攻丝组合机床如图 5-19 所示。

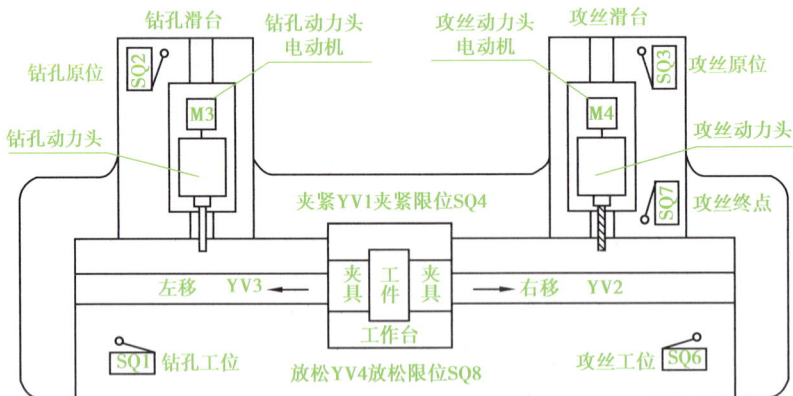

图 5-19 工位钻孔、攻丝组合机床示意图

移动工作台和夹具用以完成工件的移动和夹紧,实现自动加工。钻孔滑台和钻孔动力头,用以实现钻孔加工量的调整和钻孔加工。攻丝滑台和攻丝动力头,用以实现攻丝加工量的调整和攻丝加工。工作台的移动(左移、右移),夹具的夹紧、放松,钻孔滑台和攻丝

滑台的移动(前移、后移),均由液压系统控制。其中两个滑台移动的液压系统由滑台移动控制凸轮来控制,工作台的移动和夹具的夹紧与放松由电磁阀控制。

根据设计要求,工作台的移动和滑台的移动应严格按规定的时序同步进行,两种运动密切配合,以提高生产效率。

(2)系统控制要求

系统通电,自动启动液压泵电动机 M1。若机床各部分在原位(工作台在钻孔工位 SQ1 动作,钻孔滑台在原位 SQ2 动作,攻丝滑台在原位 SQ3 动作),并且液压系统压力正常,压力继电器 PV 动作,原位指示灯 HL1 亮。

将工件放在工作台上,按下起动按钮 SB,夹紧电磁阀 YV1 得电,液压系统控制夹具将工件夹紧,与此同时控制凸轮电动机 M2 得电运转。当夹紧限位 SQ4 动作后,表明工件已被夹紧。

起动钻孔动力头电动机 M3,且由于凸轮电动机 M2 运转,控制凸轮控制相应的液压阀使钻孔滑台前移,进行钻孔加工。当钻孔滑台到达终点时,钻孔滑台自动后退,到原位时停,M3 同时停止。

等到钻孔滑台回到原位后,工作台右移电磁阀 YV2 得电,液压系统使工作台右移,当工作台到攻丝工位时,限位开关 SQ6 动作,工作台停止。起动攻丝动力头电机 M4 正转,攻丝滑台开始前移,进行攻丝加工,当攻丝滑台到终点时(终点限位 SQ7 动作),制动电磁铁 DL 得电,攻丝动力头制动,0.3 s 后攻丝动力头电机 M4 反转,同时攻丝滑台由控制凸轮控制使其自动后退。

当攻丝滑台后退到原位时,攻丝动力头电机 M4 停,凸轮正好运转一个周期,凸轮电机 M2 停,延时 3 s 后左移电磁阀 YV3 得电,工作台左移,到钻孔工位时停。放松电磁阀 YV4 得电,放松工件,放松限位 SQ8 动作后,停止放松。原位指示灯亮,取下工件,加工过程完成。

两个滑台的移动,是通过控制凸轮来控制滑台移动液压系统的液压阀实现的,电气系统不参与,只需起动控制凸轮电机 M2 即可。

在加工过程中,应起动冷却泵电机 M5,供给冷却液。

(3)编制控制系统 I/O 分配表

编制系统输入/输出控制表前,首先要清楚完成设备功能控制系统都需要哪些输入开关量、模拟量输入信号,这些输入控制装置都安装在机床什么位置,控制过程是什么,以及输出点都有哪些,分别控制机床什么运动部件,如指示灯、报警器、液压泵、冷却泵、钻孔电机、电磁阀等,组合机床 I/O 分配图见表 5-1。

表 5-1 控制外围设备 I/O 分配图

输入点			输出点		
序号	名　称	PLC 点位置	序号	名　称	PLC 点位置
1	压力检测 PV	I0.0	1	原点指示 HL1	Q1.4
2	钻孔工位限位 SQ1	I0.1	2	液压泵电机 MI(KM1)	Q0.1

续表

	输入点				输出点	
3	钻孔滑台原位 SQ2	I0.2	3	凸轮电机 M2（KM2）	Q0.2
4	攻丝滑台原位 SQ3	I0.3	4	夹紧电磁阀 YV1	Q1.0
5	夹紧限位 SQ4	I0.4	5	钻孔动力头电机 M3（KM3）	Q0.3
6	攻丝工位 SQ6	I0.6	6	冷却泵电机 M5（KM6）	Q0.4
7	攻丝滑台终点 SQ7	I0.7	7	工作台右移电磁阀 YV2	Q1.1
8	放松限位 SQ8	I1.0	8	攻丝动力头电机 M4 正转（KM4）	Q0.5
9	起动按钮 SB	I1.1	9	制动 DL	Q0.6
10	自动、手动选择 SA	I1.2	10	攻丝动力头电机 M4 反转（KM5）	Q0.5
11	液压泵手动 SB1	I1.3	11	工作台左移电磁阀 YV3	Q1.2
12	凸轮电机手动 SB2	I1.4	12	放松电磁阀 YV4	Q1.3
13	钻孔手动 SB3	I1.5	13	自动指示 HL2	Q1.5
14	手动攻丝正转 SB4	I1.6	14	手动指示 HL3	Q1.6
15	手动攻丝反转 SB5	I1.7	15	手动电源	Q1.7
16	冷却泵手动 SB6	I2.0			
17	手动夹紧 SB7	I2.1			
18	手动右移 SB8	I2.2			
19	手动左移 SB9	I2.3			
20	手动放松 SB10	I2.4			

(4)控制程序设计

1)控制过程分析

在绘制流程图过程中，随时登记所用程序元素，便于检测和避免重复。在设计过程中，多使用内部继电器，以避免过于负责的混连逻辑。如图 5-20 所示功能流程图，首先启动液压泵后系统压力机工作原点自检，原点指示显示，启动凸轮电机 M2，YV1 夹紧电磁阀得电，工件夹紧，夹紧到位后，钻头助力泵电机得电冷却电机启动，系统在检测到钻孔滑台处于原点位置后，YV2 工作台右移动电磁阀得电，滑台右移动，达到攻丝工位后，攻丝动力头电机得电正转，开始攻丝，达到攻丝终点位置，动力头电机制动停止；延时 0.3 s 后动力头电机反转，攻丝动力头退出，到达起始原点后，延时动力头及冷却泵停止，滑台左移电磁阀 YV3 得电，滑台左移，回到原点后，凸轮电机 M2 停止，夹紧电磁阀停止，到达钻孔工位限位后，YV4 放松电磁阀地点，工件松开。

```
   │ M1.0
───┼─┤ ├─
   │ ┌──────┐ ┌──────┐
   ├─┤ S0.0 │ │ SQ0.1│          起动液压泵M1
   │ └──────┘ └──────┘
PV ┼─┤ I0.0
SQ1┼─┤ I0.1
SQ2┼─┤ I0.2
SQ3┼─┤ I0.3
SQ8┼─┤ I1.0
   │ ┌──────┐ ┌──────┐
──►├─┤ S0.1 │ │ Q1.4 │          HL1原位指示
 │ │ └──────┘ └──────┘
 │SB┼─┤ I1.1
 │ │ ┌──────┐ ┌──────┐ ┌──────┐
 │ ├─┤ S0.2 │ │ SQ0.2│ │ SQ1.0│  起动凸轮电机M2，YV1夹紧电磁阀
 │ │ └──────┘ └──────┘ └──────┘
 │SQ4┼─┤ I0.4
 │ │ ┌──────┐ ┌──────┐ ┌──────┐
 │ ├─┤ S0.3 │ │ =Q0.3│ │ SQ0.4│  钻孔动力头M3，起动冷却泵电机M5
 │ │ └──────┘ └──────┘ └──────┘
 │SQ2┼─┤ I0.2
 │ │ ┌──────┐ ┌──────┐
 │ ├─┤ S0.4 │ │ =Q1.1│          YV2工作台右移电磁阀
 │ │ └──────┘ └──────┘
 │SQ6┼─┤ I0.6
 │ │ ┌──────┐ ┌──────┐
 │ ├─┤ S0.5 │ │ =Q0.5│          攻丝动力头M4正转
 │ │ └──────┘ └──────┘
 │SQ7┼─┤ I0.7
 │ │ ┌──────┐ ┌──────┐ ┌──────┐
 │ ├─┤ S0.6 │ │ =Q0.0│ │ T1   │  攻丝动力头制动，制动时间0.3 s
 │ │ └──────┘ └──────┘ └──────┘
 │ │ ┼─┤ T1
 │ │ ┌──────┐ ┌──────┐
 │ ├─┤ S0.7 │ │ =Q0.6│          攻丝动力头M4反转
 │ │ └──────┘ └──────┘
 │SQ3┼─┤ I0.3
 │ │ ┌──────┐ ┌──────┐ ┌──────┐
 │ ├─┤ S1.0 │ │ T2   │ │ RQ0.4│  延时时间，停冷却泵
 │ │ └──────┘ └──────┘ └──────┘
 │ │ ┼─┤ T2
 │ │ ┌──────┐ ┌──────┐ ┌──────┐ ┌──────┐
 │ ├─┤ S1.1 │ │ Q1.2 │ │ RQ0.2│ │ RQ1.0│  YV3工作台左移电磁阀，停凸轮电机M2，停夹紧电磁阀
 │ │ └──────┘ └──────┘ └──────┘ └──────┘
 │SQ1┼─┤ I0.1
 │ │ ┌──────┐ ┌──────┐
 │ ├─┤ S1.2 │ │ =Q1.3│          YV4放松电磁阀
 │ │ └──────┘ └──────┘
 │SQ1┼─┤ I0.1
 │SQ2┼─┤ I0.2
 │SQ3┼─┤ I0.3
 │   ┼─┤ I1.0
 └───
```

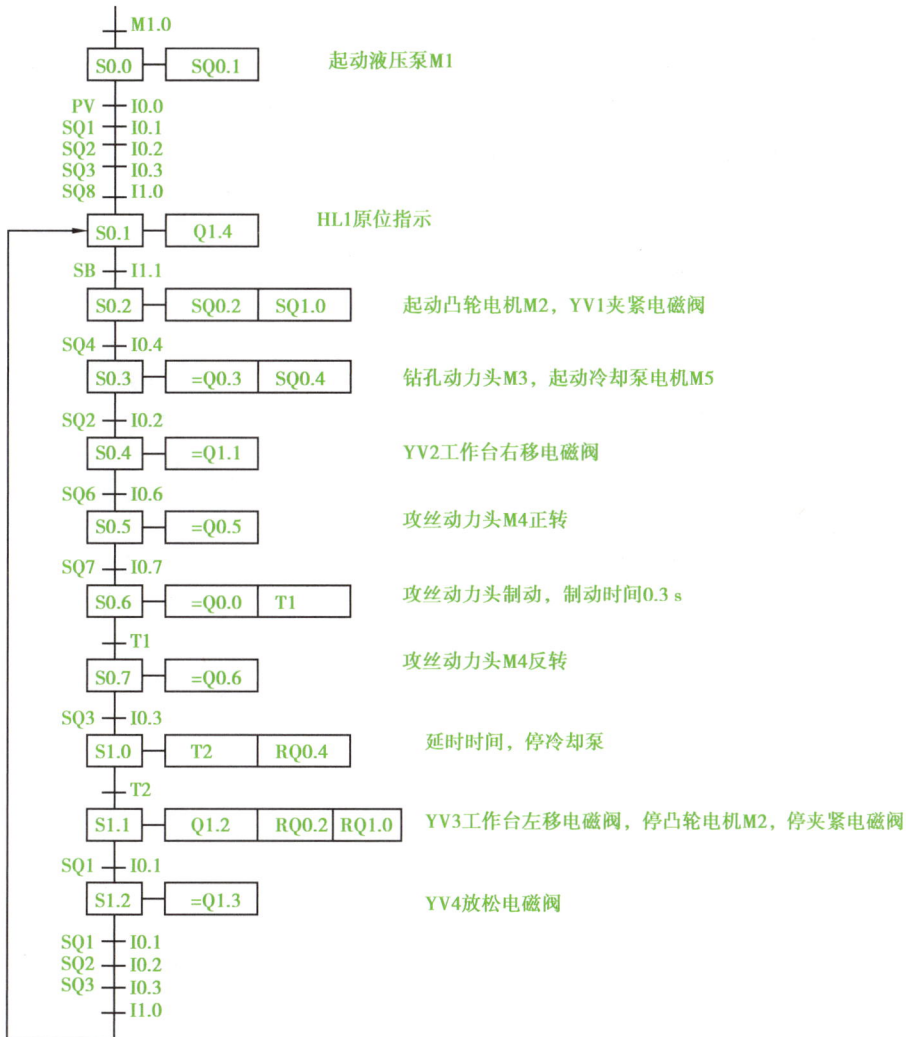

图 5-20   组合机床功能流程

考虑具体情况,在设置自动顺序循环控制的同时,也设置了手动控制,在驱动回路中接入转换开关。自动顺序循环控制和手动控制的转换程序如图 5-21 所示。在程序设计时须注意:攻丝动力头 M4 正转和反转之间的互锁。

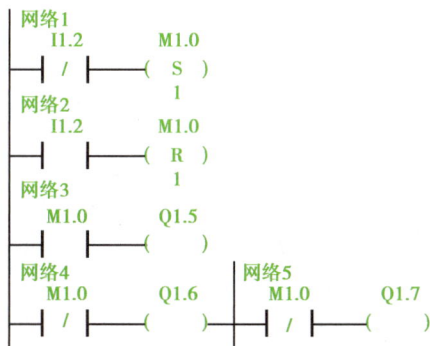

```
网络1
   I1.2        M1.0
 ──┤ / ├──────( S )
               1
网络2
   I1.2        M1.0
 ──┤ ├────────( R )
               1
网络3
   M1.0        Q1.5
 ──┤ ├────────(   )

网络4                 网络5
   M1.0   Q1.6          M1.0        Q1.7
 ──┤ / ├──(   )───    ──┤ / ├──────(   )
```

图 5-21   自动顺序循环控制和手动控制的转换程序

2)设计并绘制系统硬件原理图

以西门子 S200 系列 PLC 为硬件为设计基础,绘制 PLC 外部接线原理如图 5-22 所示。

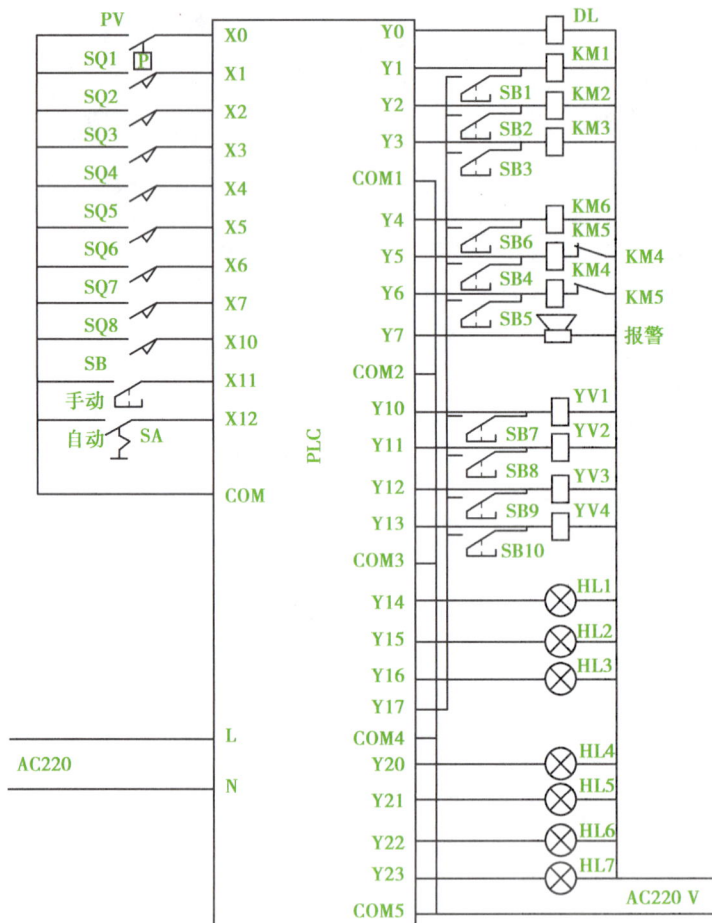

图 5-22　PLC 接线原理图

3)设计 PLC 控制梯形控制程序

LAD 梯形程序控制图应遵循以下原则:

①应遵守梯形图语法规则。由于工作原理不同,梯形图不能完全照搬继电器电路的某些处理方法,例如在继电器电路中,触点可以放在线圈的两侧,但梯形图中,线圈必须放在电路最右边。

②适当分离继电器电路中的某些电路。设计继电器电路原理图示的一个基本原则是尽量减少图中使用的触点个数,主要考虑到成本问题,这样会造成某些线圈控制电路交织在一起。但在梯形图设计时,处于程序结构设计要清晰、容易理解,PLC 内部触点特点,使用不受数量限制,可无限重复使用,因此触点使用主要考虑逻辑控制合理性、清晰性,程序循环时间短、效率高。

③尽量减少 PLC 的输入信号和输出信号。

④时间继电器的处理,选择其常闭或常开触点时靠充分考虑到时序信号是否符合设计要求。

⑤设置中间存储单元,充分利用好 PLC 中间存储单元(M)功能,这样可提升程序运行效率。

⑥设立外部互锁电路。为防止出现这样的事故,应在 PLC 外部设置硬件互锁电路,同时在程序内部也应进行互锁控制。

⑦外部负载的额定电压。PLC 继电器输出模块和双向晶闸管输出模块只能驱动额定电压 AC220 V 的负载,如果系统原来的交流接触器线圈为 380 V 时,应换成 220C 的线圈,或者设置外部中间继电器,PLC 控制中间继电器,中间继电器控制交流接触器模式。

5.3.4　用户程序的调试和运行

(1)硬件调试

使用变量表来测试 PLC 各模块硬件,通过 CPU 模块上的故障指示灯火使用故障诊断工具来诊断故障。

(2)用户程序下载

①设置 PG 通信参数,计算机与 CPU 之间建立通信连接,编程软件可以访问 PLC。

②要下载的程序已编译好,无逻辑或语法问题。

③CPU 处于允许下载的工作模式(STOP 或 RUN-P 工作模式)。

RUN 模式禁止下载,如果在 RUN-P 模式改写程序,可能会出现程序块与块之间的时间冲突或不一致性,运行时 CPU 会进入 STOP 模式,因此下载程序需在 STOP 模式下进行。

在保存块或下载块时,STEP7 首先进行语法检查。错误种类、出错的原因和错误在程序中的位置都显示在对话框中,在下载或保存块之前应改正这些错误。如果没有发现语法错误,程序块将被编译成机器码并保持下载。

④使用模块信息诊断工具和软件语法、一致性检查排除导致 PLC 停机错误。

⑤调试用户程序。通过执行用户程序来检查系统的功能,可以在组织块 OB1 中逐一调用各逻辑块,一步一步地调试程序。在调试时应保存对程序的修改。调试结束后注意对程序保存。在调试时首先调试启动组织块 OB100,然后调试 FB 和 FC 功能块。最后调试不影响 OB1 的循环执行的中断处理程序,或者在调试 OB1 时调用它们。

(3)用户程序调试方法

①程序状态功能调试程序。

②使用变量表调试程序。

③单步与断点功能调试程序。

(4)可编程序控制 PLC 调试故障诊断

以西门子 S7-300 可编程序控制器为例,通常情况下,SIMATIC S7-300 和 S7-400 系列 CPU 的面板上有许多 LED(发光二极管),这些指示灯显示 CPU 工作状态或 PROFIBUS-DP 接口的当前状态。在系统出故障的情况下,可以根据这些 LED 对故障做出初步的判断。

1)故障现象:SF(红色)常亮

故障原因:硬件出错/固件出错/编程出错/参数出错/计算出错/时间出错/存储器卡

有故障/在 POWER-ON 时电池故障或无后备电池/I/O 出错(仅对外部 I/O);

2)故障现象 2:BATF(红色)

故障原因:电池损坏、不存在或放完电。

3)故障现象:SF DP 灯常亮,BUSF 灯常亮

故障原因:通信总线出错(硬件故障);DP 接口出错;在多主站运行中,有不同的通信波特率。

4)故障现象:SF DP 灯常亮,BUSF 灯闪烁

故障原因:站出错,至少有一个指定的从站不可寻址。

5)故障现象:SF DP 灯常亮

故障原因:丢失或不正确的配置(当 CPU 未作为 DP 主站起动时,也发生此情况)。

6)故障现象:BUSF 灯常亮

故障原因:总线通信线短路。

7)故障现象:BUSF 灯闪烁

故障原因:CPU31x-2DP 的参数集不正确,DP 主站与 CPU31x-2DP 间无数据通信。

任务 5.4 技师实操技能

5.4.1 特殊孔的钻削

(1)钻小孔的精孔钻

钻削直径在(2~16)mm 的内孔时,可将钻头修磨成图 5-23 所示的几何形状,使其具有较长的修光刃和较大的后角,刃口十分锋利,类似铰刀的刃口和较大的容屑槽,可进行钻孔和扩孔,使孔获得较高的加工精度和表面质量。

钻孔或扩孔时,进给要均匀。对钻削碳钢时加工精度可达 IT(6~8),表面粗糙度可达 Ra(3.2~1.6) μm。采用的切削用量:$Vc=(2\sim10)$ m/min,$f=(0.08\sim0.2)$ mm/r。冷却润滑液为乳化液或植物油。

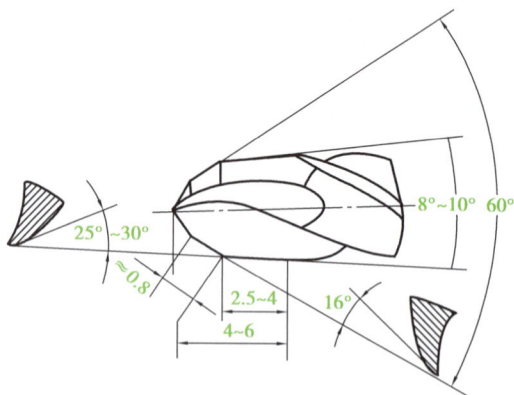

图 5-23 精孔钻

(2)半孔钻

工件上原来就有圆孔,要扩成腰形孔,这就需要钻半孔了。若采用一般的钻头进行钻削,会产生严重的偏斜现象,甚至无法钻削加工。这时可将钻头的钻心修整成凹形,如图

5-24 所示,突出两个外刃尖,以低速手动进给,即可钻削。

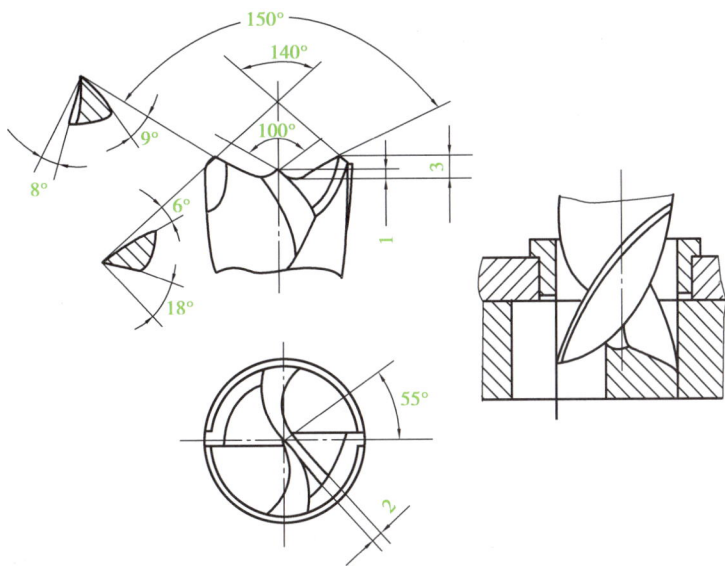

图 5-24　半孔钻

实际钻削时,还会遇到超过半孔和不超过半孔的情况,由于两者的切削分力情况不同,必须对半孔钻的几何参数作必要的修正,若条件允许的话,使用相应的钻套,就更好了。

(3)平底孔钻

平底又分平底解体 4 通孔和平底盲孔,如图 5-25(b)、(c)所示。这时,可把麻花钻磨成两刃平直且十分对称的切削刃,并把前角修磨成 3°~8°,后角为 2°~3°特别是后角不能大,大了以后不仅引起"扎刀",而且孔底面呈波浪形,重则会造成钻头折断事故。若钻削盲孔时,应把钻心磨成如图 5-25(c)所示的凸形钻心,以便钻头定心,使钻削平稳。

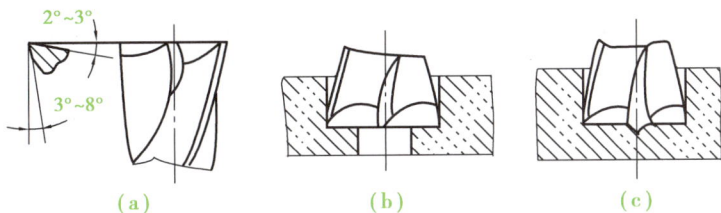

图 5-25　平底孔钻

(4)前排屑扩孔钻头

在普通钻床或车床上由普通麻花钻孔时,切屑总是沿着钻头的螺旋形容屑槽向后排出。这样,它对钻削过程产生以下不利影响:切屑向后排出,随着扩孔深度的增加,切屑不断增长,随钻头一起旋转甩出,危及操作者的安全;切屑向后排,影响冷却液的进入,使切削温度增高,钻头的耐用度下降,同时切屑划伤已加工表面,使表面粗糙度增大。

为了解决扩孔中的排屑问题,如图 5-26 所示的前排屑钻头,克服了上述的问题,获得了良好的效果。

前排屑钻头采用锋角 2ϕ 为 100°~120°,去掉横刃,外刃磨出 15°~30°的刃倾角,控制

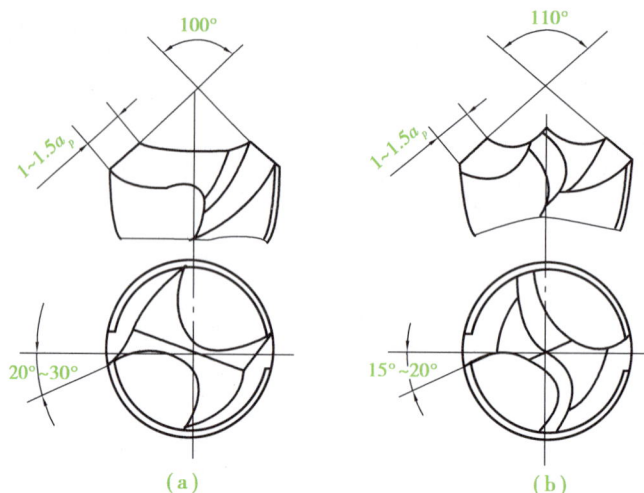

图 5-26　前排屑孔钻头

切屑流向。外刃长度为(1~1.5)倍切削深度。切削时,切削速度选择为(2~8)m/min,进给量为 0.2 mm/r 左右。在正的刃倾角的作用下,切屑排向待加工表面。冷却液从钻头的螺旋槽流入,没有切屑的干扰,很容易流入切削区,冷却效果好。这种前排屑扩孔钻,不仅用于精扩,而且可用于毛坯孔的扩孔,纠正毛坯孔的歪斜。

采用前排屑扩孔钻,可以提高产品质量,提高钻头的使用寿命 30%,降低表面粗糙度。刃磨时,要求外刃刃磨对称,否则形成单刃切削,引起孔径扩大。还要根据工件材料的不同,硬度高低选择不同的刃倾角。

(5)精孔扩孔钻头

钻孔一般只作为粗加工工序,对孔的精度和孔的表面粗糙度要求不高。但在特殊的情况下,也可用钻头来加工精度较高、粗糙度较低的孔。为了钻出精度较高的孔,就必须采取措施,减少棱边与孔壁的摩擦、刮伤和避免切屑对孔壁的擦伤,避免切削过程中定心不稳和振动和切屑瘤的产生,改善切削层的变形,减小残留面积高度,注意钻头本身的精度和切削运动中的位置精度。

5.4.2　液压系统故障诊断及处理

(1)液压系统故障诊断方法

1)经验诊断法

①问。"问"就是向操作手询问故障机器的基本情况。

②看。"看"就是通过眼睛查看液压系统的工作情况。

③听。"听"就是用耳朵检查液压系统有无异常响声。

④摸。"摸"就是利用灵敏的手指触觉,检查压系统的管路或元件是否发生振动、冲击和油液温升异常等故障。

⑤试。"试"就是操作一下机器液压系统的执行元件,从其工作情况判定故障的部位和原因。

2）逻辑分析法

对于复杂的液压系统，因此常采用逻辑分析进行推理。

①从主机出发查看液压系统执行机构工作情况。

②从系统本身故障出发，有时系统故障在短时间内并不影响主机，如油温的变化，噪声增大等。

（2）液压系统的常见故障诊断和排除方法

1）动力元件常见故障分析与排除方法

故障现象 A：不出油、输液量不足、压力上不去。

故障原因分析：①电动机转向不对；②吸油管或过滤器堵塞；③轴向间隙或径向间隙过大；④连接处泄漏，混入空气；⑤介质黏度太大或温升太高。

排除方法：①检查电动机转向；②疏通管道，清洗过滤器，更换新的工作介质；③检查更换有关零件；④紧固各连接处螺钉，避免泄漏，严防空气混入；⑤正确选用工作介质，控制温升。

故障现象 B：噪声严重压力波动较大。

故障原因分析：①吸油管及过滤器堵塞或过滤器容量小；②吸油管密封处漏气或介质中有气泡；③泵与联轴节不同心；④油位低；⑤油温低或黏度高；⑥泵轴承损坏。

排除方法：①清洗过滤器使其吸油管通畅，正确选用过滤器；②在连接部位或密封处加点油，如噪声减小，可以拧紧接头处或更换密封圈；③回油管口应在口应在油面以下，与吸油管要有一定距离；④调整同心；⑤把油液加热到适当的温度；⑥检查（用手触感）泵轴承部分温升。

2）执行元件常见故障分析与排除方法

故障现象：爬行。

故障分析：①有空气侵入液压缸；②液压缸端盖密封圈压得太紧或过松；③活塞杆与活塞不同心；④活塞杆全长或局部弯曲；⑤液压缸的安装位置偏移；⑥液压缸内孔直线性不良（鼓形锥度等）；⑦缸内腐蚀、拉毛；⑧双活塞杆两端螺帽拧得太紧，使其同心度不良。

排除方法：①增设排气装置，如无排气装置，可开动液压系统以最大行程使工作部件快速运动，强迫排除空气；②调整密封圈，使它不紧不松，保证活塞杆能来回用手平稳地拉动而无泄漏（大多允许微量渗油）；③校正二者同心度；④校直活塞杆；⑤检查液压缸与导轨的平行性并校正；⑥镗磨修复，重配活塞；⑦轻微者修去锈蚀和毛刺，严重者必须镗磨；⑧螺帽不宜拧得太紧，一般用手旋紧即可，以保持活塞杆处于自然状态。

5.4.3　数控机床位置精度的调试

数控机床位置误差主要由数控装置误差 δ_1、电动机误差 δ_2、测量转换装置 δ_3 和机械进给伺服系统误差 δ_4 组成。如图 5-27 所示，前 3 控制系统的输出误差，可以通过合理设置减速电路时期与机床相匹配，调节位置回路增量，提高电动机转交精度等方法是控制系统的输出误差减少，而机械进给伺服系统的误差则必须在装配、调试中解决。剩余极小部分在辅以电气补偿。机床位置精度的主要检测项目有：

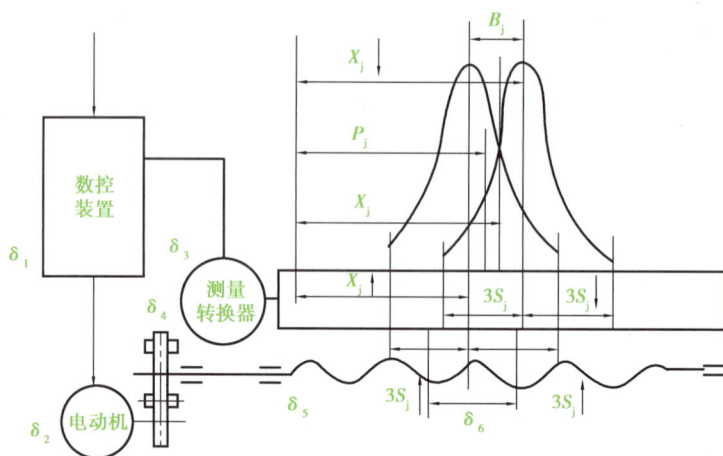

图 5-27　数控机床位置误差形成原理图

①直线运动位置精度（X 轴、Y 轴、Z 轴、U 轴、V 轴、W 轴）；

②直线运动重复定位精度；

③直线运动反向间隙（矢动量）；

④回转运动定位精度（A 轴、B 轴、C 轴）；

⑤回转运动重复定位精度；

⑥回转运动反向间隙（矢动量）测定。

(1)试测

数控机床装配的最后阶段包括通电调试和检验几何精度，合格后开始对其位置精度进行检测和调试。首先对各坐标周运动的原始状态做一个循环测试，根据位置误差曲线状态和数据初步判断与之有关的机械或电气的精度状况。排除不正常因素后，开始按标准规定正式测试 5 个循环。

首先进行的单个循环测试成为试测。常见的位置误差曲线如图 5-28 所示。

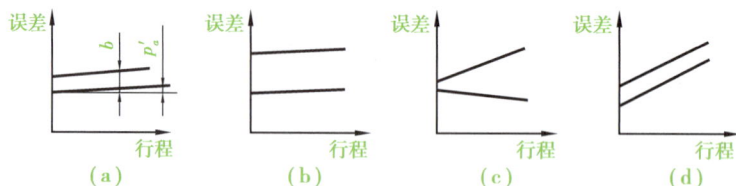

图 5-28　试测中的位置误差曲线图

图（a）所示未蒸饭箱曲线基本平行，且量曲线坐标距离不大，一般中等以上精度的数控机床曲线坐标距离不大于 0.03 mm。为了直观地讨论问题，反向失动量近似地视为等同于机械间隙，并以 b 标识。单向循环一次测得的单向轴线位置系统误差为 Pa，相当于丝杠实际螺距积累误差（该数据未丝杠出厂时的实测螺距误差数据），假如 Pa 不大于 0.03 mm/1 000 mm，则认为机械和电气系统正常，可以进入正式测试。在正式测试中连续侧 3~5 个循环，通过控制系统的补偿，得到合格的位置精度。

图(b)所示为正反向曲线平行,但两曲线坐标距离异常大,很可能是滚珠丝岗螺母间隙、传动装置中的齿型带啮合间隙或键连接间隙大,以及传动受力变形太大所致,必须分析并排除异常后再进入正式测试。

图(c)所示为正反向误差曲线显著不平行,其原因主要是丝杠支撑座轴向间隙大。在不加预紧力的丝杠传动中,实际只有轴向间隙较小的一个支撑受力,丝杠在正方向行程中分别处于受拉和受压状态。用百分表测得的丝杠端部正反向转动时的振摆量,就是丝杠做的轴向间隙。消除丝杠座的轴向间隙后正反向误差曲线会趋于平行,这时才能开始正式测试。对于有预拉力要求的丝杠,需仔细修磨调整垫以保证预拉力符合设计要求,这时丝杠、支承座等在承受轴向力时近似成为一个刚(整)体。

图(d)所示为正反向曲线平行,单向系统误差 Pa 异常大。原因可能是丝杠螺距累计误差太大,或者是丝杠预拉力过大,丝杠被拉长。如果是丝杠预拉力过大,经过几个循环后就会导致步进电动机或伺服电动机发热。对闭环系统来说原因则可能是输入到双拼激光干涉仪等测量装置的光栅材料温度膨胀系数偏小所致。

(2)正式测量

通过试测,并排除异常因素后开始正式测量。按标准规定坐标轴移动 5 个循环后,经计算机处理显示和打印出包括位置误差数据和位置误差评定曲线的测量结果。这是机床位置误差的原始状态数据,对分析机床精度和今后机床维修非常有用,必须存储在机床控制系统中,以备查阅。根据测量结果,首先按平均反向误差值输入反向间隙补偿值,再测量一个循环,可以看到正反向误差曲线趋于重叠,然后顺着测量间距目标位置上的位置误差做个点的螺距补偿,经补偿以后测量的误差曲线将变得平直;最后再使坐标移动 5 个循环,得到改善后的误差评定曲线。如果误差还太大,可以在此基础上再进行补偿,直到满意为止。

对于全闭环系统,如采用光栅尺反馈系统,反向误差较小,一般在 0.005 mm 以内,所以无须再做反向间隙补偿。如果采用光栅尺系统在非恒温环境下调试,必须输入光栅出厂规定的材料膨胀系数,否则会产生系统误差。

5.4.4 数控机床传动滚珠丝杠螺母副轴向间隙的调整

滚珠丝杠螺母副的传动间隙时轴向间隙,为保证反向传动精度和丝杠的刚度,必须消除轴向间隙。消除间隙的方法多采用双螺母结构,利用两个螺母的相对轴向位移,使两个滚珠螺母中的滚珠分别紧贴在螺旋滚道的两个相反的侧面上。用这种方法预紧消除轴向间隙时,应注意预紧力不宜过大,过大的预紧力将导致空载力矩增加,从而降低传动效率,缩短使用寿命。此外,还用消除丝杠安装部分和驱动部分的间隙。

常用的消除滚珠丝杠螺母副间隙的方法有:

(1)垫片调间隙

如图 5-29 所示,调整垫片厚度时左右两螺母不能相对旋转,只产生轴向位移,即可消除间隙和产生预紧力。这种方式结构简单,刚性好,但调整时需要卸下调整垫圈修磨,滚道有磨损时不能随时消除间隙和进行预紧。

（2）螺纹调间隙

如图 5-30 所示，滚珠丝杠做余量螺母副以平键与外套相连，用平键限制螺母在螺母座内的转动。调整时，只要拧紧圆螺母即可消除并产生预紧力，然后用锁紧螺母锁紧。这种调整方法具有结构简单、工作可靠、调整方便的优点，但预紧量不准确。

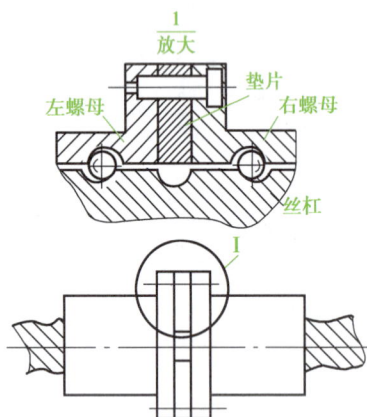

图 5-29　垫片间隙

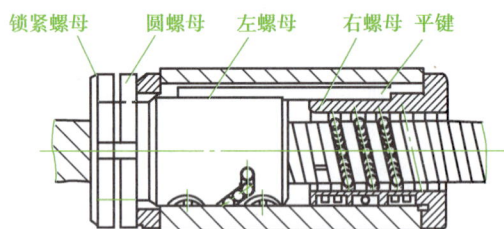

图 5-30　螺纹调隙

（3）齿差调隙

如图 5-31 所示，在两个螺母的凸缘上制有圆柱外齿轮，分别与固紧在套筒两端的内齿圈相啮合，其齿数分别为 Z_1 和 Z_2，并相差一个齿。调整时，先取下内齿圈，让两个螺母相对于套筒同方向都转动一个齿，然后再插入内齿圈，则两个螺母便产生相对角位移，其轴向位移量 $S=(1/Z_1-1/Z_2)t$。

假如 $Z_1=80$，$Z_2=81$，滚珠丝杠的导程 $t=6$ mm 时，则轴向位移量 $s=(1/80-1/81)\times6$ mm $=0.001$ mm。这种调整方法能精确调整预紧量，调整方便、可靠，但结构尺寸较大，多用于高精度的传动。

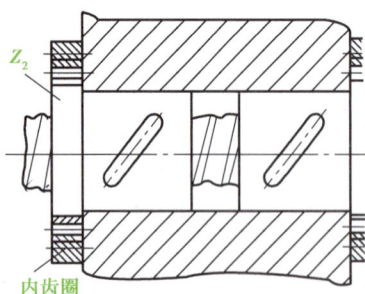

图 5-31　齿差调隙

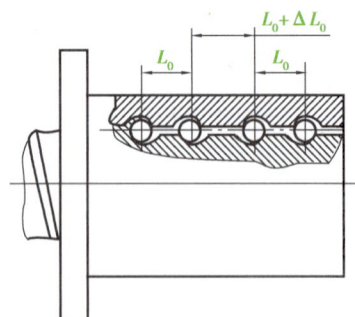

图 5-32　单螺母变位螺距预加负载

（4）单螺母变位螺距预加负载

单螺母变位螺距预加负载是在滚珠螺母体内两列循环滚珠链之间使用螺纹滚道在轴向产生一个 $\triangle$ L0 的导程图变量，从而使两列滚珠在轴向错位实现预紧，如图 5-32 所示。

这种方法结构简单,但负载量大小须预先设定,且不能改变。

5.4.5 西门子数控系统故障诊断及维修

(1)SIEMENNS 611A 系列交流主轴驱动系统故障诊断

SIEMEN 611A 的主轴驱动模块中,通过驱动器正面的 6 位液晶显示器,可以显示主轴驱动器的全部参数,输入/输出信号的状态,驱动器与电动机的实际工作状态(转速、主电动机的电压、电流等)以及报警号等;调试和维修时,可以通过不同状态的诊断来判断故障原因,帮助维修。

611A 开机时显示无任何显示,可能的原因有:

①舒服电源至少两相缺相;

②电源模块至少有两相以上输入熔断器熔断;

③电源模块的辅助控制电源故障;

④驱动器设备母线连接不良;

⑤主轴驱动模块的 EPROM/FEPROM 不良。

主轴驱动器正常显示后,驱动器的报警可以通过 6 位液晶显示器的后 4 位进行显示。发生故障时,显示器的右边第 4 位显示"F",右边第 3 位、第 2 位为报警号,右边第 1 位显示"三"时,代表驱动器存在多个故障;通过操作驱动器的"+"键,可以逐个显示存在的全部故障号以及可能的原因见表 5-2。

表 5-2 驱动器常见的报警号以及可能的原因

报警号	故障内容	故障原因
F07	FEPROM 数据出错	若报警在写入驱动器数据时发生,则表明 FEPROM 不良;若开机时出现本报警,则表明上次关机前进行了数据修改,单修改的数据未存储;应通过设定参数 P52＝1 进行参数的写入操作
F08	永久性数据丢失	FEPROM 不良,产生了 FEPROM 数据的永久性丢失,应更换驱动器控制模块
F09	编码器出错 1(电动机编码器)	电动机编码器未连接;电动机编码器电缆连接不良;测量电路 1 故障,连接不良或使用了不正确的设备
F10	编码器出错 2(主轴编码器)	当使用主轴编码器定位时,测量电路 2 上的设备连接不良或参数 P150 设定不正确

续表

报警号	故障内容	故障原因
F11	速度调节器输出达到极限值,转速实际值信号错误	电动机编码器未连接; 电动机编码器电缆连接不良; 编码器故障; 电动机接地不良; 电动机屏蔽线连接不良; 电枢线连接错误或相序不正确; 电动机转子不良; 测量电路不良或测量电路模块连接不良
F14	电动机过热	电动机过载; 电动机电流过大,或参数 P96 设定错误; 电动机温度检测器件不良; 电动机风扇不良; 电枢绕组局部短路
F15	驱动器过热	驱动器过载; 环境温度过高; 驱动器风扇不良; 驱动器温度检测器件不良
F17	空载电流过大	电动机与驱动器不匹配
F19	温度检测器件短路或断线	电动机温度检测器件不良; 温度检测器件连线断; 测量电路 1 不良
FP02	零位脉冲监控出错	编码器或传感器无零脉冲
FP03	参数设定错误	参数 P130 的值大于 P131 设定的编码器脉冲数

(2)6SC650 系列交流主轴驱动系统的故障诊断与维修

1)6SC650 系列主轴驱动器

驱动器采用数字控制、闭环调节,并通过磁场定向、适量变换控制系统,将电动机的三相定子电流解耦成励磁电流和转矩电流,进行独立的闭环控制,使之具有与直流电动机控制系统相媲美的准确、快速稳定的控制特性。

驱动器输入连接三相 380 V、50/60 Hz 电源,整流主回路由 6 只晶闸管组成三相全控桥式整流电路,通过对晶闸管导通角的控制,可以工作在整流方式,向直流母线供电;制动时也可工作于逆变方式,实现能量回馈电网的再生制动。驱动器正常工作时,控制电路将整流直流母线电压调节在 575 V 偏差 2% 范围,在再生制动逆变工作时,由控制电路完成对整流电路的极性变换,实现能量的回馈。

逆变主回路采用 6 只反相并联待续流二极管的功率晶体管,通过控制电路对磁场适量的运算与控制,可输出具有精度的精确的频率、幅值和相位正弦波脉宽调制(SPWM)电压,使主电动机获得所需的转矩电流和励磁电流。输出的三相 SPWM 电压的复制范围为 0~430 V,频率控制范围为 0~300 Hz。

在再生制动时,电动机能量通过该变流器的 6 只续流二极管对直流母线的耦合电容充电,当直流母线的电压超过 600 V 时,就通过控制调节器和整流主回路触发角,使整流回路工作在逆状态上的电能逆变反馈到电网。6 只逆变晶体管有独立的驱动电路,通过对各只功率管的 Ucc 和 Ube 进行监控,可以有效防止电动机超载并对电动机绕组短路进行保护。

2)6SC650 系列主轴驱动及主要组成部件

①控制器模块 N_1。它用于对驱动器的调节和控制,主要包括两只 CPU(80186),以及必要的软件(5 片 EPROM)。控制器模块的作用主要是形成整流主回路的触发脉冲控制信号,以及进行矢量变换计算,产生 PWM 调制信号。

②输入/输出(I/O)模块 U1,此模块通过 U/F 转换器用于进行各种模拟信号的处理。

③电源模块 G_{01} 和电源控制模块 G_{02}。G_{01} 和 G_{02} 用于产生控制电路所需的各种辅助电源电压。

④C 轴驱动模块选件 A73。通过此选择功能,可以控制交流主轴驱动系统在低速下 (0.01~375 r/min)进行位置控制。

⑤主轴定向准停模块 A74。该模块可以使主轴驱动系统在不使用 NC 的位置控制功能的前提下,实现主轴的定向准停控制。主轴位置给定可有内部参数设定或通过接口从外部输入 16 位位置给定信号。

⑥主轴定向准停与定位模块(选件)。它继承了 A73 和 A74 功能的组件,同时具有以上 A73 与 A74 的功能。

⑦整流模块 A0。该模块安装在机架上,主要作为主电路晶闸管及相应阻容的保护电路。

⑧功率晶体管模块 A1。该模块安装在机架上,主要作为逆变晶体管及相应阻容的保护电路。

3)6SC650 系列主轴驱动器的故障诊断及其维修

①开机时显示器无任何显示。6SC650 交流主轴驱动系统发生故障时,通常可以通过驱动器面板上的数码管显示故障代码,根据故障代码判断故障原因并进行排除。其主要原因有主电路进线断路器跳闸;主回路进线电源至少有两相以上存在缺相;驱动器至少有两个以上的输入断路器熔断,电源模块中的电源熔断器熔断;显示模块 H_1 和控制器模块 N_1 质检连接故障;辅助控制电压中的 5 V 电源故障;控制模块 N_1 故障。

②开机时显示器显示 888888。若接通电源时,数码管上所有数码未均显示 8,即显示状态为 888888,则可能的故障原因有:

a.控制器模块 N_1 故障;

b.控制模块 N_1 上的 EPROM 安装不良或软件出错;

c.输入/输出模块中的"复位"信号为"1"。

思考题

1.伺服系统中开环伺服系统、半闭环伺服系统、闭环伺服系统控制在结构及控制原理上有哪些不同?

2.简要阐述液压系统多缸快慢速互不干扰控制回路工作原理?

3.阐述数控系统工作原理及加工流程?

4.润滑种类及所采取的润滑方法有哪些?

5.作为四新知识重要组成之一的网络信息化知识技术,在建设数字化车间方面可实现哪些应用?

6.编程控制器控制系统设计步骤?

7.LAD 梯形图设计控制程序应遵循哪些原则?

8.简述如何实现将设计用户程序下载到 PLC 硬件模块中?

9.光学天平结构原理及读数方法是什么?

10.简述合成水平仪结构及工作原理?

11.数控机床位置精度调试方法和步骤?

12.简要论述如何通过 SIEMENNS 611A 系列交流主轴驱动系统显示代码排查数控系统故障?

13.简述液压系统故障诊断和排除方法?

14.常见液压缸出现"爬行"故障现象原因及处理方法?

15.数控机床传动滚珠丝杠螺母副轴向间隙调整方法?

项目6 高级技师理论知识及实操技能

任务 6.1 高级技师理论知识

6.1.1 机电一体化相关知识

(1)机电一体化的概念

机电一体化是微电子技术、机械技术相互交融的产物,是集多种技术为一体的一门新兴的交叉学科。机电一体化不是机械技术和电子技术的简单叠加,而是为达到取长补短、互相补充的目的,而将电子设备的信息处理功能和控制功能融合到机械装置中,使装置更具有系统性、完整性、科学性和先进性。机电一体化产品具有"技术"和"产品"的内容,是机械系统和微电子系统的有机结合,是赋予新的功能和性能的新一代产品。

(2)机电一体化产品的主要特征

机电一体化产品是一个完整的系统,所具有的最主要特征如下:

①最佳化。

在设计产品时,可以使机械技术和电子技术有机地结合起来,以实现系统整体的最佳化。

②智能化。

机电一体化产品可以按照预定的动作顺序或被控制的数学模型,有序地协调各相关机构的动作,达到最佳控制的目的。其控制系统大多数都具备自动控制、自动诊断、自动信息处理、自动修正、自动检测等功能。

③柔性化。

机电一体化产品往往只需通过软件改变指令,即可达到改变传动机构的运动规律的目的,而无须改变硬件机构。

(3)机电一体化的相关技术

机电一体化是多学科领域综合交叉的技术密集型系统工程,它包含了机械技术、计算机与信息处理技术、系统技术、自动控制技术、传感与检测技术、伺服传动技术。

①机械技术。

机械技术是机电一体化的基础,它把其他高新技术与机电一体化技术相结合,实现结构、材料、性能上的变更,从而满足减小质量和体积提高精度和刚性、改善功能和性能的要求。

②计算机与信息处理技术。

在机电一体化系统中,计算机与信息处理技术控制着整个系统的运行,直接影响到系统工作的效率和质量。

③系统技术。

系统技术是从全面的角度和系统的目标出发,以整体的概念组织应用各种相关技术,将总体分解成相互联系的若干功能单元,找出可以实现的技术方案。接口技术是系统技术中的一个重要方面,是实现系统各部分有机联系的保证。它包括电气接口、机械接口、人—机接口等。

④自动控制技术。

自动控制技术的内容广泛,它包括高精度定位、自适应、自诊断、校正、补偿、再现、检索等控制。

⑤传感与检测技术。

传感与检测技术是系统的感受器官,是将被测量的信号变换成系统可以识别的、具有确定对应关系的有用信号。

⑥伺服传动技术。

伺服传动技术是由计算机通过接口与电动、气动、液压等各类传动装置相连接,从而实现各种运动的技术。

6.1.2　电气控制程序设计相关知识

(1)电气控制设计的一般程序

①拟订设计任务书。在电气设计任务书中,除简要说明所设计任务的用途、工艺过程、动作要求、传动参数、工作条件外,还应说明以下主要技术经济指标及要求:

a.电气传动基本要求及控制精度。

b.项目成本及经费限额。

c.设备布局、控制柜(箱)、操作台的布置、照明、信号指示、报警方式等的要求。

d.工期、验收标准及验收方式。

②选择拖动方案与控制方式。

电力拖动方案与控制方式的确定是设计的重要部分,设计方案确定后,可进一步选择电动机的容量、类型、结构形式以及数量等。在确定控制方案时,应尽可能采用新技术、新器件和新的控制方式。

③设计电气控制原理图,选用元件,编制元器件目录清单。

④设计电气施工图,并以此为依据编制各种材料定额清单。

⑤编写设计说明书。

（2）电气控制原理图设计的基本步骤和方法

电气控制原理图设计要体现设计的各项性能指标、功能，它也是电气工艺设计和编制各种技术资料的依据。其基本步骤如下：

①根据选定的控制方案及方式设计系统原理图拟订出各部分的主要技术要求和技术参数。

②根据各部分的要求，设计电气原理框图及各部分单元电路。对于每部分的设计，总是按主电路→控制电路→联锁与保护→总体检查的顺序进行的。最后，经反复修改与完善，完成设计。

③按系统框图结构将各部分连成一个整体，绘制系统原理图，在系统原理图的基础上进行必要的短路电流计算，根据需要计算出相应的参数。

④根据计算数据正确选用电气元器件，必要时应进行动稳定和热稳定校验，最后制订元器件型号、规格、目录清单。

（3）电气设计的技术条件

电气设计的技术条件是由参与设计的各方面人员根据设计的总体技术要求制定的。它是整个电气设计的依据，除了要说明所设计的目的、条件、用途、工艺过程、技术性能、传动参数以及现场工作条件外，还必须说明以下内容：

①用户供电网的种类、电压频率及容量。

②电气传动的基本特性，如运动部件的数量和用途、负载特性、调速范围等，电动机的启动、反向和制动要求等。

③有关电气控制的特性，如电气控制的基本方式、自动控制要素的组成、自动控制的动作程序、电气保护及联锁条件等。

④有关操作方面的要求，如操作面（台）的布置、操作按钮的设置和作用、测量仪表的种类及显示、报警和照明等。

⑤主要执行电器元件（如电动机、执行电器和行程开关等）的安装位置及环境情况等。

6.1.3 复杂液压（工作）站知识

液压（工作）站又称为液压泵（工作）站，是独立的液压装置，它按驱动装置（主机）要求供油，并控制油液流动的方向、压力和流量，适用于主机与液压装置可分离的各种液压机械。

（1）组成

液压（工作）站主要由柱塞泵、冷却系统、过滤器、二位二通换向阀、电磁溢流阀、压力表、压力传感器、节流阀、单向截止阀、溢流阀、恒温器、加热器、手动球阀、盘型闸、蓄能器、远程温控、比例调节阀、截止阀、油位继电器等组成。

（2）特点

①电液比例溢流阀的调压功能。

具有调压线性好、调压稳定等特点。

②多路回油保护功能。

即在液压站中的回油管又并联了一条回油管路,这样在紧急制动时,就可防止回油路不畅或堵塞,从而提高了紧急制动的可靠性。

③残压保护功能。

即在液压站中增加了压力继电器(或电接点压力表),这样在系统残压过高时,就可实现安全制动,从而提高了系统的制动可靠性。

④电磁阀故障监测功能。

即给液压站中的每一个电磁阀都安装了监测传感器,这样当电磁阀出现故障时,就可报警并显示发生故障的电磁阀,从而给维修带来了极大的方便。

⑤PLC 控制功能。

整个液压站的电控部分采用了 PLC 控制器,从而提高了电控系统的可靠性。

⑥其他。

结构上采用集成阀块的形式;油泵、过滤器等液压元件安装油箱等,这些都提高了液压站的散热效果,便于管理及维护。

6.1.4 机械设计制造知识

简单机械的设计步骤为:总体设计→零件设计→装配草图设计→装配图设计→零件工作图设计→编写设计计算说明书。以转动装置的设计举例说明:

(1)传动装置总体设计

传动方案应满足下面两个要求:

①满足工作机的工作要求;

②应具有结构简单、尺寸紧凑、加工方便、成本低廉、传动效率高和使用维护方便等特点。

但在实际确定传动方案中,上述两点有可能相互矛盾,所以,设计时一定要根据工作条件和主要要求,综合比较,选取其中最优者。

(2)零件设计

减速器外传动零件设计

1)普通 V 带传动

①已知条件。

a.原动机种类和所需的传递功率。主动轮和从动轮的轮速(或传动比);

b.工作要求及对外轮廓尺寸、传动位置的要求。

②设计内容。

a.V 带的型号、长度和根数的确定;

b.带轮的材料和结构的确定;

c.传动中心距的确定;

d.带传动的张紧装置等的确定。

③注意事项。

a.检查带轮的尺寸与传动装置外廓尺寸是否适应;

b.轴孔直径和长度与电动机轴直径和长度是否对应;

c.大带轮外圆是否与机架干涉。

2)链传动

①已知条件。

a.载荷特性及工作情况;

b.传递功率;

c.主动、从动链轮的转速;

d.外廓尺寸,传动布置方式及润滑条件等。

②设计内容。

a.链条的节距、排数及链节数的确定;

b.链轮的材料及结构尺寸的确定;

c.传动中心矩的确定。

3)减速器内传动零件设计

以圆柱齿轮传动设计为例说明,内容如下:

a.齿轮材料及热处理方法的选择,一定要同时考虑到齿轮毛坯的制造方法;

b.齿轮传动的几何参数和尺寸应分别进行标准化、圆整或计算其精确值;

c.小齿轮宽度应大于大齿轮宽度,通常大 5~10 mm。

(3)装配草图设计

装配图是表达各零件的相互关系、位置、形状和尺寸图样,也是机器组装调试、维护和绘制零件图等的技术依据。

1)初绘装配草图(减速器)

绘图原则:先画主要零件,后画次要零件;由箱内零件画起,内外兼顾,逐步向外画;先画零件的中心线及轮廓线,后画细部结构;以一个视图为主,兼顾其他视图。

具体步骤如下:

①选择比例尺,合理布置图面尽量选用 1∶1 的比例尺;估计出减速器的轮廓尺寸,再合理布置图面。

②确定减速器各零件的相互位置,其顺序为:

a.确定传动件的轮廓和相对位置;

b.确定箱体内壁和轴承座端面的位置;

c.初步计算轴颈通常先根据轴所传递的转矩,按扭转强度来初步计算轴的直径;

d.进行轴的结构设计包括确定轴的合理外形和全部结构尺寸。

轴的结构应满足:轴和轴上零件均应有准确的工作位置;轴上零件应便于装拆及调整;轴具有良好的制造工艺性等。一般都把轴设计成阶梯形。其步骤为:

确定轴的径向尺寸;

确定轴的轴向尺寸;

初步选择轴承型号；

画出轴承盖的外形；

确定轴上力的作用点及支点距离，向心轴承的支点可取轴承宽度的中点位置；角接触轴承的支点应取离轴承外圈端面的 α 处，α 值可查轴承标准；

轴、轴承及键的校核计算；

完成减速器装配草图。

③装配草图的检查及修改。

（4）绘制装配图（减速器）

1）标注尺寸

①特性尺寸。表明减速器性能和规格的尺寸。

②配合尺寸。表明减速器内零件之间装配关系的尺寸。

③安装尺寸。表明减速器安装在基础上或安装其他零件、部件所需的尺寸。

④外形尺寸。表明减速器总长、总宽和总高的尺寸。

2）标注减速器的技术特性

减速器的技术特性包括：输入功率、输入转速、效率、总传动比、传动特性等。可将其列成表格。

3）编写技术要求

（5）零件工作图设计

零件图是制造、检验和制订零件工艺规程用的图样。它是从装配图拆绘和设计而成的。其设计要点是：

①选择和布置视图；

②标注尺寸；

③编写技术要求；

④画出零件图标题栏。

（6）编写设计计算说明书

其内容如下：

①目录；

②设计任务书；

③传动方案的分析与拟订；

④电动机的选择计算；

⑤传动装置的运动及动力参数的选择和计算；

⑥传动零件的设计计算；

⑦轴的设计计算；

⑧滚动轴承的选择和计算；

⑨键联接的选择和计算；

⑩联轴器的选择；

⑪减速器的润滑方式和密封类型的选择，润滑油的牌号选择和装油量计算；

⑫参考资料。

上述机械制造设计知识只是机械设计的梗概,真正搞设计还需要很多相关资料才能进行。

6.1.5 机修装配工艺知识

按规定的技术要求,将零件或部件进行配合、加工和连接,使之成为半成品或成品的工艺过程称为装配工艺过程。一系列的装配工步和装配工序组成了装配工艺规程。

装配工艺过程是对装配工艺过程全面、具体、科学的描述,是工人进行装配的依据和用于装配工作的指导性文件,只有严格正确地执行装配工艺规程,才能把众多的零部件组装在一起,成为机械产品的半成品或成品。

(1)装配工艺(工作)的规程及其组织形式

1)装配工艺规程

分为四个过程:

①装配前的准备工作;

②装配工作;

③调整、检验和试运转;

④喷漆、包装。

2)装配工作组织形式

分为三类组织形式:

①单件生产;

②成批生产;

③大量生产。

(2)编制装配工艺规程的过程

1)编制装配工艺规程所需的原始资料

①产品的总装配图、部件装配图及主要零件的工作图;

②零件明细表;

③产品验收技术条件;

④产品的生产类型。

2)装配工艺规程的内容

①全部零件和部件的装配顺序;

②既能保证装配精度,又能保证生产率最高和最经济的装配方法;

③划分工序,决定工序内容;

④必需的工人技术等级和工时定额;

⑤必需的装配用的设备和工艺装备;

⑥验收方法和装配技术条件。

3）制订装配工艺规程的步骤

①分析装配图目的是通过对产品结构的了解,从而确定装配方法。

②决定装配的组织形式是依据生产规模和产品的结构特点来决定的。

③确定装配顺序的原则是保证装配质量,不影响下道工序正常进行。装配的宏观顺序是:从基准开始,从零件到部件,从部件到整机,从内到外,从下到上有序地进行。

④划分工序着重考虑两点:

a.流水装配时,其工序数量的多少,取决于装配节奏的长短。

b.组件的重要部分装配完成后必须检验,合格后,才能进行下道工序;对重要而复杂的工序,用文字难以明确表达时,应画出部件局部的装配图来指导。

⑤选择工艺装备依据产品的结构特点和生产类型,在可能的情况下,应选用最先进的。

⑥确定检查方法依据产品的结构特点和生产类型,在可能的情况下,应选用最先进的。

⑦确定工人技术等级和工时定额应依据装配产品的技术难易程度和本单位的设备等条件来确定,而且应与时俱进,即不断地修订。

⑧编写工艺文件即装配工艺卡。装配工艺过程所需的全部技术资料尽在其中。

任务 6.2　高级技师实操技能

6.2.1　数控机床故障诊断及维修

（1）数控机床故障诊断方法

1）直观法

直观法是一种最基本、最简单的方法,就是利用人的感官注意发生故障时的现象,并判断故障可能发生的部位。

2）利用 CNC 系统自诊断功能

①开机自诊断——系统内部自诊断程序;

②数控系统的硬件报警功能;

③状态显示诊断功能,状态显示是指数控系统和机床之间所传递的信号的状态显示。

④参数检查法。数控系统的机床参数是保证机床正常运行的前提条件,直接影响着数控机床的性能。参数通常存放在系统存储器中,一旦电池不足或受到外界的干扰,可能导致部分参数的丢失或变化,导致机床无法正常工作。通过核对、调整参数,可以迅速排除故障;特别是机床长期不用的情况,经常发生参数丢失的现象。因此,检查和恢复机床参数,是维修中行之有效的方法之一。

⑤功能测试法。所谓功能测试法是通过功能测试程序,检查机床的实际动作,判别故障的一种方法。

⑥交换法(备件替换法)。所谓交换法,是指在故障范围大致确认,并在确认外部条件完全正确的情况下,利用同样的印制电路板、模块、集成电路芯片或元器件替换有疑点的部分的方法。备件替换法是一种简单、易行、可靠的方法,也是维修过程中最常用的故障判别方法之一。

⑦测量比较法。由于数控系统的印制电路板制造时,为了调整、维修的便利,通常都设置有检测用的测量端子。因此使用测量比较法时维修人员应了解或实际测量正确的印制电路板关键部位、易出故障部位的正常电压值、正确的波形,才能进行比较分析,而且这些数据应随时做好记录,并作为资料积累。

⑧原理分析法。原理分析法是排除故障的最基本方法,当其他检查方法难以奏效时,从机床电路控制原理出发,根据数控系统的组成及工作原理,分析各点的信号和参数,进而对故障进行系统检查。

⑨隔离法。有些故障比如:轴转动、爬行,当一时难以区分是数控部分,还是伺服系统或机械部分造成,可采用隔离法。将机、电分离,数控与伺服分离,或将位置闭环分离作开环处理,这样复杂的问题就化为简单问题,就能较快地找到故障原因。

⑩局部升温法。人为地将元器件温度升高(应注意器件的温度参数)或降低,加速一些温度特性较差的元器件"生病证"或使"病症"消除来寻找故障原因。

⑪对比法。正确的电压、电平信号或波形与异常的相比较来查找故障部位。

⑫电压拉偏法。有些不定期出现的软故障与外界电网电压波动有关,当机床出现此类故障时,可把电源电压人为地调高或调低,模拟恶劣的条件让故障容易暴露。

⑬插拔法。插拔法是通过监视插件板或组件拔出再插入的过程,确定拔出插入的连接界面是否为故障部位。值得注意的是,在插件或组件插件板和组件拔出再插入的过程中,改变状态的部位可能不只是连接接口。因此,不能因为拔出插入后故障消失,就肯定是接口的接触不良,还有内部的焊点虚焊恢复接触状态、内部的短路点回复正常等可能性。

⑭敲击法。数控系统是由各种电路板组成,电路板上、接插件等处有虚焊或接口槽接触不良都会引起故障。用绝缘物轻轻敲打疑点处,判断敲击处是否就是故障部位。

(2)数控系统信号干扰及其预防

干扰是造成数控系统"软"故障,且容易被忽视的一个重要方面。消除系统干扰可以从下述几个方面着手:

①正确连接机床、系统的地线。

数控机床必须采用一点接地法,避免在机床的各部位就近接地,造成多点接地环流。

②防止强电干扰。

数控机床强电柜内的接触器、继电器等电磁部件都是干扰源。

③抑制或减小供电线路上的干扰。

在某些电力不足或频率不稳的场合,如:电压的冲击、欠压,频率和相位漂移,波形的失真、共模噪声及常模噪声等,将影响系统的正常工作,应尽可能减小线路上的此类干扰。

（3）数控系统的故障排除

1）数控系统位置环故障

①位置环报警。

可能是位置测量回路开路;测量元件损坏;位置控制建立的接口信号不存在等。

②坐标轴在没有指令的情况下产生运动。

故障原因可能是漂移过大;位置环或速度环接成正反馈;反馈接线开路;测量元件损坏。

③机床坐标找不到零点。

可能故障原因是零方向在远离零点;编码器损坏或接线开路;光栅零点标记移位;回零减速开关失灵。

④动态特性变差,工件加工质量下降,甚至在一定速度下机床发生振动。故障原因可能是机械传动系统间隙过大甚至磨损严重或者导轨润滑不充分甚至磨损造成的;电气控制系统来说则可能是速度环、位置环和相关参数已不在最佳匹配状态,应在机械故障基本排除后重新进行最佳化调整。

2）数控系统故障分析和总结

对数控机床电气故障进行维修和分析排除后的总结与提高工作是提升高级技师的理论水平和维修能力,分析设备的故障率及可维修性,通过后续技术改造和优化的重要手段,总结提高工作的主要内容包括:

①记录从故障的发生、分析判断到排除全过程中出现的各种问题,采取的各种措施,涉及的相关电路图、相关参数和相关软件,错误分析和排故方法也应记录并记录其无效的原因。除填入维修挡案外,内容较多者还要另文详细书写。

②典型的故障排除实践中找出常有普遍意义的内容作为研究课题进行理论性探讨,写出论文,从而达到提高的目的。特别是在有些故障的排除中并未经由认真系统地分析判断而是带有一定的偶然性排除了故障,这种情况下的事后总结研究就更加必要。

③故障排除过程中所需要的各类图样、文字资料,若有不足应事后想办法补齐,而且在随后的工作中不断研读,为后续故障处理打基础。

④从排故过程中发现自己欠缺的知识,制订学习计划,查漏补缺。

⑤找出工具、仪表、备件之不足,条件允许时补齐。

6.2.2 可编程序控制器编程、调试

PLC(可编程控制器)以其可靠性高、编程简单、在线编程、易于修改、性价比高等显著特点广泛应用于地铁各种工艺设备的控制系统之中。以 PLC 与通信网络相结合所构成的分布式控制系统已成为现代地铁各种工艺设备过程控制的有效解决方案。本实作基于 PLC 及其特殊模块所构成的下位机与安装 SCADA 功能的上位机相结合,构建成分布式控制系统,模拟实现对库区异地废水处理站水循环系统内所属的 4 个水池液位的监控。

（1）系统的结构与组成

基于 PLC 建构的过程控制系统采用分布式控制结构，如图 6-1 所示。需要 PLC 作为下位机，以 PC 机为上位机，通过 RS-232C 串口与 PLC 通信，实现对工业现场的监控。并通过同轴电缆连接到以太网上，实现对工业现场的"分散控制，集中管理"。

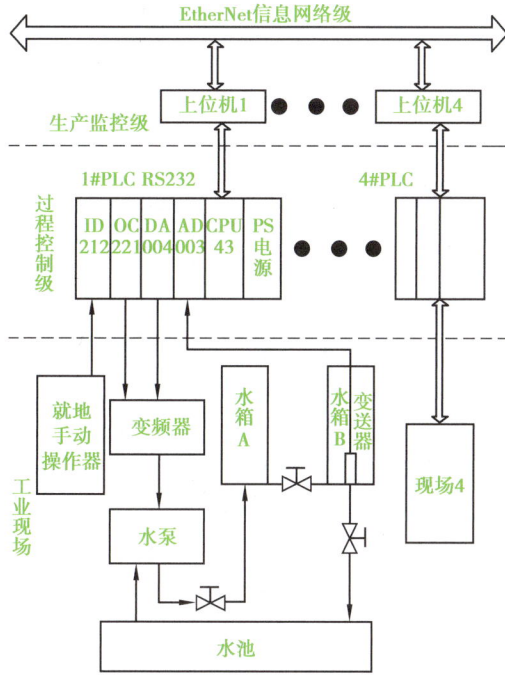

图 6-1　基于 PLC 分布时控制结构图

1）网络级

网络级的拓扑结构采用 EtherNet 网通过同轴电缆连接与生产监控级相连，实现对工业现场的集中管理。

2）监控级

监控级采用 PC 机作为上位机，并通过组态王软件实现系统的 SCADA 控制功能；利用 RS-232C 串口与 PLC 通信，实现对各个工业现场的监控。

3）控制级

控制级采用欧姆龙 CP1H 型 PLC 作为下位机，实现对现场的控制。PLC 中配电源模块、开关量输入模块 ID212、开关量输出模块 OC221、模拟量输入模块 AD003、模拟量输出模块 DA004、RS-232 串行口。

A/D003 模拟量输入模块：接受液位传感器 CY3011A 送过来的 4～20 mA 的电流信号，并将其转化为 0—4000（BCD 码）的数字量。其通道地址由拨号开关决定，与其在底板插槽中上的位置无关。本系统中 AD003 模块的地址开关设置为 1，对应的 IR 区域为 IR110～IR119；对应的 DM 区域为 DM1100～DM1199；且设置第一路 A/D 转换器工作并不进行峰值保持，则模拟量输入通道地址为 IR111，具体的 DM 区和 IR 区设置如表 6-1 所示。

表 6-1　模拟量模块设置表

模块型号	寄存器地址	设置内容	注　释
AD003	IR110	0000H	输入的模拟信号不进行峰值保持
	DM1100	0001H	启用第一路 A/D 转换
	DM1101	0002H	输入的模拟信号为 4~20 mA
	DM1102	0004H	转换值为 16 次取样的平均值滤波
DA004	IR100	0001H	对第一路进行 D/A 转换
	DM1000	0001H	对第一路进行 D/A 转换
	DM1001	无效	此寄存器对 DA004 模块无效
	DM1002	0000H	当停止工作时 D/A 输出为 0

D/A004 模拟量输出模块:将 0—4095BCD 码转化为 4~20 mA 的电流信号送至变频器,作为系统的控制量,调整给水流量。其地址开关设定值为 0,对应的 IR 区域为:IR100IR109;对应的 DM 区域 DM1000~DM1099;且设置第一路 D/A 转换器工作,其模拟量输入通道地址为 IR101,具体的 DM 区和 IR 区设置如图 6-2 所示。

①控制通道。控制通道主要包括输入通道和输出通道。

②输入通道。输入通道采用 CY3011AA1N 型悬浮式液位传感器,把现场液位信号转换成 4~20 mA 电流信号送往 PLC 的 A/D003 模块。其传感部分采用高精度扩散硅压力传感器,它把感受到的压力信号转换成电信号,此信号与液体高度成正比,精度为 0.2%,量程为 1 m,输出为 4~20 mA 电流,液位高度 h 与输出电流 I 的关系为 $h = (I-4)/16$ 量程。使其在精度上、可靠性及稳定性上均能满足现场使用要求。

③输出通道。输出通道主要由变频器、水泵电机组成。输出通道接受 PLC 输出的控制量,把 4~20 mA 的电流通过变频器转换成 0~60 Hz 的频率信号来改变水泵的转速,从而达到调节流量的目的。变频器使用 Panasonic 的 DV-707 型交流变频器,由变频器控制三相感应式电动机的转速(或频率)。将输入的 420 mA 电流控制信号,通过"整流—直流中间平滑滤波—逆变"电路,将输入的 380 V 交流电源变成不同频率、不同电压的信号,调节水泵的转速。水泵使用变频调速泵,其额定流量为 22 L/min,额定扬程为 3.3 m。通过变频器的输出频率的变化来改变泵的转速,从而实现流量的调节。

(2)过程控制系统的软件设计与实现

软件设计主要包括上位机 SCADA 监控软件和下位机软件设计。

①SCADA 监控软件设计。上位机软件设计采用组态王 6.0 软件。组态王是一种工业组态软件,它自带大量的 I/O 设备驱动程序,用户可以方便地构建实时的监控系统。为了使过程控制系统实验平台有一个良好的人机交互环境,需在组态王中开发过程流程画面、监控画面、实时调节曲线、历史曲线图、阶跃响应曲线、报警画面,从而可实现对现场的实时监控。

②下位机软件设计。下位机软件设计是在监控级上使用 OMRON-C200Hα 系列编程软件 CX-Programmer7.9 完成对下位机程序的编制与调试,然后把调试好的程序下载到 PLC 中。下位机软件主要实现 PLC 与监控级的通信、PLC 对现场水位的控制、现场故障诊断等功能,如图 6-2 所示。

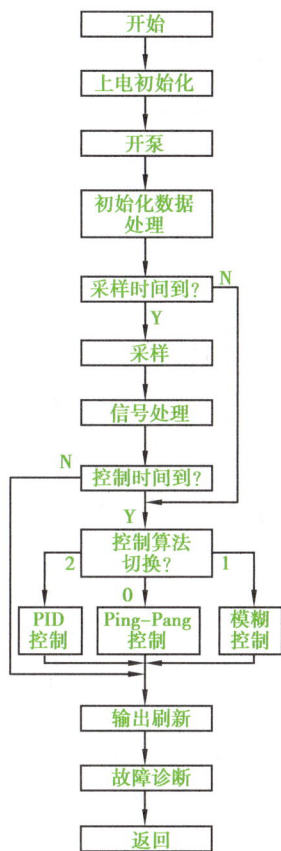

图 6-2 PLC 软件设计流程图

a.上电初始化。系统初始化包括对 RAM、ROM 以及其中的 IR、HR、DM 区域的清零，以及控制参数的初始值设置，例如积分时间 Ti、比例放大系数 Kp、微分时间 Td 和采样周期 T。此外，也包括对 A/D003、D/A004 模块的初始化。

b.采样周期的确定与实现。采样周期的确定取决于被控对象的特性、监测参数，以及控制器的容量，理论上应满足 Shannon 采样定理 $f \geq 2f_{max}$，在实际应用时还应考虑模拟量输入通道的个数、A/D 的转换时间。

因 A/D003 可实现 8 路模拟量输入，一路 A/D 转换时间为 1 ms，并且要对 A/D 转换值进行 16 次取样进行平均值滤波。综合上述因素，最小周期 $T \geq 1$，根据 OMRONC200HC 所提供的脉冲信号，采样周期近似值应为 200 ms，即 0.2 s 为一个采样周期。

c.信号处理。由于系统采集到的原始数据需根据实际情况进行处理后方可供控制器使用。信号处理包括"滤波""零点迁移与量程变换、标度变换"等功能处理模块。

d.控制算法设计与实现。控制算法设计有 PID 控制、Ping-Pang 控制、模糊控制等三种方式并可切换进行。

e.实现控制周期。不同的被控对象其特性不一样，其采样控制周期也不一样，根据流量和液体的压力特性，本系统的控制周期选择为 1 s。

f.实现 Ping-Pang 控制。Ping-Pang 控制是一种开关控制，使控制器输出最大或最小，它是时间最短的最优控制。但由于控制精度差、造成执行器频繁动作。为此当偏差绝对值较大时采用 Ping-Pang 控制，而在偏差绝对值较小时可采用其他控制方案。

g.实现 PID 控制。PID 控制采用增量式 PID 算法,其算法公式为:$u(n) = a_0 e(n) - a_1 e(n-1) + a_2 e(n-2)$;$u(n) = u(n-1) + \Delta u(n)$;其中:$a_0 = k_p(1 + TTi + TTd)$、$a_1 = k_p(1 + 2TTd)$、$a_2 = k_p TTd$。PID 参数、水位给定值可通上位机组态画面实现在线调整,作水位的给定值扰动。

h.实现模糊控制。由于水泵工作时水平波动较大,引入模糊控制可改善控制系统动态特性。模糊控制采用离线方式根据输入语言变量赋表及模糊控制规则,建立控制规则查询表,然后把控制规则查询表下载到 PLC 存储区(如 DM 区),实现在线查询。根据运行实际,E(偏差 e 模糊量化后的值)和 E(偏差变化率 e 模糊量化后的值)的论域为{−6、−5、−4、−3、−2、−1、0、1、2、3、4、5、6},U(模糊控制器的输出值)的论域为{−7、−6、−5、−4、−3、−2、−1、0、1、2、3、4、5、6、7}。建立的控制规则查询表为 13×13 的控制表。

在实际编程中,为减小 E、E、U 的正负号存储麻烦,应该把 E 和 E 模糊量化值加 6,此时 E 和 E 变化范围为 0～12,把 U 的值加 7,其变化范围为 0～14。把控制规则查询表看成 13×13 的矩阵,其中的元素 aij 表示当 E=i,E=j 时 U=aij。这样共有 13×13＝169 个数据逐行放入连续存储区(例如 DM0101-DM0269),然后采用基址(101)加偏移量(13＊i+j)进行间接寻址,可完成查表工作。假设 E(即 i)在 DM0012,E 在 DM0013(即 j),U(即 aij)在 DM0016,偏移量放在 DM0021,绝对地址放在 DM0022,其查表程序段如下:

MUL#13DM0012DM0020//DM0020＝13＊i;

CLC;

ADDDM0020DM0013DM0021//偏移量＝13i+j;

ADD#101DM0021DM0022//绝对地址＝101+13i+j;

MOV＊DM0022DM0016//DM 间接寻址。

i.实现系统的故障诊断。欧姆龙 CP1H 型 PLC 提供自诊断功能,可检查现场控制系统的多种不正常情况。包括 PLC 的电池电压过低、RS-232C 端口通信出错、PLC 扫描周期错误、指令执行错误等故障的诊断。

传感器故障诊断是在 AD003 模拟量输入模块通过 IR 区的地址 IR1n9(n 为单元号)的第 0～7 位是各输入端的断线检测标志。如果电压信号小 0.3 V 或电流信号小于 1.2 mA,则该标志为 1,如果信号恢复正常,则标志恢复为 0。第 8～15 位是 2 位 16 进制的错误代码,00 代表正常。在应用时,通过 IR119(单元号为 1)的状态来实现传感器断线的故障诊断。

通过模拟现场实际工作环境,利用 PLC 的下位机与 SCADA 人机界面的上位机形成 DCS 分布式水位控制系统,是一个可行的,高效率系统,调节后水位的波动范围在+1～−1 mm。而且在加过一个扰动后,能够很快地实现平衡。从而符合现场实际系统所要求达到的准、快的特性。总之,基于 PLC 的过程控制系统不但为现场实际控制搭建了一个理论研究平台,而且其设计思想及方法可应用于地铁各种设备现场控制的不同场合。

6.2.3　工业变频器选型、安装、调试及故障诊断

(1)变频器选型原则

1)根据电机实际工作电流选择变频器

①变频器拖动恒转矩负载电机,以电机额定电流为依据选择变频器。

②变频器拖动风机、泵类负载的电机,以电机额定电流为依据选择变频器。

③短时间过载运行的电机,需要计算过载周期及过载电流。变频器拖动这类型负载的电机,要求变频器最大输出电流 I_{max} 大于电机峰值电流,且变频器的参数 12 t 在自身所允许的范围之内,变频器选型时有可能放大一挡或几挡才能满足现场需求。

2)变频器选型应充分考虑的环境因素

①温度:变频器选型时要考虑到使用环境温度一般在-10~40 ℃,工作环境的温度如果高于40 ℃的情况下,每升高1 ℃,变频器应降额5%使用;工作环境的温度每升10 ℃,那么变频器的寿命就会减半,所以周围环境及变频器散热的问题一定要解决好。

②湿度:变频器选型需考虑环境湿度影响。湿度若太高且湿度变化比较大的时候,变频器的内部比较容易出现结露现象,那么绝缘性能就会大幅度降低,甚至会引发短路。环境湿度过高或温度过低,需在变频控制柜内安装干燥剂或加热器。

③海拔高度:变频器安装在海拔高度在1 000 m以下可以输出额定功率。当海拔高度超过了1 000 m,其输出功率会下降。

④粉尘:有金属导电性粉尘的场合,导电性粉尘会侵入变频器的内部,容易导致变频器的内部线路短路,严重情况下会烧毁变频器。

(2)变频器选型步骤

①明确设备的工作运行方式、容量及负载类型;

②明确设备的工艺、性能指标及控制要求;

③确定内部系统的组建方式、I/O接口、通信接口等;

④对各项性能指标和要求进行归纳;

⑤对归纳后的结果进行技术咨询或直接进行招标;

⑥对变频器性能、变频器使用寿命、变频器价格、变频器服务进行综合对比。

(3)变频器安装

图6-3为变频器结构原理图,工作过程及注意事项如下:

①输入电源必须接到R、S、T上,输出电源必须接到端子U、V、W上,主回路接线错误会导致变频器烧损。

②为防止触电、火灾等灾害和降低噪声,安装变频器时必须连接接地端子。

③通电后,如需要改接线时,必须关闭变频器电源,待充电指示灯熄灭后,变频器充电电容完全放电后,用万用表确认直流母线电压降到安全电压(DC25 V以下)后再进行操作。

④变频器初始设置FWD-CM用短路片连接,通电后,只要按动触摸面板上的RUN键,正转运行,按STOP键即停止运行(在触摸面板操作方式下)。

⑤变频器初始状态外部报警输入端子THR-CM间已连接短路片,使用时要卸下短路片,与外部设备异常接点串接。若无外部报警功能要求,不要卸下此短路片。

⑥模拟频率设定端子(13,12,11,C1)是连接从外部输入模拟电压、电流、频率设定器(电位器)的端子,在这种电路上设接点时,要使用微小信号的成对接点。

⑦变频调速系统中的接触器、电磁继电器以及其他各类电磁铁的线圈,都具有较大的电感,在接通和断开的瞬间会产生很高的感应电动势,在电路内会形成峰值很高的浪涌电压,影响变频器的正常工作。可采用吸收电路来控制。

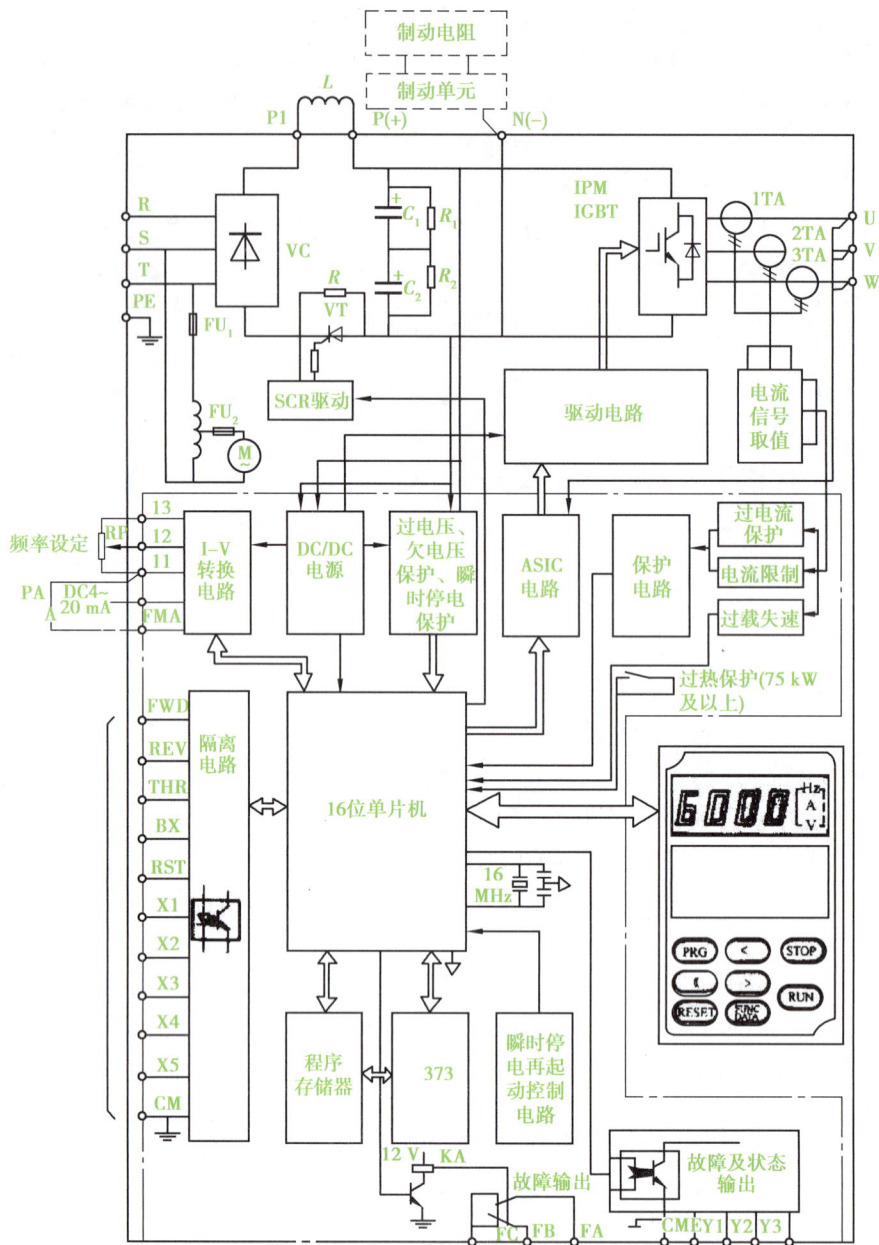

图 6-3　变频器结构原理图

（4）工业变频器调试步骤及方法

变频器调试前首先进行参数设置。如图 6-4 所示，BOP 参数设置以城轨列车清洗机端刷行踪、提升及刷毛旋转驱动西门子 MM440 系列变频器为例，调试步骤如下：

①调试前确认变频器主回路、控制回路接线好，记录电机铭牌参数功率、电压、频率、额定速度、电机极数；

②使用变频器 BOP 参数操作面板设置驱动电机基本参数；

③变频器输出最高、最低频率限制，加减速时间及模式、转矩提升参数设置；

操作面板(BOP)上的按钮

显示/按钮	功能	功能的说明
`r 0000`	状态显示	LCD显示变频器当前的设定值。
(I)	起动电动机	按此键起动变频器。缺省值运行时此键是被封锁的。为了使此键的操作有效,应设定P0700=1。
(0)	停止电动机	OFF1:按此键,变频器将按选定的斜坡下降速率减速停车。缺省值运行时此键被封锁;为了允许此键操作,应设定P0700=1。OFF2:按此键两次(或一次,但时间较长)电动机将在惯性作用下自由停车。此功能总是"使能"的。
(↷)	改变电动机的转动方向	按此键可以改变电动机的转动方向。电动机的反向用负号(-)表示或用闪烁的小数点表示。缺省值运行时此键是被封锁的,为了使此键的操作有效,应设定P0700=1。
(jog)	电动机点动	在变频器无输出的情况下按此键,将使电动机起动,并按预设定的点动频率运行。释放此键时,变频器停车。如果变频器/电动机正在运行,按此键将不起作用。
(Fn)	功能	此键用于浏览辅助信息。变频器运行过程中,在显示任何一个参数时按下此键并保持不动2 s,将显示以下参数值:直流回路电压(用d表示-单位:V)输出电流(A)输出频率(Hz)输出电压(用o表示-单位:V)由P0005选定的数值(如果P0005选择显示上述参数中的任何一个(3,4或5),这里将不再显示)。连续多次按下此键,将轮流显示以上参数。跳转功能在显示任何一个参数(rXXXX或PXXXX)时短时间按下此键,将立即跳转到r0000,如需要的话,您可以接着修改其他的参数。跳转到r0000后,按此键将返回原来的显示点。退出在出现故障或报警的情况下,按[Fn]键可以将操作板上显示的故障或报警信息复位。
(P)	访问参数	按此键即可访问参数。
(▲)	增加参数	按此键即可增加面板上显示的参数数值。
(▼)	减少数值	按此键即可减少面板上显示的数值。

图6-4 BOP 参数设置面板功能图

④输出多段速控制模式、频率设置;

⑤驱动电机模拟电流信号 PID 闭环反馈控制参数设置;

⑥变频器与可编程序控制器 DP 总线通信源、通信参数、通信站点设置;

⑦参数设置完成后进行空载、联机负载调试运行。

(5)变频器故障及维修

变频器故障主要有过流(CC)、过压(OU)、欠压、过热、输出不平衡、过载、开关电源损坏故障,故障原因及维修方法如下:

1)键盘面板 LCD 显示 OCF 过电流

故障原因主要是变频器驱动板的直流母线电流检测回路异常,故障原因有电机机械卡死、绕组短路、IGBT 逆变模块烧损,制动电阻烧损等几方面,根据实际故障查找;

2）键盘面板 LCD 显示 OPF 故障变频器缺相

故障原因有电流检测电路故障、变频器驱动模块烧损几方面；

3）键盘面板 LCD 显示 OSF 报警输入过电压

变频器出现"OSF"报警时，首先应考虑电缆是否太长、绝缘是否老化，直流中间环节的电解电容是否损坏，同时针对大惯量负载可以考虑做一下电机的在线自整定。另外，在启动时用万用表测量一下中间直流电压，若测量仪表显示电压与操作面板 LCD 显示电压不同，则变频器的检测电路有故障。

4）SCF 报警变频器输出短路或接地故障

对于运行中出现 SCF 故障，维修方法是将电机线拆除，直接启动变频器，如果仍然报 INF 故障，说明是变频器故障；如果没有 INF 故障，而出现 PHF 故障，说明不是变频器问题，是电机对地短路；如果是运行中出现 SCF，并确认是变频器故障，也有两种可能：一种是 IGBT 损坏；一种是出现检测 CT（在变频器右下角）故障。通过更换 CT 来确认，如果变频器上电就报 SCF，有两种故障原因：电源板上接插件松动，重新插过；如重新插过并上电后仍然有故障，更换电源板模块。

6.2.4　行星齿轮减速器的维修

摆线针轮减速器与渐开线少齿差行星齿轮减速器在主要结构和工作原理上基本相同，只不过摆线针轮减速器针对渐开线少齿差行星齿轮减速器的主要缺点（即同时啮合齿数少）作了相应的改进，即其行星齿轮采用了摆线齿廓曲线，中心齿轮采用了圆柱形针齿。这样同时啮合齿数比渐开线少齿差行星齿轮减速器大为增加，所以摆线针轮减速器的承载能力、过载能力、耐冲击能力及效率与渐开线少齿差行星齿轮减速器相比都有了较大幅度的提高，故其广泛应用于机械制造、起重运输、冶金、矿山、建筑、石油、化工及纺织部门等。

摆线针轮减速器维修如下：

①适时更换润滑油或润滑脂。

②适时紧固各部位螺栓。

③检查、消除各结合面及密封处渗、漏油情况。

④解体检查、清洗全部机件，冲洗机体油垢及杂物。

⑤疏通油路。

⑥检查、更换各部分的轴承（尤其是转臂轴承，对渐开线少齿差行星齿轮减速器也是一样）及骨架式橡胶油封。

⑦检查、更换浸渍衬垫纸垫、耐油橡胶垫及 O 形密封环。

⑧检查、更换针齿套、针齿销、输出轴三销轴及销轴套。

⑨找正联轴器，保证减速器轴与被驱动装置轴的同轴度。

任务 6.3　机械设备的技术改造

从改造目的和内容可分成两类：通过主要部件进行结构改造，提高设备精度并增加功能；把功能比较齐全的设备改造为高效率的专用设备。

6.3.1　机械设备改造的原则

(1)重视改造的可行性分析和效益分析
1)可行性调查的内容
①待改设备在发挥经济效益中存在的问题。
②自身利于改造的条件。
③改造技术的成熟情况和其他企业的使用情况。
④配套设备之间的匹配平衡关系。
2)效益分析内容
①改造成本预测。
②了解产品外协费用、生产周期、任务的饱满程度，改造后设备的利用率和可能带来的经济效益。
③改造后设备是否能达到优质、高效、低耗、改善劳动条件、防止环境污染、扩大新技术、新工艺、新结构及新材料的推广等目的。

(2)保证加工精度和表面粗糙度的要求
评定改造成功与否的主要标准就是机床的技术性能，而加工精度和表面粗糙度是其中两个重要指标。
①机床的加工精度：有几何精度、传动精度、刚度、抗振性、热变形等。
②机床加工零件的表面粗糙度：主要与机床的平稳性、刚度和抗振性等有关。

(3)具有一定范围的工艺可能性
在把通用设备改为专用设备过程中，不可避免地要拆除不必要的机构，因此一定要注意"一定范围的工艺可能性"这个问题，其原因是一旦产品换型，零件改进设计变动了一些尺寸或几何形状时，若无一定范围的工艺可能性，就会造成再一次改造机床的损失。因此，工艺可能性一定要根据生产的实际和生产的发展进行适当确定。
工艺可能性的内容通常为：
①在该机床上可以完成的工序种类。
②所加工零件的类型、材料和尺寸范围。
③机床的生产率和单件加工成本。
④毛坯种类。

⑤适用的生产规模(大量、批量、单件)。

⑥加工精度和表面粗糙度。

(4)先进性与实用性相结合

①先进性是改造机床的基本原则之一。

②应以发展的眼光,多应用国内外的成熟的先进技术。

③特别提倡多应用诸如:CNC、数显、动静压、光学、自动控制等新技术。

④要树立适用的就是先进的主导思想。

⑤要符合最佳经济原则。

(5)注意技术安全问题

①改造前应检查被改机床的技术状态。

a.检查传动系统是否完整可靠,传动件强度和刚度能否满足要求。

b.检查操纵机构是否好用、准确、可靠。

②根据检查结果采取措施。

③加装防护措施。

(6)结合机床维修进行改造

①在维修中加强技术改造,促进维修体制改革,改造与维修相结合,可使设备落后部位与不合理部位得到改进,用先进技术改造设备,可使维修体制更有活力,更加完善合理。

②改造与设备大、中修理同时进行,可减少生产上的停机时间。

③维修人员对机床结构比较熟悉,有利于提高改造的实用性和准确性。

④可以做到统筹安排物质供应。

⑤可以做到修理与改造统一规划,合理安排生产进度。

⑥便于实现专业化生产,以利于提高劳动效率。

⑦便于机床改造资料的标准化和归挡管理。

6.3.2　机械设备改造的依据

设备技术改造的依据是:被加工工件、机床的使用要求和制造条件。

(1)工件

工件是设备改造后的加工对象,也是改造工作的主要依据之一。改造者必须从工艺的角度出发,分析工件的结构特点、被加工表面的尺寸精度、相互位置精度、表面粗糙度以及对生产率的要求等。主要考虑以下几点:

①工件结构特点。因为工件的结构特点常常决定了改造的方法,如在车削细长丝杠时,增加支承,以克服刚度差异变形的结构弱点。

②工件的技术要求。因为通过分析工件的技术要求,可以启发改造者从改造机床的结构、提高加工精度和给机床配备适宜的辅具等方面,寻求改造机床的方法。

③工件的加工批量。因为依据生产是大批量的还是小批量的,才能相应地采取好的改造方法,保质保量地完成生产、降低成本的目标。

(2)设备的使用要求

1）一般使用要求

①操作者与工件间要有合适的相对位置。这样要求是为了设备改造后，便于操作者装卸工件、调整刀具、观察加工情况和测量工件尺寸等。

②刀具的切削刃或被加工表面离地面过高时，可设置操作者站台，或将工件安装于地坑内，对特大型机床，可设电视进行观察。

③厂内的维修能力、刃磨能力、车间环境、温度以及设备条件等均有一定的要求。

2）特殊使用要求

①改造后，列入自动线或流水线，即列入工序进行使用。此时应考虑装料高度、节板、夹具和输送装置，要与全线吻合。

②当改造是临时进行批量生产用时，改造中应尽可能不破坏或少破坏原机床的结构，以利于恢复原貌，应有可逆性。

6.3.3 机械设备改造的基本途径

(1)在修理中对部件进行局部改造

1）基本特点

①针对性强。其针对性就表现在通过必要的结构改进，使现存的故障得以排除，且能明显减少发生故障的次数，保证设备功能得到正常发挥。这样，必须首先针对故障现象分析故障原因，才能提高部件改进的针对性。

②局限大。对部件进行修理性改造，就是以原有部件为基础，利用现有条件和相适应的技术，对其不合理的结构进行改造。对其出现故障表现其存在缺陷的一面进行改造，有利于部件的技术性能更趋于成熟；而对其经过长时间使用和考验，能满足生产工艺需要的技术上成熟的一面要加以保留，即不要全部甩掉原有部件。

③宜简不宜繁。在修理改造中，如用小的改造就能解决问题，就不宜选择过于复杂的改造。因为修理性改造不需要在功能上有新的提高，只是保持部件原有工作能力，并能正常发挥，投入过多只能是得不偿失。

2）正确的思维方法

①必须追根溯源。从故障的表现形态和产生的结果出发，由人的感官通过听、视、嗅、触或借助仪器、仪表等对设备进行故障诊断，准确地判断出故障产生的位置及主要零件，其思路如下：

②重视分析内因。当一个部件出现故障时，应通过由此及彼、从表及里对其内部各零件结构的缺陷进行分析，从而找到其故障的内在原因。

a.弄清故障形态的特征。如是否有发热，发热的程度；是否有噪声，其主频率高低等。

b.弄清故障形态与故障原因的联系。

c.根据故障原因，提出对有故障零部件进行改造的多种设想，然后进行反复对比，最终选择出最佳方案进行试改造，通过观察，故障得以排除，再对试改造中出现的细节问题进行完善,达到改造效果更佳。

(2)从整体上对设备进行结构改造

1)基本特点

①主要是对机床的原有结构进行新的补充,或者进行一种模块化组合,结构力求尽量简单。

②通过改装使设备具有特定的工作能力,专用性强。因为突出了专用性,使技术改造方案更容易实现。

③具有很强的因地制宜性。对机床进行结构性改造中,尽量利用一些通用部件和从其他机床上拆卸下来的旧件及现有铸焊件。这样可以达到物尽其用、减少企业负担、加快制造速度的目的。

2)正确的思维方法

①在提出方案时,要善于运用多样的扩散性思维方法。

a.首先要充分考虑各种已有的方法,并且尽可能地扩大其应用范围。

b.甚至可以把其他领域中的方法应用到机械加工领域中来解决问题。

c.既可以考虑用同一方法解决不同的问题,也可以考虑同一问题用不同方法进行解决。这样才能广开思路,通过比较选择其适宜者应用,以达到改造的最佳效果。

②在制订方案时,要善于运用归纳、分析和抽象,实现收敛性思维方法。

在扩散性思维的基础上,应根据已有的试验资料、技术水平、加工条件及材料等对各种方案进行总结评价、验证比较,在去粗存精、去伪存真中进行筛选,使最终实施的方案合情合理。

任务 6.4　培训与指导

高级技师应具有对同工种初级工、中级工、高级工及技师进行理论培训和操作技能指导的能力。围绕如何做好培训指导工作,本章内容是在技师培训指导章节的基础上编写的。本章的主要内容有:确定培训指导对象和内容、选择培训指导形式、编写培训指导教案、履行培训指导、培训讲义的编写。

6.4.1　培训指导目的

通过系统讲授机械结构原理、电气电子基本知识和设备维修基本理论和实操技能,使各级员工对设备维修知识和技能有一个全面系统的了解和认识,从而使员工在专业技术理论的指导下迅速掌握设备维修机械、电气技术知识和维修技能。

6.4.2 培训指导对象

初级工、中级工、高级工以及技师都属于高级技师培训指导的对象；针对具体某次的培训指导，首先要分清培训指导对象的职业等级档次，因为不同等级的职业技能标准不同，所培训指导的内容也就不同。

6.4.3 培训指导内容

集中培训指导（包括课堂授课、统一安排的实践指导），其培训指导内容为按相应等级（初级工、中级工、高级工、技师）确定的操作技能要求及操作技能涉及的有关基础理论知识，详见本教材的基础知识和操作技能，以及其他有关教材。

分散培训指导，所咨询或请教的内容（问题）为培训指导内容，即答疑式培训指导。

培训指导的重点内容为相应职业等级的地铁车辆检修工艺设备及架大修设备维修机械、电气基础知识和实作技能，具体培训指导内容需结合各技能等级员工工作实践基础情况及个体技术水平的高低，就具有共性的、重点内容进行集中培训指导，对个别问题可以交流或探讨的方式进行指导。

6.4.4 指导培训方法

(1)现场讲授法

授课高级技师应根据维修电工不同等级操作内容的要求，根据基础、专业理论知识，运用准确的语言系统地向学员讲解、叙述设备工作原理、说明任务和操作内容，讲清讲透这些工作的程序、组织和具体操作方法等。对重点、要领和难点要进行较详细的分析和讲解。在讲解中，语言要简练通俗、形象生动、有启发性，思路清晰、准确、严谨，并注意理论与实践的密切结合。

(2)示范操作法

示范操作法是具有直观性的教学形式，如示范某电气故障分析及排除方法或设备拆卸拉修过程，通过指导者示范操作使学员直观地、具体地、形象地学习实作技能。不仅易于理解和接受，同时在实际操作过程中有益于技能技巧的掌握和思维思路的开发培养。

1）操作演示

可通过放慢演示速度，把完整的操作过程进行分解演示，关键部分重点演示，用边演示边讲解的方法进行示范操作表演，使学员了解每一步操作的内容和要领。然后进行正常操作的演示，使学员对操作全过程有连贯系统的了解。

2）直观教具、实物演示

在指导操作教学中以实物来演示，给学员以鲜明、具体、生动的形象，使学员通过直观手段获得感性认识，从而有利于掌握知识和技能技巧，培养观察能力和想象能力。

3）指导操作和独立操作训练法

训练操作过程中，指导高级技师应有计划、有目的、有组织地进行全面检查和指导。具体指导过程可以采取集中指导的方法，也可采取个别指导的方法，做到五勤（脚勤、眼勤、脑勤、嘴勤、手勤）。通过学员反复地进行独立实际操作训练，锻炼他们的实际操作能力，加深和巩固操作技能。指导操作训练是培养和提高学员独立操作技能的极为重要的方式和手段。

6.4.5　培训指导总结

指导培训实操结束后，高级指导技师应对学员的工作情况进行验收，综合学员在操作中的安全文明生产行为，现场的清扫和设备的维护，工具和仪器仪表的保管工作等各方面的表现，进行最后总结、成绩考核和讲评工作。

6.4.6　培训教材编写

（1）教材编写要求

1）较好的可行性

教材的可行性，培训项目的选择要适合在职岗位培训和职业技能培训的专业、标准等要求；教材的使用对象分别是初级工、中级工、高级工及技师，因此教材必须注意学员的基础知识水平和专业知识结构，还应注意操作技能的技术应用状况及推广应用条件，即不能简单重复，也不能研究性太强，使教材在培训及实践应用中都具有较好的使用性。

2）较好的可操作性

教材要有较好的可读性，观点正确、概念清楚、方法得当、技能可用性强，尤其要较详尽地介绍操作技能的操作步骤、基本要领、标准要求，便于学员自学掌握。

3）便于培训掌握

编写教材时，不仅要考虑培训内容的科学性、系统性等，还要尽可能地使教材易教易学，将繁难的内容进行多层次（程序）分解，便于学员掌握。

4）适当的先进性

在考虑教材的可行性及可操作性的同时，必须考虑教材内容的先进性。

（2）教材编写原则

编写教材，整体上要体现适应性原则、专业理论与操作技能相结合原则；要体现先进性原则（所选的范例能体现先进工业技术）、实用性原则（确有用处）、理论性原则（在编选知识点及范例的过程中、在组织知识点及范例的前后顺序中、在点评知识点及范例的文字里、都应显示一定的理论水平，用深入浅出、简明扼要、通俗易懂、符合实际的专业基础理论叙述）、典型性原则（概括性与代表性）、操作性原则（满足要求、符合需要）、技术的可推广性原则、通用性原则。

（3）教材编写方法

编写教材的关键在于教材内容的选择及教材内容的呈现方式，可按以下步骤进行编写：

1）制订编写大纲

为保证教材编写工作按部就班、有条不紊地进行，应先制订一份实用的编写大纲，大纲一般包括：编写目的、使用对象、编写原则、教材体系、教材规模（是单册还是分成几册的一套，全书总的章节数、课数或单元数；总字数）、简要目录（如章节排列、一级目录、二级目录）、练习的类型和练习量、附表的数量和名称、进度计划、编写人员安排等。

2）教材内容选取

教材内容的选择应满足职业等级技能标准，适应学员的知识基础、技术水平及接受能力；教材内容的选取要注意实用性和实践性及为实践服务的专业基础知识，要注重学员的基本技能、特别是动手技能的培养，对于理论性较深的知识点应直说结果和如何应用，少讲推导过程；教材内容的选取应具有一定的系列性，以便适用于不同职业等级的学员使用；教材内容要及时补充，对于一些新的施工、观测、养护、维修、抢险等知识及技术，要及时吸收进教材中。

3）材料加工

材料选出后，必须进行多层次、多侧面的加工：如果所选材料较多，就要取其精华；将不很适应的语句改写成通俗易懂的叙述方式；如果所选材料中含有必须经过解释说明才能使学员理解的地方，就得加入注释，并可采用图示的方法进行直观注解。

对所选材料进行再加工，就是根据编写大纲把材料分类、排序：哪些材料宜放在主课文里，哪些材料宜放在副课文里；哪些材料宜用作一般了解，哪些材料宜用作理解掌握；哪些材料宜用作基本知识和理论，哪些材料宜用作范例及技术项目与技术点。

材料的选择和加工是保证教材编写成功的关键，同时要建立理论课到实习课一体化的教材编写观念，充分考虑教材对实践的指导性和实用性。

4）教材内容呈现方式

在文本编写中，要注意叙述方式的启发性，在课文中多设一些反问和思考题，以引起学员的注意、思考；教材中应多用照片、示意图、视图、三维实体造型图等多种形式的插图辅助呈现课程内容，有条件时可发挥文字、音像、网络、多媒体等综合作用，以增加直观性、便于学员理解、并可减少文字叙述。

5）实践教材的编写

实践培训应以某些技术点的培训为主体，以学员学习、掌握全部操作技能为目的；教材要突出所选择的技术点，教材培训内容的安排应以操作技能训练为主线来展开，教材中应说明操作原理、要领、要求、顺序、安全规程等；注意图示技能操作的动作过程，减少文字量；教材中要贯穿安全操作规程、安全注意事项等；教材内容体现介绍常用工器具的使用方法、器材与设备的名称、型号和功能，以及维修保养知识，并注意介绍一些简单工具的制作方法；文字要通俗易懂，教材中尽量使用国家标准或国内通用的名词术语。

思考题

1.机电一体化设备涉及相关技术有哪些？

2.电气控制图设计需要考虑哪些技术条件？

3.简述复杂液压站的组成及特点。

4.简述电气控制系统设计的一般程序。

5.机械设计中编制设计计算说明书包含内容有哪些？

6.编制机修装配工艺规程具体内容有哪些？

7.简述数控机床故障诊断方法。

8.西门子 MM440 系列工业变频调试步骤及方法有哪些？

9.简述通过欧姆龙 CX-Programmer7.9 软件对下位机 OMRON-200H 可编程序调试流程。

10.简述工业变频器常见故障诊断及处理方法。

11.行星摆线针轮减速机维修步骤及内容有哪些？

12.机械设备改造应遵循的基本原则有哪些？

13.简述机械设备改造途径及各自具备的特点。

14.高级技师培训指导内容及所采用的方法有哪些？

15.简述培训教材编制的要求及遵循的原则。